Desarrollo web en entorno cliente

Desarrollo web en entorno cliente

Lope González Vázquez

Paraninfo
ciclos formativos

Paraninfo

Desarrollo web en entorno cliente

© Lope González Vázquez

Gerente Editorial
María José López Raso

Técnico Editorial
Paola Paz Otero
Sofía Durán Tamayo

Editora de Adquisiciones
Carmen Lara Carmona

Producción
Nacho Cabal Ramos

Diseño de cubierta
Ediciones Nobel

Preimpresión
Montytexto

1.ª edición, 2023

C/ Sierra de Guadarrama 35. Naves 2, 3, 4 y 5
Polígono Industrial San Fernando II
28830 San Fernando de Henares
Teléfono: 914 463 350
clientes@paraninfo.es / www.paraninfo.es

ISBN: 978-84-1366-117-9
Depósito legal: M-4052-2023

(24.043)

Impreso en España /Printed in Spain
Centro Gráfico Ganboa (Gipuzcoa)

La editorial recomienda que el alumnado realice las actividades sobre el cuaderno y no sobre el libro.

A mi hija Teresa,
donde todo cobra sentido.

Presentación

Este libro desarrolla los contenidos del módulo profesional de **Desarrollo web en entorno cliente,** del Ciclo Formativo de Grado Superior en Desarrollo de Aplicaciones Web, perteneciente a la familia profesional de Informática y Comunicaciones.

Las unidades del libro se acompañan de multitud de **recursos didácticos** que ayudarán al futuro profesional a comprender la materia y acercarlo a su inminente realidad laboral:

- Gran cantidad de actividades propuestas y resueltas.
- Recuadros con información complementaria.
- Mapas conceptuales al final de cada unidad.
- Actividades de comprobación de tipo test al final de cada unidad.
- Actividades de aplicación y ampliación al final de cada unidad.
- Contenido adicional y resolución de dudas en la web del autor: lopegonzalez.es.

Este libro dispone de los siguientes **materiales y recursos** disponibles en línea para el **profesorado que confirme su adopción** como libro de texto para impartir la materia:

- **Programación didáctica.**
- **Solucionario.**
- **Presentación en PowerPoint.**
- **Examina.**
- **LDP (libro digital proyectable).**

Índice

1. Selección de arquitecturas y herramientas de programación 1

Introducción 2
1.1. Desarrollo de *software* 2
1.1.1. Tipos de aplicaciones 4
1.1.2. Desarrollo de aplicaciones web 4
1.2. Lado cliente y lado servidor 5
1.2.1. Arquitectura 6
1.2.2. Tecnologías del lado cliente 8
1.2.3. ¿Por qué JavaScript? 9
1.3. Herramientas para el desarrollo en el lado cliente 11
1.3.1. Navegador 11
1.3.2. Editor de código 12
1.3.3. Intérprete de JavaScript 15
1.3.4. Otras herramientas útiles 16
Mapa conceptual 18
Actividades finales 19

2. Introducción a la programación en JavaScript 23

Introducción 24
2.1. Conceptos básicos 24
2.1.1. El ADN de JavaScript 24
2.1.2. Dónde ejecutar código JavaScript 25
2.1.3. Cómo ejecutar código JavaScript 26
2.1.4. Sentencias 31
2.1.5. Bloques 31
2.1.6. Identificadores 32
2.1.7. Comentarios 33
2.2. Variables 34
2.2.1. Tipos de datos 34
2.2.2. Conversión de tipos 41
2.2.3. Declaración e inicialización 44
2.3. Entrada y salida en el navegador 46

2.3.1. Mensajes en la consola 46
2.3.2. Mensajes de confirmación 48
2.3.3. Mensajes de entrada . . . 48
2.3.4. Mensajes de alerta 49
2.4. Operadores 50
2.4.1. Operadores de asignación 50
2.4.2. Operadores de comparación 51
2.4.3. Operadores aritméticos 52
2.4.4. Operadores bit a bit 53
2.4.5. Operadores lógicos. 54
2.4.6. Operadores de cadena . . . 57
2.4.7. Operador condicional . . . 57
2.4.8. Precedencia de operadores 57
2.5. Estructuras de control. 58
2.5.1. Estructuras de control selectivas 59
2.5.2. Estructuras repetitivas . . . 64
2.5.3. Estructuras de salto 67
Mapa conceptual 71
Actividades finales 72

3. Estructuras de datos. 77

Introducción. 78
3.1. *Arrays* 78
3.1.1. Tipos de *arrays* 78
3.1.2. Creación y acceso a los elementos 80
3.1.3. Recorrido. 84
3.1.4. Manipulación y operaciones con *arrays* 88
3.2. Conjuntos 94
3.2.1. Creación de un conjunto 94
3.2.2. Recorrido. 95
3.2.3. Manipulación y operaciones con conjuntos 95
3.3. Mapas. 97
3.3.1. Creación de un mapa . . . 97
3.3.2. Recorrido de un mapa . . . 98
3.3.3. Manipulación y operaciones con mapas. 99
Mapa conceptual 102
Actividades finales 103

4. Funciones. 109

Introducción. 110
4.1. Ventajas. 110
4.2. Anatomía de una función. 111
4.2.1. Definición 112
4.2.2. Invocación de una función. 113
4.2.3. Valores de retorno 114
4.3. Ámbito de variables y tipos de parámetros 116
4.3.1. Variables locales y globales 116
4.3.2. Parámetros por valor y por referencia 118
4.3.3. Parámetros por defecto 120
4.3.4. Parámetros variables . . . 121
4.4. Tipos de funciones 122
4.4.1. Funciones por declaración 123
4.4.2. Funciones por expresión. 123
4.4.3. Funciones como objetos 123
4.4.4. Funciones anónimas. . . . 124
4.4.5. *Callbacks*. 124
4.4.6. Funciones autoejecutables 125
4.4.7. Clausuras 125
4.4.8. Funciones flecha 126
4.5. Recursividad 127

4.6. Más funcionalidad para las estructuras de datos 129
4.6.1. Ordenación avanzada de *arrays* 129
4.6.2. Recorridos elegantes con forEach 130
4.6.3. Recorridos avanzados de *arrays* 132
Mapa conceptual 133
Actividades finales 134

5. Programación orientada a objetos con JavaScript . . . 139

Introducción 140
5.1. Introducción a la programación orientada a objetos 140
5.1.1. ¿Qué es la POO? 140
5.1.2. Características 141
5.1.3. La POO en JavaScript . . . 143
5.2. Gestión de objetos 143
5.2.1. Propiedades y métodos 143
5.2.2. Objeto Object 144
5.2.3. Objeto this 145
5.2.4. Operaciones sobre objetos 147
5.2.5. JSON 150
5.3. Prototipos 151
5.3.1. Una herencia especial . . . 151
5.3.2. Uso de prototipos 152
5.4. Objetos predefinidos del lenguaje 154
5.4.1. String 154
5.4.2. Date 156
5.4.3. Math 158
5.4.4. Boolean 160
5.4.5. Expresiones regulares . . . 161
Mapa conceptual 167
Actividades finales 168

6. Modelo de objetos del cliente 173

Introducción 174
6.1. Un modelo, dos enfoques 174
6.2. Modelo de objetos del navegador 176
6.2.1. Objeto window 176
6.2.2. Objeto navigator 178
6.2.3. Objeto screen 179
6.2.4. Objeto location 180
6.2.5. Objeto history 181
6.2.6. Temporizadores 181
6.3. Modelo de objetos del documento 184
6.3.1. Selección de elementos 186
6.3.2. Manipulación del DOM . . . 189
6.3.3. *Cookies* 196
Mapa conceptual 198
Actividades finales 199

7. Interacción con el usuario: eventos 203

Introducción 204
7.1. Introducción a los eventos 204
7.2. Captura de eventos 204
7.3. Objeto del evento 205
7.4. Propagación de eventos 207
7.5. Cancelación de eventos 209
7.6. Lanzar eventos 210
7.7. Tipos de eventos 211
7.7.1. Eventos de formulario . . . 211
7.7.2. Eventos de ratón 216
7.7.3. Eventos de teclado 217
7.7.4. Eventos de arrastrar y soltar 218
7.7.5. Eventos de reproducción multimedia 220
7.7.6. Otros eventos 221
Mapa conceptual 223
Actividades finales 224

8. Errores, módulos y API 229

Introducción. 230
8.1. Errores. 230
8.1.1. Qué se entiende por error 230
8.1.2. Tipos de errores. 231
8.1.3. Creación y lanzamiento de errores 232
8.1.4. Gestión de excepciones 233
8.1.5. El modo estricto. 235
8.2. Módulos. 236
8.3. API 239
8.3.1. API Web Storage. 241
8.3.2. API Geolocation 242
8.3.3. API Notification 243
Mapa conceptual 245
Actividades finales 246

9. Programación asíncrona. . . 251

Introducción. 252
9.1. Sincronía y asincronía. 252
9.2. Orquestar la asincronía. 253
9.2.1. La solución infernal 253
9.2.2. Promesas 254
9.2.3. Funciones Async 257
9.3. AJAX 259
9.3.1. Peticiones 261
9.3.2. Peticiones con Fetch. . . . 262
9.3.3. Respuestas 263
9.3.4. Peticiones personalizadas. 266
9.3.5. Funciones asíncronas con Fetch. 270
Mapa conceptual 271
Actividades finales 272

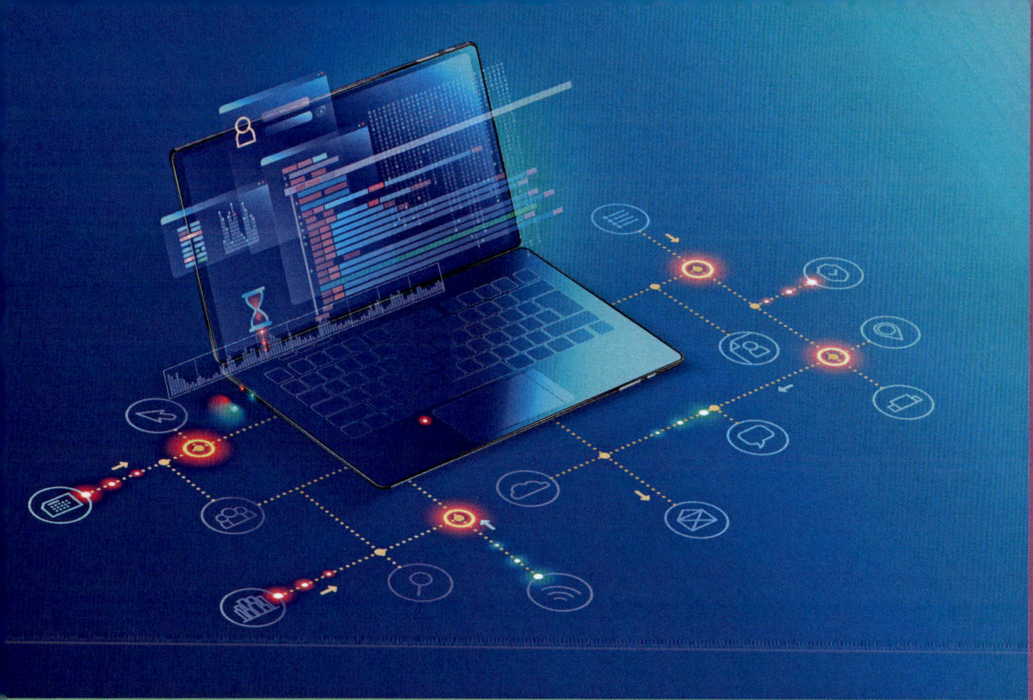

UNIDAD 1

Selección de arquitecturas y herramientas de programación

Objetivos

- Conocer las fases del ciclo de desarrollo del *software.*
- Exponer la diferencia entre los lados cliente y servidor.
- Analizar la arquitectura de tres niveles de las aplicaciones web.
- Concretar las tecnologías que intervienen en el lado cliente y justificar el aprendizaje de JavaScript como lenguaje de la web.
- Enumerar las herramientas necesarias para el desarrollo básico en el lado cliente y las deseables para desarrollos más complejos.

Contenidos

- 1.1. Desarrollo de *software*
- 1.2. Lado cliente y lado servidor
- 1.3. Herramientas para el desarrollo en el lado cliente

Introducción

El mundo de la informática experimentó un crecimiento exponencial con la llegada de internet. El acceso a la información se democratizó y se extendió a todos los rincones del planeta. Tal fue la importancia de esta innovación tecnológica que se popularizó la expresión «si no estás en la web, no existes».

Pero los sitios web no nacen por generación espontánea, necesitan profesionales que los desarrollen e infraestructura que los soporten. Desde aquellos primeros días hasta hoy el cambio y la especialización han sido tan radicales que hasta el concepto de desarrollo web parece demasiado amplio para abarcar todas las tecnologías que intervienen. Por todo ello, se hace necesario situar el contexto, conocer la foto global y poner el foco en aquellos conceptos imprescindibles para comenzar a caminar en la apasionante tarea del desarrollo web. De eso se encarga esta primera unidad.

1.1. Desarrollo de *software*

De forma resumida puede definirse el desarrollo de aplicaciones como el proceso de creación de un programa informático (por tanto, *software*) o un conjunto de programas para realizar las diferentes tareas que cubren una necesidad. Esta necesidad puede haberse generado en cualquier parte de una organización: mostrar el detalle de un producto, aplicar descuentos, generar informes, consultar información externa, presentar resultados de operaciones, o cualquier otra tarea imaginable. Sin embargo, a pesar de la heterogeneidad de su naturaleza, todas estas necesidades comparten una necesidad común: automatización y aumento de la eficiencia, dos estrategias que generan ventajas competitivas para las empresas.

Cada proceso de creación de aplicaciones sigue los mismos pasos:

1. **Planificación y análisis de requisitos.** Es una de las etapas más importantes. La realizan los miembros más experimentados del equipo junto con el cliente. Esta información se utilizará para planificar el enfoque básico del proyecto y estudiar su viabilidad económica, operativa y técnica. Además, también se identifican los riesgos asociados para minimizarlos todo lo posible.

2. **Definición de requisitos.** Definir y documentar claramente los requisitos y obtener la aprobación del cliente. Serán estos requisitos los que se diseñarán e implementarán durante el ciclo de vida de desarrollo del *software*.

3. **Diseño de la arquitectura.** Se aborda la solución desde diferentes puntos de vista hasta encontrar el enfoque que se considera óptimo. Este enfoque de diseño debe definir claramente todos los módulos junto con su comunicación y representación del flujo de datos con módulos externos (si los hubiera). El diseño interno de todos los módulos debe estar definido con el más mínimo detalle. Además, debe incluir unos estándares de calidad que se pretenden alcanzar.

4. **Construcción o implementación.** Si las fases anteriores se realizaron correctamente, la generación de código debería lograrse sin mucho esfuerzo. Aquí, se utilizan herramientas de programación como compiladores, intérpretes, depuradores, etc. La elección del lenguaje de programación estará fuertemente vinculado al tipo de *software* que se esté desarrollando.
5. **Pruebas.** Los defectos del producto se informan, rastrean, reparan y vuelven a probar, hasta que el producto alcanza los estándares de calidad definidos en el diseño de la arquitectura.
6. **Despliegue y mantenimiento.** Se despliega la aplicación en producción, se corrigen los defectos detectados por el contexto de ejecución y se realizan todas las modificaciones necesarias para que opere de forma eficiente.

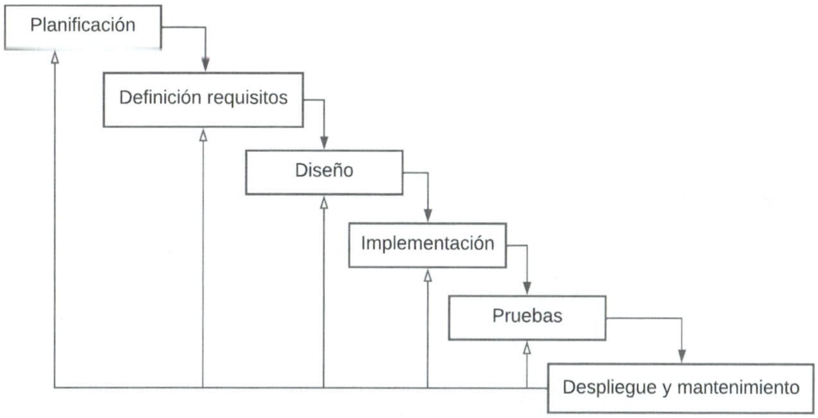

Figura 1.1. *Ciclo de desarrollo de* software *tradicional en cascada.*

Este es el modelo común, aunque según las políticas de cada organización las fases pueden granularse o compactarse para ajustarse mejor a las particularidades de sectores concretos.

También es importante señalar que unas fases consumirán más tiempo y recursos que otras dependiendo del tipo de aplicación que se esté desarrollando.

Actividad propuesta 1.1

Ciclos de vida del *software*

Busca información sobre estos cinco ciclos de vida de un *software* y compara sus diferencias:

- Modelo en cascada.
- Modelo iterativo.
- Modelo de desarrollo incremental.
- Modelo en espiral.
- Modelo de prototipos.

1.1.1. Tipos de aplicaciones

Las clasificaciones de los tipos de aplicaciones que se pueden desarrollar han cambiado mucho a lo largo del tiempo. Si bien, la última clasificación que se ha venido utilizando atendía a los tipos de dispositivos para los que estaban diseñadas (escritorio, web y móvil), en los últimos años se ha especializado enormemente esta tarea centrándose el debate en el tipo de desarrollos, puesto que en la actualidad una sola aplicación puede servir perfectamente para todo tipo de dispositivos. Veamos algunos de los enfoques más utilizados para entender la foto global del desarrollo en la que se centrará esta obra:

- **Desarrollo de aplicaciones personalizadas.** Cuando el *software* comercial no cumple con los requisitos específicos de una organización, la mejor opción es personalizarlo.
- **Desarrollo rápido de aplicaciones.** Sigue un enfoque incremental. Se pueden desarrollar simultáneamente los módulos individuales de la aplicación para acortar los tiempos.
- **Desarrollo de aplicaciones *low-code*.** Las plataformas de desarrollo de poco código incluyen interfaces visuales intuitivas que facilitan la creación y el lanzamiento de aplicaciones incluso para no programadores. Se pueden incluir y modificar fragmentos de código a golpe de ratón según la lógica de negocio, permitiendo incluso diseñar flujos de trabajo automatizados.
- **Desarrollo de aplicaciones móviles.** Destinado a la creación de aplicaciones que se ejecutan en cualquier plataforma móvil.
- **Desarrollo de aplicaciones de bases de datos.** Estas aplicaciones están diseñadas para recopilar, organizar y administrar información de manera eficiente. Se utilizan para ordenar datos por criterios, realizar cálculos, crear informes y compartir información.
- **Desarrollo de aplicaciones empresariales.** Son un tipo de *software* desarrollado para atender a organizaciones a gran escala. Admiten funciones de nivel empresarial, como el almacenamiento masivo de datos y la automatización de procesos comerciales complejos.
- **Desarrollo de aplicaciones web.** Son *software* desarrollado para un propósito específico, alojado en un servidor web. Se puede acceder a ellas utilizando cualquier dispositivo con acceso a internet, como teléfonos, ordenadores o tabletas. Algunos ejemplos comunes se encuentran en sitios de banca *online*, tiendas *online* o las redes sociales.

1.1.2. Desarrollo de aplicaciones web

El desarrollo web es la construcción y el mantenimiento de sitios web. Por decirlo de una forma sencilla, es el trabajo que conduce a que un sitio web se vea bien, funcione rápido y con una experiencia de usuario satisfactoria.

Los desarrolladores lo consiguen utilizando una enorme variedad de lenguajes de programación, cuya elección, como ya se avanzó, depende en gran medida de las tareas que realizan y de las plataformas en las que trabajan.

Las habilidades para el desarrollo web tienen una gran demanda en todo el mundo y están muy bien pagadas en comparación con otro tipo de sectores técnicos, lo que convierte este trabajo en una excelente opción profesional.

1.2. Lado cliente y lado servidor

El campo del desarrollo web generalmente se divide en ***front-end*** (el lado del usuario o lado del cliente) y ***back-end*** (el lado de la máquina o lado del servidor). Veamos las características de cada lado:

- **Lado cliente.** Se trata de todo aquello que el usuario puede ver, con lo que puede interactuar y experimentar. El objetivo de estos desarrolladores es programar las partes del sitio web que son visibles para el usuario y que se ejecutan en el navegador. Desarrollan los diseños de la interfaz de usuario y su experiencia, que son los elementos clave para dar vida a la interfaz.
- **Lado servidor.** Las acciones realizadas por el usuario son analizadas, recuperadas y devueltas por el *back-end* a través de los programas almacenados y ejecutados en el servidor que los aloja. El trabajo de estos desarrolladores incluye vincular todos los aspectos del *front-end* entre sí y con las bases de datos desde donde extraen los datos que aparecerán en el *front-end*. El lado servidor es muy importante porque es donde está programada la lógica de negocio de la aplicación.

Figura 1.2. *Dos clientes consumiendo datos de un servidor.*

En la relación que muestra la Tabla 1.1 se puede ahondar aún más en los detalles de ambos lados.

En los últimos años, como consecuencia de la incorporación de tecnologías que trabajan en ambos lados, han proliferado multitud de perfiles técnicos de pila completa o *full stack*. Se refiere a desarrolladores que son capaces de crear tanto la parte frontal como la parte trasera de una aplicación web, fundamentalmente con tecnologías construidas sobre JavaScript.

Tabla 1.1. Principales diferencias entre el desarrollo de los lados cliente y servidor

	Lado cliente	Lado servidor
Definición	Implica la implementación efectiva de los componentes visuales de una aplicación web.	Implica la implementación efectiva de funcionalidades de una aplicación web, donde se incluyen el acceso a datos, la administración de servidores, etcétera.
Habilidades requeridas	HTML, CSS, SASS, JavaScript...	Python, Ruby, Java, PHP...
Independencia	No puede funcionar de forma independiente excepto en el caso de sitios estáticos.	Funciona de forma independiente respecto del *front-end.*
Objetivo	Garantizar que todos los usuarios puedan acceder a la aplicación y que siga respondiendo en todos los dispositivos.	Garantizar que la aplicación se ejecute en todos los casos, sea escalable y funcione de manera eficiente con baja latencia y sin fallos.
Equipo de desarrollo	Su trabajo es diseñar y desarrollar la apariencia e interactividad de la aplicación en función de la entrada de usuario.	Su trabajo es proporcionar datos al *front-end*, vincular páginas, brindar seguridad y soporte a los usuarios.
***Frameworks* utilizados**	AngularJS, React, vue.js...	Django, Flask, CakePHP, Laravel, Ruby on Rails...
Habilidades adicionales	Una buena comprensión del diseño de UI y UX.	Razonamiento lógico y resolución de problemas.

Nota técnica

Se llama ***framework*** al conjunto de herramientas y librerías *software* que proporcionan numerosas utilidades para el desarrollo de aplicaciones web más escalables y sencillas de mantener, por lo que conducen a un importante ahorro de recursos.

UX (*User eXperience*, experiencia de usuario) y **UI** (*User Interface*, interfaz de usuario) son muy importantes en el desarrollo de aplicaciones web puesto que determinan la satisfacción de uso de una aplicación. Mientras que el segundo se centra en la interacción del usuario con la aplicación a través de los elementos diseñados para ello, el primero trata de que esta experiencia de uso sea lo más amigable, sencilla e intuitiva posible.

1.2.1. Arquitectura

Dejando a un lado las tecnologías concretas que intervienen en cada lado de una aplicación, es también muy importante conocer la arquitectura de una aplicación web típica.

Las aplicaciones web de hoy en día utilizan las tecnologías de ambos lados siguiendo una ***three-tier architecture*** o arquitectura de tres niveles. Se trata de la arquitectura de *software* predominante para las aplicaciones cliente-servidor tradicionales. Organiza las aplicaciones en tres niveles informáticos lógicos y físicos: el nivel de presentación o interfaz de usuario; el nivel de aplicación, donde se procesan los datos; y el nivel de datos, donde se almacenan y gestionan los datos asociados a la aplicación.

El principal beneficio de esta separación es que cada nivel se ejecuta en su propia infraestructura, cada nivel puede ser desarrollado simultáneamente por un equipo de desarrollo independiente y puede actualizarse o escalarse según sea necesario sin afectar a los otros niveles. A continuación se verá cada nivel con un poco más de detalle:

- **Nivel de presentación.** Define la interfaz de usuario y la comunicación con la aplicación, donde el usuario final interactúa con la aplicación. Su objetivo es mostrar información y recopilar información del usuario. En el campo de la web, se ejecuta en el navegador y generalmente se desarrolla utilizando HTML, CSS y JavaScript. En el desarrollo web este nivel estaría representado como el servidor web.
- **Nivel de aplicación.** También conocido como nivel lógico o intermedio, es el corazón de la aplicación. La información recopilada en el nivel de presentación se procesa, a veces con la colaboración del nivel de datos, utilizando la lógica de negocio. Desde este nivel también se pueden añadir, modificar o eliminar datos del nivel de datos. Generalmente se desarrolla utilizando Python, Java, PHP o Ruby, y se comunica con el nivel de datos mediante llamadas a su API. En el desarrollo web este nivel estaría representado como el servidor de aplicaciones.
- **Nivel de datos.** También conocido como nivel de bases de datos o nivel de acceso a datos. Es donde se almacena y administra la información procesada por la aplicación. Este puede ser un sistema de gestión de base de datos relacional como MySQL, PostgreSQL, Oracle o Microsoft SQL Server, o un servidor de base de datos NoSQL como MongoDB, CouchDB o Cassandra. En el desarrollo web este nivel estaría representado como el servidor de bases de datos.

En una aplicación de tres niveles, toda la comunicación pasa por el nivel de aplicación. El nivel de presentación y el nivel de datos no pueden comunicarse entre sí.

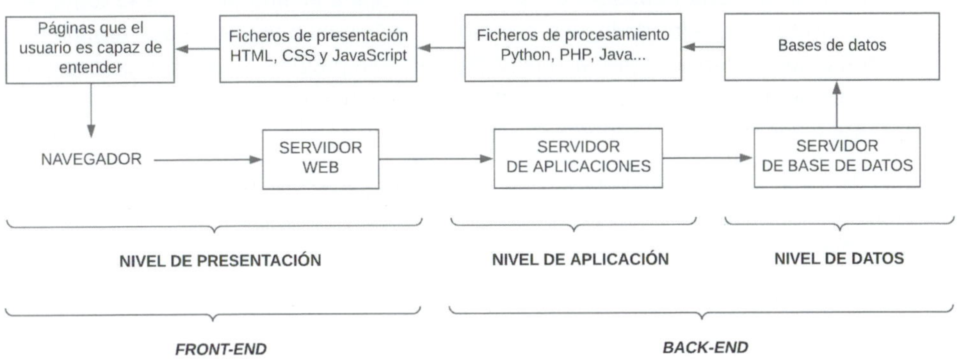

Figura 1.3. *Esquema conceptual con la lógica de petición y la respuesta asociada.*

El usuario, a través del navegador, realiza una acción. Esta acción desencadena una petición http al servidor web. El servidor web necesita realizar cálculos de procesamiento pertenecientes a la lógica de negocio, por lo que solicita al servidor de aplicaciones que realice esta tarea. Es posible que el servidor de aplicaciones necesite datos que están almacenados, por lo que solicita estos datos al nivel de datos. Una vez completado el flujo de solicitudes se comienza a construir la respuesta al usuario. Los datos llegan a los ficheros que los procesarán, y estos generarán ficheros de presentación que el servidor web mostrará al usuario en el navegador en un formato entendible.

Ahora que ya se ha descrito la foto global de todos los conceptos que rodean al desarrollo web, es el momento de centrarse en el objeto de esta obra: el lado cliente.

1.2.2. Tecnologías del lado cliente

Como ya se ha descrito con anterioridad, el marco de ejecución de las aplicaciones web en este lado es el navegador. Por este motivo, para el desarrollo web en el entorno cliente es necesario dominar al menos estas tres tecnologías:

- **HTML** (*HyperText Markup Language*, lenguaje de marcado de hipertexto) es un lenguaje que se utiliza en la construcción de páginas web. Presenta elementos que proporcionan el diseño básico para un sitio web. Además de darles estructura incorpora un buen número de elementos visuales que pueden «decorarse» y procesarse. Sus mayores ventajas son la simplicidad, compatibilidad con múltiples navegadores y posibilidad de combinar con otros idiomas. Sus principales desventajas son la naturaleza estática, la seguridad y la gran cantidad de código necesaria para construir páginas relativamente sencillas.
- **CSS** (*Cascading Style Sheets,* hojas de estilo en cascada) es el lenguaje que se utiliza para modificar la estética de los elementos HTML. CSS incluye soporte para múltiples navegadores, es fácil de usar por su parecido con el inglés y relativamente rápido. Sin embargo, suelen producirse incompatibilidades entre navegadores y su aprendizaje suele ser costoso para los principiantes.
- **JavaScript** es el lenguaje de desarrollo del lado cliente más importante y popular. Proporciona flexibilidad y capacidad de respuesta rápida al sitio web. Sus ventajas son la simplicidad, la velocidad y la funcionalidad adicional o ampliada que proporciona al resto de elementos. Pero, al mismo tiempo, son programas difíciles de depurar y a veces se producen incompatibilidades entre navegadores. Es también el lenguaje utilizado por los desarrolladores *full stack*.

Además de estas tres tecnologías, existen otras que complementan, aceleran y optimizan el desarrollo de aplicaciones web del lado cliente. Aunque existe un inmenso catálogo disponible, se citan algunas de las más utilizadas:

- **SASS** (*Syntactically Awesome Style Sheets*, hojas de estilo sintácticamente asombrosas) es un preprocesador de CSS. Dicho de otra manera, es una tecnología con la que pueden generarse de forma automática hojas de estilo que contienen elementos propios de los lenguajes de programación, y que no tiene CSS, como pueden ser variables, funciones, etc. Su principal ventaja es la reutilización del código. Como desventaja se puede citar que debe compilarse y que la resolución de problemas no siempre es una tarea sencilla.

- **jQuery** es una librería de JavaScript que mejora el procesamiento del código HTML, el manejo de eventos y las animaciones. Es muy conciso y reduce drásticamente la cantidad de líneas del código.
- **vue.js** es un *framework* JavaScript creado por un ex ingeniero de Google para crear aplicaciones web compactas. Prácticamente eliminó los inconvenientes de los dos siguientes *frameworks* facilitando el desarrollo *front-end*.
- **AngularJS** es un *framework* JavaScript lanzado por Google que proporciona elementos más atractivos a las plantillas HTML y aumenta su rendimiento.
- **React** es otro *framework* JavaScript, lanzado por Facebook, muy popular, que mejora los componentes de la interfaz de usuario y provee de mucho más dinamismo a las aplicaciones web. Se utiliza principalmente en sitios web de alto tráfico y mucha interactividad. Es el preferido por los desarrolladores seguido de vue.js y luego Angular.

Actividad propuesta 1.2

***Frameworks* de JavaScript**

Busca aquellos *frameworks* de desarrollo para JavaScript más usados por la comunidad de programadores e interioriza cuáles son los pros y los contras de cada uno de ellos, y para qué tipo de proyectos se recomiendan.

¿Qué combinación de tecnologías es la ideal? Depende enormemente del tipo de aplicación que se vaya a desarrollar. Una aplicación puede necesitar mucha interactividad asíncrona, otra mucha carga de procesamiento rápido y otra un nivel superior en la presentación de los datos. Cada uno de los *frameworks* y librerías anteriores, y otros, marcan la diferencia en un tipo de aplicación concreto. Sin embargo, a la vista de las tecnologías más utilizadas en la actualidad no cabe ninguna duda de que es necesario dominar en profundidad JavaScript, mucho más cuando se conoce que casi todas las tecnologías anteriores se han construido sobre JavaScript.

1.2.3. ¿Por qué JavaScript?

Para conocer la respuesta a esta pregunta se enumeran antes algunos de los méritos de este lenguaje:

- Es muy fácil de implementar: tan solo es necesario colocar el código en un documento HTML y decirle al navegador que es JavaScript.
- Funciona en todos los navegadores que usan los usuarios de la web, incluso cuando están desconectados.
- Permite crear interfaces altamente amigables que mejoran la experiencia del usuario y brindan mucho dinamismo, sin tener que esperar a que el servidor reaccione y muestre otra página.
- Puede cargar contenido de forma asíncrona en el documento si el usuario lo necesita y cuando lo necesite, sin recargar toda la página.

- Puede comprobar lo que es posible hacer en un navegador y reaccionar en consecuencia.
- Puede ayudar a solucionar problemas de incompatibilidades entre navegadores y corregir problemas de diseño con CSS.

Figura 1.4. *Fragmento de código JavaScript, «el lenguaje de la web».*

Prácticamente ninguna de las virtudes anteriores estaba disponible en las tecnologías que se utilizaban para aportar dinamismo a los sitios web, antes de la popularización de JavaScript. Esto hizo que poco a poco se comenzara a adoptar JavaScript en detrimento de otras opciones. Junto con su adopción, los navegadores fueron mejorando significativamente sus motores e incrementando su velocidad de procesamiento, lo que hizo que JavaScript empezara a mostrar todo su potencial. Tal ha sido su adopción, que en la actualidad alrededor del 95 % de todas las aplicaciones web se crean con JavaScript.

Otro de los aspectos que han conseguido posicionar a JavaScript como «el lenguaje de la web» ha sido su enorme capacidad de adaptación a los tiempos. Estamos ante un lenguaje que ha evolucionado notablemente, y que ha ido incorporando hasta nuestros días todas aquellas características de otros lenguajes y de la propia industria que le han permitido seguir siendo la opción más ventajosa para los programadores. En la actualidad, existen desarrollos de JavaScript que pretenden incorporar el acceso al portapapeles o el propio sistema de ficheros de los equipos cliente. Y estos son solo dos ejemplos de la tremenda implicación y capacidad de adaptación del lenguaje a cada momento histórico.

Teniendo en cuenta todo lo anterior, es importante señalar que JavaScript también tiene sus problemas en contextos muy concretos que, para algunos expertos, son insalvables. Por ello, existen algunas alternativas interesantes, como TypeScript, ELM, Dart o CoffeeScript, que no superan a JavaScript en una amplia generalidad de casos, pero sí que aportan detalles diferenciadores en escenarios muy específicos.

1.3. Herramientas para el desarrollo en el lado cliente

Antes de iniciar el recorrido en el aprendizaje de JavaScript es necesario tener bien establecido un entorno de trabajo.

Existen docenas de herramientas que correctamente configuradas pueden llevar a otro nivel el desarrollo de aplicaciones web en entorno cliente. Pero eso será más tarde, cuando sea necesario aumentar la productividad, gestionar cantidad de ficheros o trabajar en equipos de desarrollo. De momento hay que centrarse en lo imprescindible para aprender las bases del lenguaje: un navegador web, un editor de código y un intérprete de JavaScript.

1.3.1. Navegador

El navegador web es una de las principales herramientas, puesto que sin él no pueden verse las aplicaciones ejecutándose en su contexto. Atendiendo al porcentaje de uso de los diferentes navegadores, se ve claramente el nivel de adopción absolutamente dominante de Google Chrome (junio de 2022):

Chrome	Safari	Edge	Firefox	Samsung	Opera
65,87%	**18,62%**	**4,12%**	**3,26%**	**2,88%**	**2,12%**

Figura 1.5. *Diagrama por bloques con la proporción de adopción de cada navegador.* (Fuente: gs.statcounter.com).

¿Quiere decir esto que hay que desarrollar para Chrome? No, ni mucho menos. Todos los desarrolladores deben trabajar con varios navegadores. Por pura matemática, centrarse solo en el dominante deja fuera de las optimizaciones a casi un 35 % de los usuarios, y eso es mucha cuota de mercado.

De la misma manera, optimizar las aplicaciones para todos los navegadores, además de ser técnicamente muy complicado, tiene poco sentido: no compensa la cantidad de esfuerzo y recursos necesarios invertidos en relación con el número de usuarios que se alcanza.

Otra cuestión interesante que no debe perderse de vista es que estos datos son globales. En ocasiones se realizan proyectos para áreas geográficas o sociales en concreto (comunidades, países u organizaciones) que usan un conjunto muy reducido de navegadores, en ocasiones solo un par de ellos, o con una dominancia distinta, por lo que es completamente superfluo invertir recursos en una alta compatibilidad concreta entre ellos.

Por todo ello, lo que se recomienda es probar y ajustar las aplicaciones para los cuatro navegadores con mayor cuota de mercado entre la audiencia objetivo de la aplicación, optimizándola todo lo posible para el navegador dominante.

Además, también es fundamental probar diferentes configuraciones del navegador para ajustarlo al mayor número de tamaños de pantalla posibles. En esto, puede ayudar mucho la oferta de *plugins* o extensiones de los navegadores. En prácticamente todos ellos, pueden instalarse simuladores de dispositivos que muestran nuestras aplicaciones ejecutándose en cualquier tamaño de pantalla disponible en el mercado.

1.3.2. Editor de código

Bien, tenemos un navegador donde ver el resultado de nuestro trabajo, pero nuestro trabajo debe escribirse en algún sitio utilizando alguna herramienta. Los editores de código permiten a los programadores abrir múltiples archivos de código ayudándoles a acortar el tiempo de desarrollo y a realizar las tareas de forma más eficiente.

Así como un procesador de texto enriquecido es una aplicación personalizada para editar documentos, con muchas funciones avanzadas para escribir y editar, un editor de código tiene muchas funciones personalizadas especialmente diseñadas para satisfacer las necesidades de un desarrollador de *software*. Algunas de estas características incluyen:

- **Comprobación de errores** conforme se va escribiendo, lo que proporciona un primer nivel de corrección.
- **Sugerencias de autocompletado**, que agiliza la escritura y acorta los tiempos de desarrollo.
- **Fragmentos de código** previamente configurados con aquellas porciones utilizadas con mucha frecuencia y que evitan reescribirlos constantemente.
- **Resaltado de sintaxis,** que ayuda mucho a identificar cada uno de los elementos de los programas con un simple golpe de vista.
- **Navegación entre archivos y recursos,** que ayuda a tener localizados todos los ficheros en sus ubicaciones correctas.
- **Funcionalidad extendida** a través de complementos específicos de las tecnologías con las que se trabaja en un proyecto en concreto.

A menudo se escuchan conceptos como «editor de código» y «entorno de desarrollo integrado» usados como sinónimos, cuando en realidad se trata de dos herramientas muy distintas.

Si como se ha visto, un editor de código sirve principalmente para crear un código más limpio y eficiente gracias a las características y funciones que incorpora, un IDE (entorno de desarrollo integrado) es un conjunto de herramientas combinadas. Los entornos de desarrollo integrados toman su nombre de la integración de otras herramientas avanzadas, como depuradores, analizadores de código, optimizadores, compiladores, controladores de versiones y una gran cantidad de otras características que ayudan a un desarrollador a moverse a lo largo del ciclo de vida del desarrollo del *software*.

Entonces, ¿es necesario un editor o un IDE? Como casi todas las preguntas en el contexto del desarrollo de aplicaciones web, todo depende del tipo y tamaño de la aplicación que vaya a construirse. Y no solo de eso, sino de la propia tarea que sea preciso completar en un momento dado. Sin ninguna duda, si estamos en un equipo de desarrollo trabajando en un proyecto grande con múltiples áreas de trabajo, vamos a necesitar un IDE. Por el contrario, si nuestro proyecto es pequeño, identificamos y corregimos con rapidez los errores y no necesitamos ninguna de las herramientas integradas de un IDE, ¿por qué gastar recursos en herramientas que no vamos a usar? Por último, si estamos resolviendo un error puntual de forma rápida, podemos incluso prescindir de los dos tipos y utilizar algún editor *online* que permite probar al vuelo fragmentos de código HTML, CSS y JavaScript sin necesidad de instalar un entorno de desarrollo.

Centrándonos en las características de los editores de código que pueden marcar la diferencia, estos podrían ser los criterios más importantes en los que deberíamos fijarnos a la hora de elegir un editor u otro:

- **Funciones básicas imprescindibles:** resaltado de sintaxis, sangría automática, finalización automática, coincidencia de bloques y visualización de números de línea.
- **Experiencia del usuario:** reducir todo lo posible las dificultades para escribir código y aumentar así la eficiencia en la producción de código final.
- **Facilidad de aprendizaje:** invertir tiempo en entender el editor cuando aún no se domina un lenguaje es una auténtica pérdida de tiempo, por lo que sería deseable descartar de inicio aquellos editores menos intuitivos.
- **Extensibilidad:** que proporcione vías para extender las capacidades del editor con más funciones y herramientas adicionales.
- **Velocidad:** la rapidez es clave a la hora de codificar y no todos los editores responden bien cuando se realizan ciertas tareas en equipos cortos de *hardware*.
- **Sistema operativo:** mucho mejor si el editor provee versiones para al menos Windows, Linux y MacOS.
- **Compatibilidad con Git:** dado que Git se ha convertido en un estándar de facto como sistema de control de versiones, sería deseable que incorporara esta funcionalidad de forma nativa o como extensión.
- **Soporte de la comunidad:** tener un lugar muy frecuentado para hacer preguntas y obtener soporte técnico rápido es crucial para la mayoría de los desarrolladores.

Un error del editor en el peor momento y sin capacidad de soporte puede marcar la diferencia entre un proyecto exitoso y otro fallido.

- **Compatibilidad con lenguajes de programación:** es prácticamente seguro que será necesario escribir ficheros con distintos lenguajes en un mismo proyecto. Por lo que es imprescindible elegir un editor que proporcione todas las herramientas imprescindibles para todos ellos.
- **Precio:** existen muchos editores de altísima calidad que son completamente gratuitos, otros aportan funcionalidades *premium* y un pequeño número de ellos tienen planes de pago. Siempre es recomendable analizar qué ofrecen porque en ocasiones una pequeña inversión puede resultar en una sabia decisión que marque la diferencia.
- **Atajos de teclado:** los métodos abreviados de teclado ayudan mucho a los desarrolladores a crear fragmentos de código más rápido sin necesidad de utilizar el ratón constantemente.
- **Ventana de vista previa:** otra característica interesante que puede ahorrar mucho tiempo evitando cambiar entre editor y navegador cuando se realizan pequeños cambios.
- **Gestión amigable de errores:** los editores que incorporan un sistema de coloreado e información ampliada de los errores facilitan de forma muy significativa la localización de errores y los problemas del código.

Como recomendación de algunos editores muy populares pueden incluirse los siguientes:

- **Editores de código:** Atom, Sublime Text, Bracktes, Coda...
- **Entornos de desarrollo integrados (IDE):** Visual Studio, Eclipse, Netbeans, Webstorm...
- **Editores *online*:** CodePen, JSFiddle, JS Bin...

Figura 1.6. *Visual Studio Code es el IDE más utilizado por la comunidad de programadores.*

Navegando por internet se encuentran cientos de artículos y guías sobre cuáles son los mejores editores de código y cuáles se deberían usar. Sin embargo, la mejor recomendación que puede realizarse a cualquier desarrollador de *software* es que pruebe todos los que pueda. Vamos a estar miles de horas utilizando un editor, por lo que es imprescindible sentirse cómodos con él. A veces los programadores prefieren utilizar dos herramientas, o tres, o las que sean, porque son con las que se encuentran cómodos, y con las que son más productivos. La comodidad de cada persona es algo completamente subjetivo, por lo que es preciso probar el mayor número de herramientas posibles, para encontrar el entorno que proporcione el mayor confort. Esa es, en muchas ocasiones, la clave de la productividad de un programador.

Actividad propuesta 1.3

Editores de código

Navega hasta las páginas oficiales de Sublime Text y Visual Studio Code e instala ambas aplicaciones. Crea una página HTML simple con un pequeño CSS asociado y comienza a familiarizarte con ambos entornos.

1.3.3. Intérprete de JavaScript

Evidentemente para escribir código JavaScript es necesario tener el propio intérprete del lenguaje, que permitirá probar los programas para saber si lo que se ha escrito es correcto o no.

Por la propia naturaleza de esta tecnología no es preciso realizar ninguna instalación adicional si se dispone de un navegador web, puesto que JavaScript viene integrado en ellos. Lo que sí debe comprobarse es que esté habilitado, porque en muchas ocasiones los usuarios, consciente o inconscientemente, lo tienen deshabilitado. A continuación, se explica cómo habilitarlo en los cuatro principales navegadores.

- **Chrome:** entrar en la **Configuración**, seleccionar **Seguridad y privacidad**, clicar en **Configuración de sitios** y después en **JavaScript** y finalmente seleccionar **Los sitios pueden usar JavaScript**.
- **Safari:** acceder a **Herramientas**, clicar en **Preferencias**, acceder a **Seguridad** y activar la casilla etiquetada como **Activar JavaScript**.
- **Edge:** acceder al menú de **Opciones** y desplegar **Mostrar opciones avanzadas.** En la sección de **Privacidad** clicar en **Configuración de contenido.** Navegar hasta la sección **JavaScript** y finalmente clicar en **Permitir que todos los sitios ejecuten JavaScript (recomendado)**.
- **Firefox:** hacer clic en **Herramientas**, luego en **Opciones** y en la pestaña **Contenido** hacer clic en la casilla **Activar JavaScript.**

En todos los casos, debe reiniciarse el navegador para tener un intérprete que es capaz de ejecutar los programas JavaScript.

1.3.4. Otras herramientas útiles

Como ya se indicado anteriormente, puede resultar interesante la utilización de otras herramientas que, si bien no son imprescindibles en una generalidad de casos, podrían ser completamente necesarias.

Node.js

Como su propia documentación indica, Node.js es una plataforma construida sobre el motor V8 de Google Chrome para el desarrollo fácil, rápido y escalable de aplicaciones web. Está especialmente indicado para aplicaciones en tiempo real con un consumo intenso de datos que corren sobre dispositivos distribuidos.

Figura 1.7. *Node.js es el siguiente paso natural tras aprender las bases de JavaScript.*

La gran potencia de esta herramienta radica en que convierte a nuestra máquina en un servidor web y es capaz de crear código JavaScript del lado servidor. Sí, no es ningún error, utiliza JavaScript para el lado cliente y para el lado servidor.

Como ya se podrá intuir estamos ante una de las herramientas más utilizadas para el desarrollo de proyectos de cierto tamaño. Es muy importante conocer su funcionamiento y sus capacidades para desarrolladores *full stack*. Sin embargo, y siguiendo nuestro criterio de no usar aquello que no es imprescindible, esta tecnología queda fuera del alcance de una obra dedicada al lado cliente. No obstante, Node.js también interpreta código JavaScript del lado cliente.

Si el lector quisiera probar los conceptos de JavaScript sin necesidad de crear una página web o sin necesidad de utilizar un navegador, esta sería la opción recomendada.

Git

Git es el sistema de control de versiones más utilizado. En un lenguaje llano, Git es útil para cualquier profesional que escriba código o necesite hacer un seguimiento de los cambios que se han producido en los archivos.

Además, también facilita la colaboración, permitiendo que los cambios realizados por varias personas se fusionen en una sola fuente.

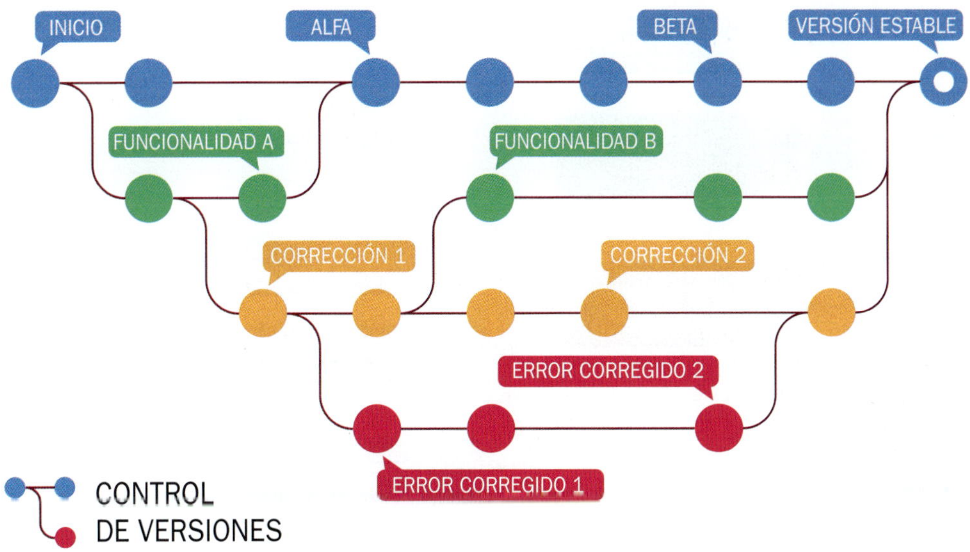

Figura 1.8. *Ejemplo gráfico de las ramificaciones y fusiones de ramas en un proyecto con Git.*

Git es un *software* que se ejecuta localmente, por lo que los archivos y su historial de cambios de almacenan en las máquinas clientes. También es posible usar equipos *online,* como GitHub, para almacenar una copia de los archivos y su historial de revisiones. Tener un lugar centralizado permite cargar los cambios y descargar los cambios de otros, para colaborar de una manera eficaz en aquella versión más prometedora. Git permite fusionar automáticamente los cambios, por lo que dos personas pueden incluso trabajar en diferentes partes del mismo fichero y luego fusionar ambos sin perder el trabajo de los demás.

Para saber más

En estos dos enlaces o con los códigos QR puedes encontrar guías del autor con información muy útil para empezar a trabajar con estas dos herramientas: Node.js y Git.

https://lopegonzalez.es/nodejs

Sería muy deseable que cuando adquieras cierta destreza escribiendo y ejecutando las piezas de código que aparecen en esta obra, vuelvas atrás, instales NodeJS y realices más pruebas utilizando este entorno de ejecución.

https://lopegonzalez.es/git

Igualmente, puedes «entrenar» tus habilidades con GIT, creando dos usuarios y modificando al mismo tiempo una pieza de código para poder experimentar cómo se trabajaría con un equipo de programadores.

MAPA CONCEPTUAL

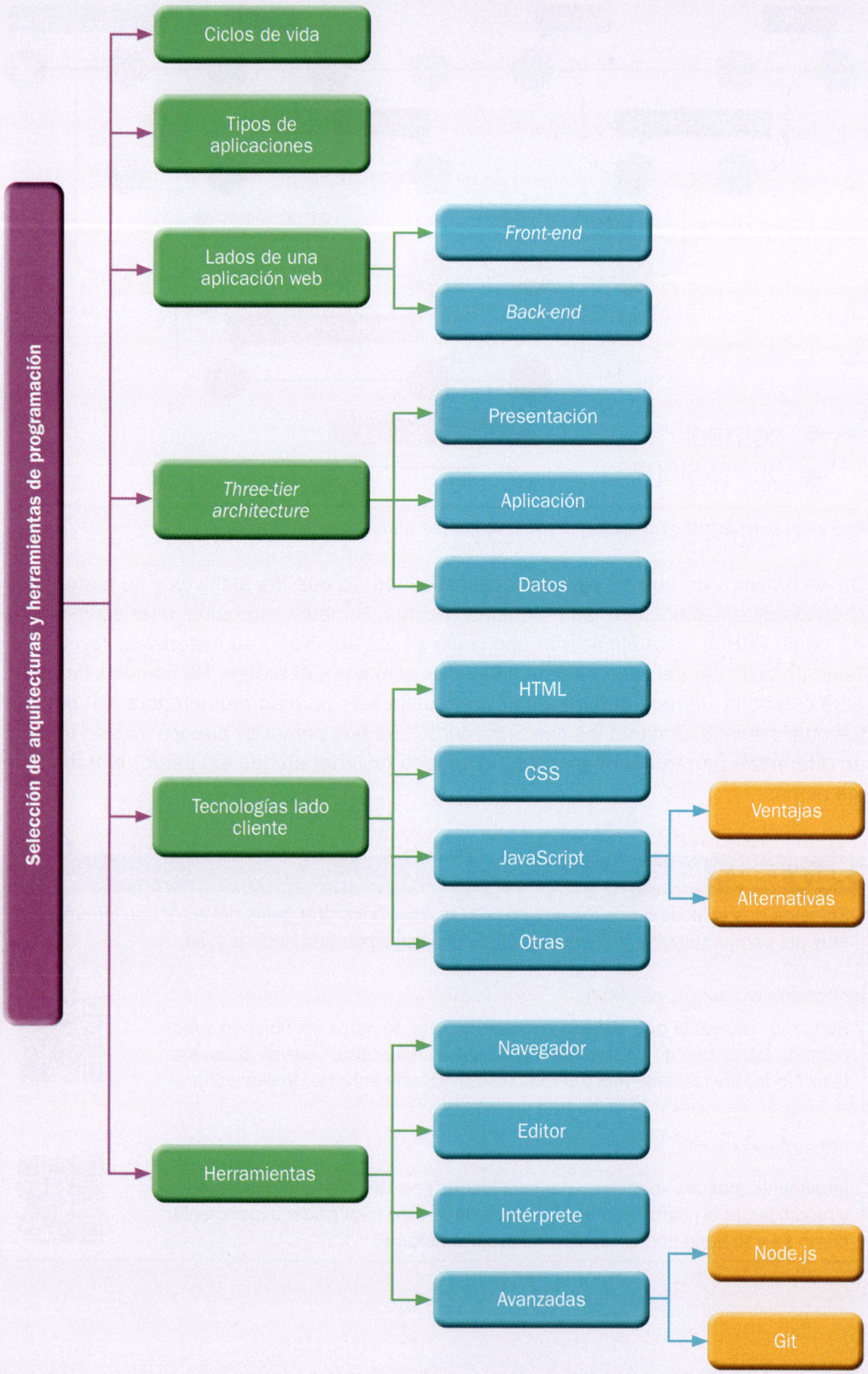

Actividades de comprobación

1.1. ¿Cuál es el objetivo último del desarrollo de *software*?

a) Crear empleo.
b) Resolver una necesidad.
c) Reducir costes.
d) Promover la innovación.

1.2. ¿Cuál de las siguientes no es una fase del proceso de desarrollo de *software*?

a) Definición de requisitos.
b) Envío del presupuesto.
c) Diseño de la arquitectura.
d) Despliegue y mantenimiento.

1.3. ¿Qué fase del ciclo de vida de un *software* consume más tiempo y recursos?

a) Planificación.
b) Implementación.
c) Pruebas.
d) Depende del tipo de aplicación.

1.4. ¿En qué enfoque de desarrollo de aplicaciones puedes programar a golpe de ratón?

a) Desarrollo de aplicaciones personalizadas.
b) Desarrollo rápido de aplicaciones.
c) Desarrollo de aplicaciones *low-code*.
d) Desarrollo de aplicaciones móviles.

1.5. ¿De qué depende en gran medida la elección de un lenguaje de programación para el desarrollo de una aplicación web?

a) Del presupuesto del proyecto.
b) De la cualificación del equipo de desarrollo.
c) De la cultura de la empresa.
d) De las tareas que debe completar la aplicación y las plataformas con las que trabaja.

1.6. ¿Cuál es el propósito de un desarrollador *front-end*?

a) Vincular la presentación con la base de datos.
b) Dar forma a la lógica de negocio de la aplicación.
c) Optimizar el sistema de transmisión de datos.
d) Programar las partes visibles para el usuario.

1.7. ¿Cuál de las siguientes no es una ventaja de utilizar una arquitectura de tres niveles?

a) Los niveles no pueden actualizarse sin afectar a los demás niveles.
b) Cada nivel se ejecuta en su propia infraestructura.
c) Cada nivel puede ser desarrollado de forma independiente.
d) Un nivel se puede escalar sin afectar a los demás niveles.

1.8. ¿En qué nivel de la *three-tier architecture* encaja el desarrollo del lado cliente?

a) Nivel de datos.
b) Nivel de presentación.
c) Nivel de aplicación.
d) El lado cliente no tiene sentido en esta arquitectura.

1.9. ¿Qué niveles de la arquitectura de tres niveles conforman el *back-end*?

a) Presentación y datos.
b) Aplicación y datos.
c) Presentación y aplicación.
d) Aplicación.

1.10. ¿Cuáles son las tres tecnologías que son imprescindibles dominar para el desarrollo web en entorno cliente?

a) SASS, HTML y CSS.
b) JavaScript, AngularJS y React.
c) HTML, CSS y JavaScript.
d) jQuery, vue.js y Git.

1.11. ¿Qué característica no pertenece a JavaScript?

a) Es necesaria una conexión a internet para que funcione.
b) Es fácil de implementar.
c) Ayuda a corregir diseños de CSS.
d) Aporta dinamismo a una web.

1.12. Señala una alternativa a JavaScript:

a) PHP.
b) Ruby.
c) Dart.
d) Python.

Actividades de aplicación

1.13. De todas las tecnologías del lado cliente que se han citado a lo largo de la unidad, selecciona cuatro de ellas para cada uno de estos desarrollos. Razona tu respuesta en cada caso:

a) Un sitio web estéticamente muy llamativo cuyo único propósito es recabar direcciones de correo electrónico a través de un formulario.
b) Un sitio web de alto tráfico dedicado a la votación de las mejores noticias del día, con comentarios, reacciones y discusiones en línea.
c) Un sitio web estático cuyo único objetivo es informar de las condiciones de acceso a una beca.

1.14. Una de las características que se han estudiado sobre JavaScript es que aportan dinamismo sin tener que esperar a que el servidor reaccione y muestre otra página. Pero, ¿por qué es esto tan importante? ¿Solo por no hacer esperar al usuario? Reflexiona y escribe una lista con todas las ventajas adicionales que esto supone en tu opinión.

1.15. Busca en los sitios web de referencia de estadísticas más conocidos sobre tecnología qué porcentaje de aplicaciones web se crean con JavaScript en la actualidad.

1.16. Busca e instala en tu navegador preferido un *plugin* o extensión que te permita simular cómo se vería cualquier web en cualquier tamaño de pantalla de los dispositivos más usados en la actualidad.

1.17. Instala en tu navegador los cuatro navegadores más usados del momento, ejecuta en cada uno de ellos la misma tarea y observa en los monitores de recursos de tu sistema operativo el consumo de cada navegador. ¿Cuál de ellos ha consumido menos recursos? Repite el ejercicio seleccionando diferentes tareas: cargando una web sencilla, una web de alto tráfico, un juego, un vídeo de alta calidad...

1.18. Activa y desactiva JavaScript en los cuatro navegadores más utilizados y comprueba en cada caso que se ha realizado correctamente.

Actividades de ampliación

1.19. Investiga a través de internet cuáles son las novedades que se planean incorporar a JavaScript en los próximos meses.

1.20. ¿Por qué se habla de intérprete de JavaScript y no de compilador de JavaScript? Busca las diferencias entre ambas formas de traducir el código.

1.21. Localiza cuál es el sitio web de referencia oficial de JavaScript y familiarízate con su estructura.

1.22. Busca un vídeo donde se explique con detalle qué es un desarrollador *full stack* y qué implicaciones tiene desde el punto de vista de JavaScript.

1.23. Navega hasta la web oficial de NodeJS (https://nodejs.org/) y descubre qué tipos de aplicaciones se están creando en la actualidad con esta tecnología. ¿Por qué no te certificas?

1.24. Visita la web de Git (https://git-scm.com/) y repasa los contenidos de su sección **About**. Ahí podrás descubrir cuáles son las ventajas de utilizar este sistema de control de versiones y no otro.

Enlaces web de interés

- **IBM Developers** - https://developer.ibm.com/technologies/web-development/
(tecnologías *open source* para construir aplicaciones web)
- **Documentación Microsoft** - https://docs.microsoft.com/es-es/windows/web/
(desarrollo web en Windows)
- **Google Scholar** - https://scholar.google.es/
(buscador de Google especializado en documentos académicos)
- **Comunidad JavaScript** - https://www.javascript.com/
(recursos para principiantes)
- **Technopedia** - https://www.techopedia.com/
(repositorio de conceptos sobre tecnología)
- **Documentación Oracle** - https://docs.oracle.com/
(guía para desarrolladores del lado cliente)

UNIDAD 2

Introducción a la programación en JavaScript

Objetivos

- Conocer los detalles de la identidad de JavaScript que lo convierten en un referente y obtener una foto global del lenguaje.
- Identificar dónde y cómo se puede ejecutar el código JavaScript.
- Estudiar la estructura principal de los programas.
- Saber crear variables de los tipos correctos y operar con ellas entendiendo las conversiones entre tipos.
- Descubrir la variedad de mensajes disponibles y saber aplicarlos correctamente en cada situación.
- Aplicar todos los operadores de forma correcta conociendo sus matices.
- Entender cómo definir el flujo de ejecución de un programa utilizando con solvencia las estructuras de control del lenguaje.
- Ser capaz de realizar un seguimiento de la ejecución de los programas.

Contenidos

- 2.1. Conceptos básicos
- 2.2. Variables
- 2.3. Entrada y salida en el navegador
- 2.4. Operadores
- 2.5. Estructuras de control

Introducción

Como en cualquier lenguaje de programación, los conceptos básicos sobre los que se sostiene toda su arquitectura son fundamentales para entender el resto de los desarrollos. El caso de JavaScript no es una excepción, ya que existen algunos matices pequeños pero importantes que se verán en esta sección y que serán determinantes para escribir un código correcto y eficiente.

Se realizará un primer recorrido por el lenguaje, partiendo de conceptos básicos teóricos, hasta llegar a estructuras repetitivas complejas, pasando por el estudio de las variables, los tipos de datos, los operadores y los mensajes.

2.1. Conceptos básicos

Ha llegado el momento de entrar en harina. Lo primero será empezar a escribir código JavaScript y repasar los fundamentos básicos del lenguaje a través de sus instrucciones más importantes. Esta unidad es completamente crucial para poder abordar con éxito el desarrollo de aplicaciones web en entorno cliente con JavaScript.

Se empezará por conocer los rasgos generales que definen el lenguaje y a partir de ahí se irán desgranando todas sus características fundamentales.

2.1.1. El ADN de JavaScript

JavaScript es un lenguaje de programación ligero, interpretado, basado en prototipos, *case sensitive*, débilmente tipado, multiparadigma, monohilo, dinámico y con soporte para la programación orientada a objetos, imperativa y declarativa. Casi nada.

Seguramente haya uno o varios conceptos de la frase anterior que no se dominan. No hay motivo para preocuparse; al finalizar este libro se tendrá un conocimiento profundo de todos ellos. De momento, se van a explicar brevemente cada uno de ellos para tener una foto global del lenguaje que se está aprendiendo:

- **Ligero:** está diseñado para ocupar poco espacio en memoria, es fácil de implementar y cuenta con una sintaxis y una semántica simples, por lo que se puede aprender en poco tiempo.
- **Interpretado:** significa que se lee y se ejecuta cada línea de código de forma secuencial, al contrario que los leguajes compilados cuyas líneas de código son convertidas en su conjunto a lenguaje máquina para ser ejecutados posteriormente.
- **Basado en prototipos:** se trata de una variante de la programación orientada a objetos en la que los objetos no se crean instanciando clases sino clonando otros objetos o creándolos directamente. Lo que debe recordarse de esta característica es que en JavaScript todo es un objeto.

- ***Case sensitive:*** es sensible a mayúsculas y minúsculas, por lo que rojo, Rojo y ROJO serán tres identificadores distintos.
- **Débilmente tipado:** el lenguaje no necesita conocer al detalle con qué tipo de dato se está trabajando en cada momento. Es lo suficientemente inteligente para deducirlo o realizar conversiones entre tipos de datos a lo largo de la ejecución del programa.
- **Multiparadigma:** a diferencia de otros lenguajes, permite programar aplicaciones completas desde cero aplicando muy distintos paradigmas de programación.
- **Monohilo:** un único hilo de ejecución se encarga de realizar el trabajo de interpretación del código, de forma que se dificultan los interbloqueos y se favorece el uso de las llamadas asíncronas.
- **Dinámico:** el lenguaje es capaz de cambiar importantes características del programa, como la estructura de un objeto o el tipo de una variable, mientras se está ejecutando.
- **Programación orientada a objetos:** un modelo de programación mucho más cercano al mundo real donde se modelan patrones a través de clases y se instancian en forma de objetos. Los objetos se relacionan entre sí para alcanzar los objetivos de las aplicaciones.
- **Programación imperativa:** un modelo de programación consistente en una secuencia de instrucciones que determinan qué debe hacer la máquina en cada momento paso a paso. Se centran en el «cómo» de la solución.
- **Programación declarativa:** un modelo de programación que consiste en describir qué se quiere obtener al finalizar la ejecución del programa, en lugar de cómo se quiere obtener. Se centran en el «qué» de la solución.

2.1.2. Dónde ejecutar código JavaScript

JavaScript es un lenguaje de programación que ha evolucionado mucho en los últimos años. Una de las mayores innovaciones que ha experimentado ha sido precisamente dónde y cómo se ejecuta.

Atendiendo a la arquitectura de la aplicación, se tiene lo siguiente:

- **JavaScript del lado cliente:** proporciona objetos para gestionar el navegador y el modelo de objetos del documento (DOM, *Document Object Model*) del mismo. El DOM es la estructura interna que entiende JavaScript cuando lee un documento HTML. De esta forma se puede controlar y responder a los eventos del usuario (clic de ratón, pulsación de una tecla...), formularios, navegación entre páginas o cualquier otro elemento de la interfaz de usuario.
- **JavaScript del lado servidor:** amplía el núcleo del lenguaje extendiéndolo con objetos de interés para poder ser ejecutado en un servidor, normalmente a través de Node.js. Así, es posible comunicarse con una base de datos, gestionar ficheros del servidor u ofrecer respuestas a solicitudes de aplicaciones.

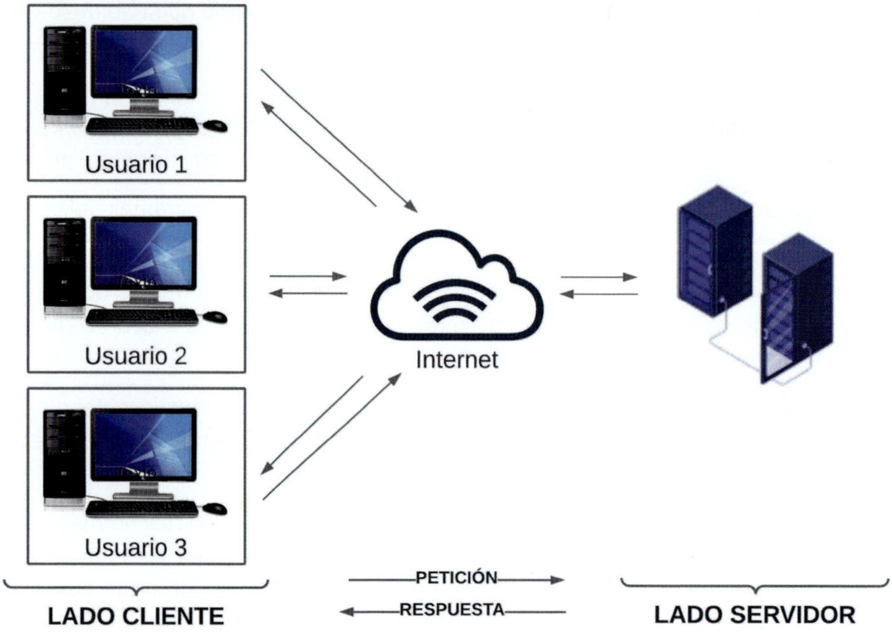

Figura 2.1. *Esquema simplificado de una arquitectura cliente-servidor.*

Teniendo en cuenta que esta obra trata en exclusiva del desarrollo de aplicaciones web en el lado cliente, quedan fuera del objeto de estudio las capacidades de JavaScript del lado servidor.

Se estudiará, por tanto, dónde ejecutar código JavaScript del lado cliente. Salvo situaciones muy excepcionales, siempre que se ejecute código JavaScript del lado cliente, se utilizará un navegador.

Para ello, puede escribirse el código dentro de alguno de los ficheros que es capaz de leer el navegador, o bien utilizar la consola que incorpora. Aunque, como se irá viendo a lo largo del libro, lo más habitual es combinar las dos opciones en función de las necesidades en cada momento.

De ahora en adelante, y para facilitar la comprensión del código, se utilizará un fichero interpretado por el navegador. Además, siempre que sea de utilidad, se acudirá a la consola para observar algunas salidas que mejorarán la comprensión de los conceptos.

2.1.3. Cómo ejecutar código JavaScript

Como ya se adelantó en el apartado anterior, se utilizará un fichero que sea capaz de interpretar el navegador. Existen muchos tipos de ficheros que podrían servir, aunque lo correcto atendiendo a las normas de estilo es que el código JavaScript se incluya como parte de un fichero HTML o separado en un fichero .js

El lenguaje de marcado HTML ya incluye una etiqueta que permite incorporar el código JavaScript. Se trata de la etiqueta **script**, de la que a continuación se muestra un ejemplo:

```
<!DOCTYPE html>
<html lang="es">
<head>
<meta charset="UTF-8">
<title></title>
</head>
<body>
	<script>
			document.write("Código JS dentro de HTML");
	</script>
</body>
</html>
```

Al ejecutar el código anterior en el navegador se verá un documento en blanco con un único mensaje escrito por el método **document.write.**

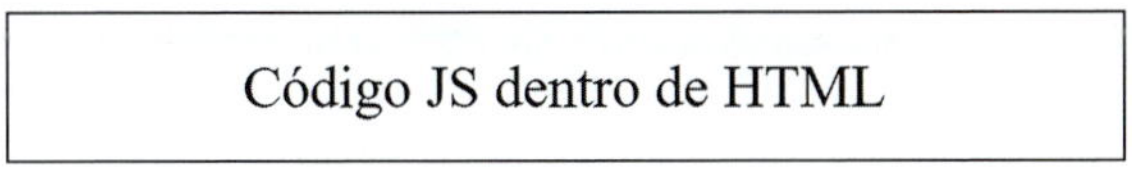

Figura 2.2. *Resultado que muestra el navegador tras ejecutar el código anterior.*

Como puede verse, se ha colocado el código JavaScript dentro de la sección **body** de la web, pero no tiene por qué ser así. Técnicamente podría colocarse en cualquier parte del documento, aunque las alternativas habituales son colocarlo en la sección **head** o incluso como parte del valor de un atributo en etiquetas HTML. Es una norma de estilo colocarlo en el **body** si se va a interactuar con los elementos del DOM; que se coloque en **head** si se van a incluir otras librerías o a declarar estructuras de datos globales; y que se coloque dentro de una etiqueta HTML si se quiere modificar el comportamiento de ese único elemento. Así se haría en el último caso:

```
<!DOCTYPE html>
<html lang="es">
<head>
	<meta charset="UTF-8">
	<title></title>
</head>
<body>
	<p onclick="alert('Un mensaje lanzado por JavaScript')">
			Esto es un párrafo con un evento asociado.
	</p>
</body>
</html>
```

Figura 2.3. *Resultado que muestra el navegador tras clicar sobre el texto del párrafo.*

Actividad propuesta 2.1

JavaScript incrustado en el navegador

Comprueba que puedes situar el código JavaScript en cualquier parte de tu fichero HTML. Para ello:

- Crea un fichero HTML con varias etiquetas y contenido de prueba.
- Prueba a situar código JavaScript dentro de cada etiqueta y comprueba el resultado en el navegador.

La otra opción que se ha comentado es la más común y la que proporciona mayor modularidad y facilidad de mantenimiento. Se trata de la inclusión de ficheros .js.

La idea es escribir ficheros con únicamente código JavaScript e incluirlos en el código HTML que necesite usarlos. A continuación, un ejemplo.

Primero se crea un fichero nuevo con el nombre deseado, en este caso **micodigo.js** y se incluye todo el código JavaScript de la aplicación:

```
document.write("Código JS en un fichero externo");
```

A continuación se utiliza la etiqueta **script** para incluir el fichero JavaScript dentro del fichero HTML, en este caso **index.html**, con el que se desea ejecutar el código:

```
<!DOCTYPE html>
<html lang="es">
<head>
	<meta charset="UTF-8">
	<script src="micodigo.js"></script>
	<title>Incluyendo JS externo</title>
</head>
<body>
	<p>
			Un párrafo cualquiera.
	</p>
</body>
</html>
```

Así, cuando el navegador ejecute el fichero **index.html** y llegue a la etiqueta **script** buscará el fichero .js en la ruta indicada en el atributo **src**, ejecutará el código que encuentre y continuará interpretando el resto del código HTML.

Código JS en un fichero externo Un párrafo cualquiera.

Figura 2.4. *Resultado que muestra el navegador tras ejecutar el código HTML anterior.*

La etiqueta **script** cuenta con algunos otros atributos que pueden aportar una importante funcionalidad extra en determinadas ocasiones, aunque los dos más utilizados son los que se detallan en la Tabla 2.1.

Tabla 2.1. Descripción general de los dos atributos más utilizados por la etiqueta script

Atributo	Descripción
src	Especifica la URL del fichero que se desea cargar.
type	Indica el tipo de fichero que se está utilizando. Si se omite, se entiende que se trata de código JavaScript

Actividad propuesta 2.2

JavaScript desde un fichero externo

Asegúrate de que eres capaz de incluir un fichero JavaScript externo en tu aplicación.

- Crea un fichero HTML con varias etiquetas y contenido de prueba.
- Crea otros ficheros JavaScript donde incluyas algunas instrucciones (distintas en cada fichero) y guárdalos en diferentes carpetas de tu equipo.
- Por último, modifica tu fichero HTML para incluir un fichero JavaScript cada vez y comprueba en el navegador que ejecuta las instrucciones que contiene.

Para finalizar, es importante saber que si el código JavaScript contiene errores o advertencias se puede acceder a ellos a través de la consola del navegador.

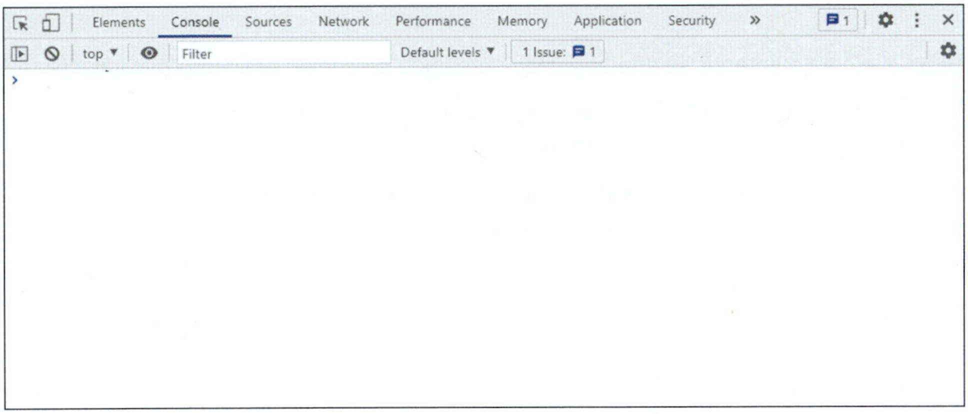

Figura 2.5. *Aspecto de la consola en Google Chrome.*

Además, puede utilizarse la consola para mostrar mensajes propios que ayuden a realizar un seguimiento de la ejecución del programa mientras se está desarrollando. Es una utilidad que se utilizará mucho para explicar los conceptos básicos del lenguaje, así que es importante familiarizarse con su uso.

Las consolas de todos los navegadores son muy parecidas, aunque difieren en su forma de acceder a ellas.

Tabla 2.2. Atajo de teclado para abrir la consola en los principales navegadores de escritorio

Navegador	Atajo de teclado
Google Chrome	[Ctrl]+[Mayúsculas]+[J] [Comando]+[Opción]+[J]
Microsoft Internet Explorer / Edge	[F12]+Seleccionar Consola
Mozilla Firefox	[Ctrl]+[Mayúsculas]+[K] [Comando]+[Opción]+[K]
Apple Safari	[Comando]+[Opción]+[C]

Una vez abierta se ve un *prompt* que está esperando recibir órdenes. Tan solo hay que escribir o pegar código JavaScript y presionar [Intro]. El navegador ejecutará el código y mostrará el resultado de la ejecución.

Nota técnica

Se denomina ***prompt*** al identificador, carácter o símbolo que se muestra habitualmente en las líneas de comandos para hacer saber que está a la espera de recibir órdenes. En el caso de la consola del navegador se muestra el símbolo **>.**

Si en el ejemplo anterior se añade la siguiente línea de código al fichero **micodigo.js:**

```
document.write("Código JS en un fichero externo");
console.log("Un mensaje directo a la consola");
```

No se verá ningún cambio en la web tras ejecutar **index.html** en el navegador. Sin embargo, al abrir la consola se verá lo que se muestra en la Figura 2.6.

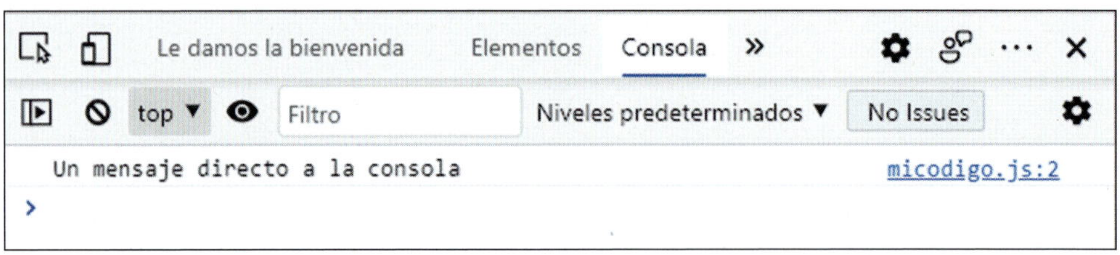

Figura 2.6. *Nuevo mensaje en la consola tras ejecutar el fichero.*

Se puede ver el mensaje que quería lanzarse por medio de la instrucción **console.log,** además del fichero y el número de línea donde se encontraba la instrucción que lo generó. Son detalles que ofrece la consola y que, como se verá a lo largo de este libro, serán de enorme utilidad desarrollando aplicaciones JavaScript.

Actividad propuesta 2.3

Consola del navegador

Vamos a descubrir el funcionamiento de la consola de tu navegador:

- Abre la consola de tu navegador y familiarízate con su aspecto.
- Sitúa el ratón sobre cada uno de sus elementos para conocer su significado.
- Abre las opciones de configuración de la consola y prueba sus diferentes opciones.
- Lanza en el *prompt* las instrucciones JavaScript que se te ocurran y comprueba los resultados.

2.1.4. Sentencias

Cuando se escribe código se hace a base de sentencias o instrucciones. Puede considerarse una sentencia como cada uno de los bloques de un Lego que se utiliza para construir el programa. Somos los programadores los que, teniendo un amplio conocimiento de cada estructura, las combinamos para obtener una aplicación que responda a nuestros intereses.

Un programa, por tanto, no es más que una sucesión de sentencias.

En JavaScript las sentencias se finalizan con el símbolo de punto y coma, aunque en algunos casos no es obligatorio ponerlo. Sin embargo, terminar cada instrucción con su correspondiente punto y coma es una norma de estilo muy extendida que tiene múltiples beneficios. Así, se mejora la legibilidad del programa y se minimiza la aparición de errores.

Cada una de las líneas de este fragmento de código es una sentencia:

```
let colores = {"rojo","verde","azul"};
contador++;
var primero = vector[0];
```

Un poco más adelante se verá el significado de cada una de ellas.

2.1.5. Bloques

Aunque las sentencias vistas hasta ahora son entidades independientes que se ejecutan de forma atómica, lo habitual es encontrarlas agrupadas en bloques.

Un bloque, por tanto, no es más que una secuencia de instrucciones encerradas entre llaves. Por ejemplo:

```
if (!cerrado) {
        abierto = 1;
        console.log("El candado está abierto");
}
```

Es posible ir un poco más allá y crear bloques anidados en varios niveles. Será muy frecuente encontrar estructuras como estas:

```
if (abierto) {
        console.log("Inicio del recorrido");
        for (iteracion = 0; iteracion < 5; iteracion++) {
                console.log(`Pasada número ${iteracion+1}`);
                if (iteracion == 4) {
                        console.log("Fin del recorrido");
                        abierto = 0;
                }
        }
}
```

En general, pueden entenderse los programas como una secuencia de bloques delimitados por llaves. Además, los bloques están íntimamente relacionados con la visibilidad, el alcance o el ámbito (*scope*) de otros elementos del lenguaje, como las variables.

2.1.6. Identificadores

A lo largo del programa va a ser necesario nombrar elementos y asignar nombres a diferentes estructuras de datos que permitan utilizarlas de acuerdo con las necesidades. Esos nombres se denominan identificadores. Por ejemplo, si se desea crear un espacio reservado en memoria que almacene la fecha del día en curso, se puede crear el identificador **fecha_actual.**

Además de los identificadores creados por el programador, todos los lenguajes de programación tienen una lista de identificadores predefinidos que solo se pueden usar para la utilidad que fueron diseñados y que existen para que se pueda programar. Son identificadores especiales llamados **palabras reservadas.** Estas son algunas de ellas: **break**, **case**, **const**, **let**, **try**, **void**, **while...**

En el fragmento de código del Apartado 2.1.4 **colores**, **contador**, **primero** y **vector** son identificadores definidos por el programador, y **let** y **var** son palabras reservadas del lenguaje.

Para saber más

Con este enlace o con el código QR se accede a la lista completa de palabras reservadas del lenguaje JavaScript que actualmente forman parte del estándar, así como a la lista de palabras reservadas que ya han dejado de serlo, y las que se prevén adoptar en un futuro cercano:

https://developer.mozilla.org/es/docs/Web/JavaScript/Reference/Lexical_grammar#palabras_clave

Para definir un identificador hay que asegurarse de no violar ninguna de las siguientes reglas:

- Debe empezar obligatoriamente por una letra, guion bajo (_) o el símbolo del dólar ($).
- Pueden seguirle más letras, números o guiones bajos.
- Distingue entre mayúsculas y minúsculas.
- Puede usar todas las letras que están definidas en UNICODE.

Recuerda

Es un error muy común no tener en cuenta que JavaScript distingue entre mayúsculas y minúsculas en los identificadores. No hay que olvidar que **Mielemento, miElemento, MIelemento** y **MIELEMENTO** son cuatro identificadores completamente distintos para JavaScript.

2.1.7. Comentarios

A lo largo del proceso de desarrollo de aplicaciones en entorno cliente va a surgir la necesidad de dejar comentarios en el código. Se trata de anotaciones, indicaciones, recordatorios o apuntes que se dejan en el código para aumentar la información sobre su significado. Los comentarios no alteran el flujo de ejecución del programa ni intervienen en la lógica de las aplicaciones.

Hay tres tipos de comentarios en JavaScript: comentarios de una línea, comentarios de varias líneas y comentarios *hashbang.*

En el primer caso se utilizan los caracteres **//** para iniciar el comentario. Se considerará que forma parte del comentario todo lo que aparezca a continuación y hasta final de la línea.

```
// Controla el primer bucle (número de iteraciones)
var contador = 0;
// Indica si el recurso está libre (true) u ocupado (false)
var recurso = true;
```

En el segundo caso, los comentarios de varias líneas o comentarios en bloque se inician con **/*** y finalizan con ***/**. Se utilizan para realizar comentarios más extensos que mejoren el orden y la legibilidad del código.

```
/*
        Almacena la cantidad de elementos actuales de la estructura.
        Solo se incluyen los positivos.
        Debe coincidir con los dispositivos válidos.
*/
let numElementos = 0;
```

Recuerda

Muchos de los errores relacionados con los comentarios se producen cuando se intentan anidar unos comentarios dentro de otros, una práctica que no está permitida con los comentarios de varias líneas. El siguiente fragmento de código produciría un error:

```
/*
        Este comentario devolvería */
        un /* syntax error por haber anidado
        */ comentarios de varias líneas
        sin respetar sus reglas de uso
*/
var saludo = "Buenas tardes.";
```

El tercer y último tipo de comentario es el denominado ***hashbang***. Se utiliza menos que los anteriores; son comentarios especiales y se usan principalmente para indicar la ruta a un motor de JavaScript específico que debe ejecutar el *script*.

Estos comentarios funcionan igual que los comentarios de una línea, comienzan con **#!** y solo son válidos al iniciar un *script* o módulo.

Este es su aspecto:

```
#!/usr/bin/env node
```

Recuerda

Para que los comentarios *hashbang* funcionen correctamente hay que asegurarse de que no existe ningún carácter, ni siquiera espacios en blanco, antes de **#!**. No son pocos los errores que se producen al descuidar esta regla.

2.2. Variables

Quizá sea el concepto más importante de esta unidad, puesto que las variables son el recurso indispensable más utilizado por los programadores.

Una variable es una zona de memoria a la que se asigna un nombre y en la que se guarda un valor. De esta forma, puede hacerse referencia a esa zona de memoria mediante un identificador que el programador ha definido, recuperar su valor o modificarlo.

2.2.1. Tipos de datos

Las variables son plenamente funcionales cuando se les asocia un valor, y todos los valores pertenecen a un tipo concreto. En JavaScript existe el tipo de dato **Object** y siete tipos de datos primitivos adicionales. Los siete tipos primitivos son: **string**, **number**, **boolean**, **undefined**, **null**, **bigInt** y **symbol**. A continuación se analizan en detalle los primeros seis tipos primitivos, y el resto se verán más adelante, ya que trabajan con estructuras más complejas.

String

Un *string* no es más que una secuencia de caracteres que se utiliza para representar el texto. Hay tres formas de escribir una cadena de texto en JavaScript:

```
miString_1 = "con comillas dobles";
miString_2 = 'con comillas simples';
miString_3 = `con comillas invertidas o backticks`;
```

Las comillas simples y dobles permiten incluir a cada una de ellas cuando se usa la otra, como por ejemplo en:

```
miCadena_1 = "Mejor tiempo: 7'.";
miCadena_2 = 'Lanzado "Enginr", el nuevo motor eléctrico.';
```

Además, puede utilizarse el operador de concatenación (**+**) para unir fragmentos de cadenas o incluir el contenido de unas variables dentro de ellas:

```
subcadena_1 = "Primera parte, ";
subcadena_2 = "parte concatenada";
subcadena_3 = ". Última parte añadida";
cadenaFinal = "Cadena: " + subcadena_1 + subcadena_2 + subcadena_3 + ".";
```

En este ejemplo **cadenaFinal** contendría la cadena:

```
"Cadena: Primera parte, parte concatenada. Última parte añadida. "
```

La tercera forma de expresar las cadenas de caracteres simplifica el proceso de concatenación de cadenas. Los *backticks* permiten incluir expresiones sin tener que utilizar el operador **+**. Para ello, se incluye la expresión dentro de las llaves de **${}**.

Por ejemplo, podría obtenerse la misma **cadenaFinal** anterior al hacer esto:

```
cadenaFinal = `Cadena: ${subcadena_1}${subcadena_2}${subcadena_3}.`;
```

Además, al hacer referencia a expresión se está haciendo referencia a cualquier elemento que devuelva un valor, como por ejemplo esta forma de calcular el área de un triángulo:

```
base = 3;
altura = 22;
document.write(`El área de nuestro triángulo es: ${base*altura/2}`);
```

Para finalizar con los *strings* es importante señalar que existe un conjunto de caracteres que no se pueden escribir, pero que son fundamentales en algunas situaciones. Son las conocidas como **secuencias de escape.**

¿Cómo puede separarse una cadena de caracteres en varias líneas? ¿Y cómo se puede tabular un párrafo? ¿Y si es necesario introducir unas comillas dobles en una cadena delimitada por comillas dobles? La respuesta es la misma en todos los casos: usando secuencias de escape. En la Tabla 2.3 se recogen algunas de las más comunes.

Tabla 2.3. Lista de las secuencias de escape más utilizadas

Secuencia	Uso
\'	Comillas simples
\"	Comillas dobles
****	Barra invertida o *backslash*
\b	Retroceso
\f	Salto de página
\n	Salto de línea
\r	Retorno de carro
\t	Tabulador horizontal
\v	Tabulador vertical

Aquí se muestran algunos de los usos más comunes de las secuencias de escape:

```
console.log("Así \"escapamos\" comillas dobles.");
console.log('Así \'escapamos\' comillas simples.');
console.log("Así \t tabulamos un texto.");
console.log("Así escapamos la barra \\ invertida.");
console.log("Así incluimos un\nsalto de línea. ");
```

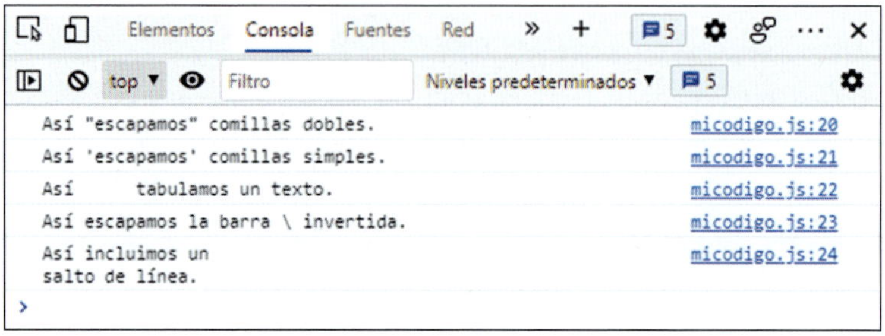

Figura 2.7. *Salida por consola de las cadenas en las que se han incluido secuencias de escape.*

Además, utilizando el patrón **\u{*código*}**, siendo ***código*** un valor hexadecimal de hasta ocho dígitos (32 bits), se puede representar cualquier carácter o símbolo de la tabla UNICODE. Así, si se quiere incluir en la cadena el símbolo del Bitcoin (₿) solo habría que escribir **\u{20BF}**.

Actividad propuesta 2.4

Uso de cadenas de caracteres

Vamos a comprobar si se han adquirido los conceptos básicos del trabajo con cadenas de caracteres:

Crea un fichero JavaScript que incluya una sola instrucción que sea capaz de sacar por consola la siguiente cadena:

El acceso a la ruta C:\\usuario\ tarda 1’23”, algo considerado "lento" en la actualidad.

Number

En JavaScript **Number** hace referencia a un único tipo de dato numérico que recoge cualquier formato de número con o sin decimales.

Para saber más

Los detalles del tipo de dato *number* vienen recogidos en la especificación IEEE 754 y viene representado por un formato de coma flotante de doble precisión de 64 bits. Con el siguiente enlace o con el código QR se puede encontrar toda la información relativa a este tipo de dato:

https://en.wikipedia.org/wiki/Double-precision_floating-point_format

Para expresar un número, se escribe sin indicar ningún tipo de símbolo adicional. Si quiere indicarse que se trata de un número decimal se utiliza el punto (**.**) como separador decimal. Y si quiere indicarse un exponente se utiliza la **e** y el signo del exponente:

```
alturaCm = 182;
pesoKg = 71.6;
diametroTransistor = 2e-9;
```

Así, se estaría almacenando 182 cm, 71'6 kg y $2 \cdot 10^{-9}$ m.

Sin embargo, no puede darse por hecho que siempre se usará el sistema de representación decimal en los programas. Para indicarle al motor de JavaScript que se quiere operar en otro sistema de representación hay que escribir delante del número el dígito cero (**0**) seguido por un carácter de identificación, que informará al intérprete si se quiere trabajar en binario (**b**), octal (**o**) o hexadecimal (**x**).

Con estos ejemplos quedará más claro. Se trata de guardar el número 38 en otros sistemas de representación:

```
numeroBinario = 0b100110;
numeroOctal = 0o46;
numeroHexadecimal = 0x26;
console.log(`Binario: ${numeroBinario}\nOctal: ${numeroOctal}\nHexadecimal: ${numeroHexadecimal}`);
```

Como se aprecia, cada número lleva su propio «prefijo» para indicar que se trata de un sistema de representación distinto. Sin embargo, al observar su salida en consola se obtiene algo inesperado (Figura 2.8).

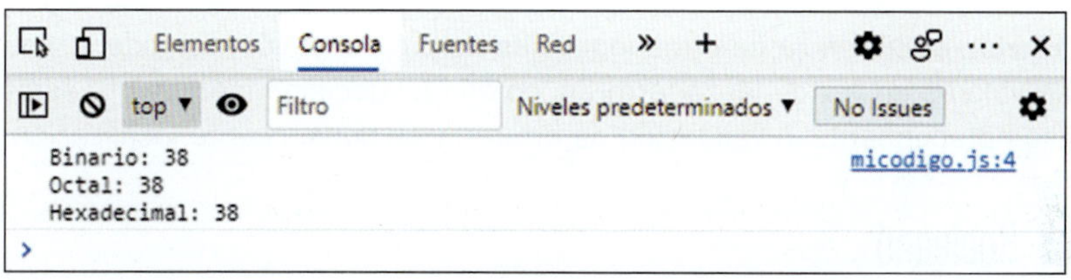

Figura 2.8. *Salida por consola de los números en distintos sistemas de representación.*

¿Qué ha ocurrido? Lo que ha sucedido es que la consola ha convertido todos los números al sistema decimal, puesto que está configurada para trabajar por defecto con ese sistema de representación numérica.

JavaScript tiene otra interesante capacidad numérica que no tienen la mayoría de los lenguajes de programación. A continuación se verá qué ocurre al trabajar con divisiones por cero:

```
divisionPorCero = 23/0;
otraOperacion = divisionPorCero + 12;
console.log(`División por cero: ${divisionPorCero}`);
console.log(`Otra operación: ${otraOperacion}`);
```

¡El lenguaje es capaz de entender y operar con el valor infinito! Toda una sorpresa si se tiene en cuenta que la gran mayoría de los lenguajes de programación lanzarían un error en ambos casos.

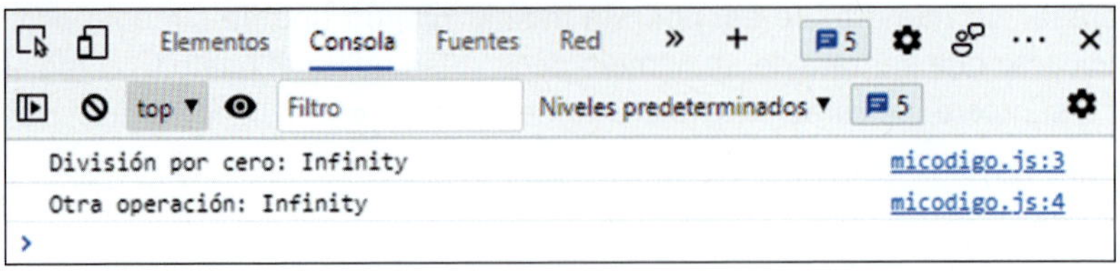

Figura 2.9. *Salida por consola del resultado de operaciones* a priori *no permitidas.*

Para finalizar con el tipo de dato *number* hay que señalar otro comportamiento que, a diferencia de otros lenguajes de programación, también soporta JavaScript. ¿Qué ocurrirá al intentar operar con números y otros tipos de datos distintos?

```
operacion = 54 * "cadena de texto";
console.log(`Operación: ${operacion}`);
```

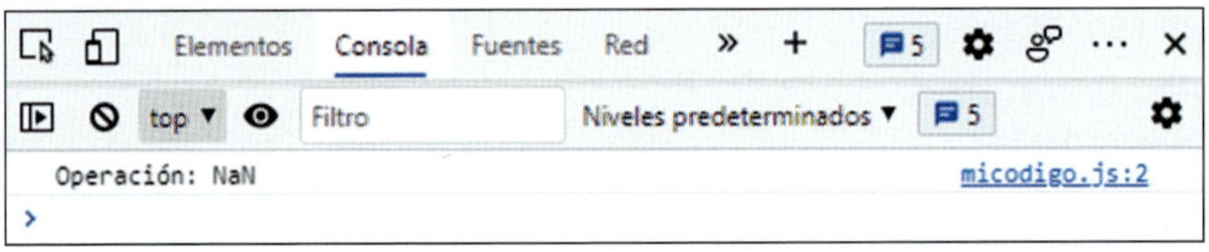

Figura 2.10. *Resultado de operaciones no permitidas a los números.*

Se obtiene como valor de salida **NaN**, que es el acrónimo de *Not a Number* (no es un número).

Que JavaScript, a diferencia de otros lenguajes de programación, considere tanto **Infinity** como **NaN** valores en vez de lanzar errores, no es una decisión meramente estética, sino que facilita notablemente la validación de errores y su consecuente localización.

Booleano

En informática en general, y en programación en particular, un booleano es un dato lógico que solo puede tomar dos valores: **true** (verdadero) o **false** (falso). Ambas son palabras reservadas del lenguaje que se pueden asignar:

```
valorVerdadero = true;
valorFalso = false;
```

Sin embargo, a la hora de evaluar expresiones lógicas se considera que todo lo que sea **igual a cero es falso** y todo lo que sea **distinto de cero es verdadero.** Con algunas comprobaciones es posible aclarar el concepto usando la función **Boolean()***:*

```
console.log(`1 - ¿true?: ${Boolean(true)}`);
console.log(`2 - ¿false?: ${Boolean(false)}`);
console.log(`3 - ¿1?: ${Boolean(1)}`);
console.log(`4 - ¿0?: ${Boolean(0)}`);
console.log(`5 - ¿"texto"?: ${Boolean("texto")}`);
console.log(`6 - ¿""?: ${Boolean("")}`);
console.log(`7 - ¿Infinity?: ${Boolean(Infinity)}`);
console.log(`8 - ¿NaN?: ${Boolean(NaN)}`);
```

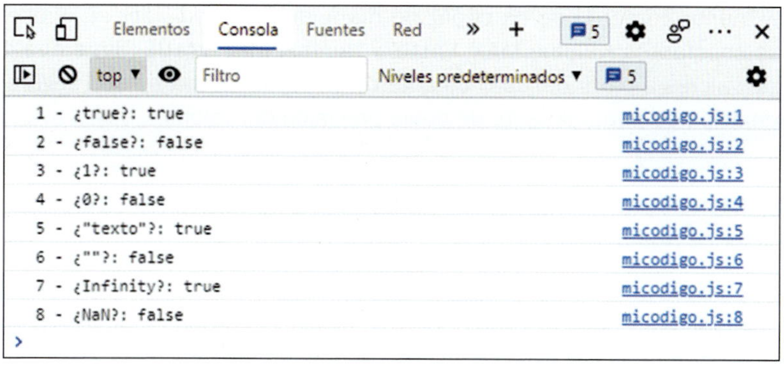

Figura 2.11. *Resultado de la evaluación lógica de las expresiones.*

En sucesivos apartados se retomará el estudio de los booleanos ya que es preciso estar constantemente evaluando nuevas expresiones.

Undefined

En JavaScript se obtiene el valor **undefined** cuando todavía no se le ha asignado un valor a una variable y, en general, cuando no es capaz de evaluar una expresión. Más adelante, al estudiar estructuras más complejas, se volverán a ver nuevas características de este tipo de dato.

De momento, es suficiente con saber que **Boolean(undefined)** devuelve **false.**

Null

En el campo de la informática **null** siempre hace referencia a una dirección inválida, aunque su implementación práctica varía entre los diferentes lenguajes de programación. En JavaScript representa el valor vacío o nulo, de forma intencionada. Además, **Boolean(null)** es **false.**

Nota técnica

A los programadores principiantes de JavaScript les cuesta entender la diferencia entre **undefined** y **null,** puesto que ambos tipos de datos significan **ausencia de valor.** No obstante, existen matices que los convierten en tipos de datos completamente distintos. Este es el más importante: **undefined** significa que no hay valor porque aún no se ha definido; en cambio, **null** significa que no hay valor porque así lo ha indicado expresamente el programador.

BigInt

Cuando se trabaja con números muy grandes debe tenerse en cuenta que el tipo de dato *number*, tal como se conocía hasta ahora, podría crear algún problema.

El mayor y menor número que es capaz de manejar el tipo *number* se puede conocer usando las constantes **Number.MAX_VALUE** y **Number.MIN_VALUE.** Sin embargo, existe un rango de valores a partir del cual los enteros en JavaScript ya no son seguros y serán una aproximación de punto flotante de doble precisión del valor.

Por ello se recomienda que siempre que se vaya a usar un número menor que **Number.MIN_SAFE_INTEGER** o mayor que **Number.MAX_SAFE_INTEGER** se utilice el tipo de dato **BigInt** en lugar de **Number.**

Con **BigInt** se puede almacenar y operar de forma segura con números enteros muy grandes más allá del límite seguro de los enteros *number*. Para indicar al intérprete que se quiere usar el formato **BigInt** hay que finalizar el número con una **n.**

Jugando un poco con los valores puede conocerse su contenido y comprobar qué ocurre cuando se superan los límites:

```
console.log(`1. Límite superior de Number: ${Number.MAX_VALUE}`);
console.log(`2. Límite inferior de Number: ${Number.MIN_VALUE}`);
console.log(`3. Límite superior SEGURO: ${Number.MAX_SAFE_INTEGER}`);
console.log(`4. Límite inferior SEGURO: ${Number.MIN_SAFE_INTEGER}`);
console.log(`5. Superar el límite de Number: ${Number.MAX_VALUE+100}`);
console.log(`6. Superar el límite SEGURO de Number: ${9007199254740991+100}`);
console.log(`7. Superar el límite de SEGURO de Number usando BigInt: ${9007199254740991n + 100n}`);
```

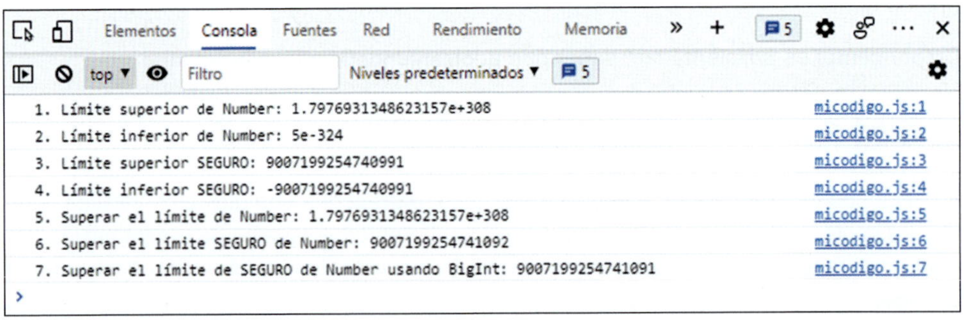

Figura 2.12. *Resultados muy reveladores cuando se opera sobre los límites numéricos.*

Hay algunos detalles interesantes. Teniendo en cuenta el resultado de la línea 1, ¿cómo es posible que al sumar 10 (línea 5) se obtenga el mismo resultado? La respuesta, como ya se supone, está en que se ha superado el límite superior del tipo de dato **Number** y por mucho que se sume no podrá obtenerse un número mayor.

Centrándose ahora en las líneas 3 y 5 se ve que la línea 3 devuelve el límite superior seguro de un *number*, y la línea 5 le suma 100 a ese límite. Sin embargo, al tomar los dos resultados y restarlos, ¡no se obtiene 100! Es otro problema con la precisión del tipo de dato **Number** al trabajar con cantidades muy grandes.

Por último, hay que ver lo que ocurre con el ejemplo anterior al forzar que los números acaben en **n**, es decir, cuando se trabaja con el tipo de dato **BigInt** en ese límite. Tomando el valor de la línea 3 y convirtiéndolo en la línea 7 a **BigInt**, se le suma **100n** y ahora el resultado sí que es correcto (la diferencia es exactamente 100). Se ha ganado en precisión numérica utilizando **BigInt** en vez de **Number.**

A veces se dan situaciones en las que los programadores no están seguros del tipo de dato con el que están trabajando. Para conocerlo puede utilizarse el operador **typeof.** Su funcionamiento es tan sencillo como el siguiente:

```
console.log(`Tipo de true: ${typeof true}`);
console.log(`Tipo de 444: ${typeof 444}`);
console.log(`Tipo de 55.5: ${typeof 55.5}`);
console.log(`Tipo de 111n: ${typeof 111n}`);
console.log(`Tipo de "texto": ${typeof "texto"}`);
console.log(`Tipo de undefined: ${typeof undefined}`);
console.log(`Tipo de null: ${typeof null}`);
console.log(`Tipo de NaN: ${typeof NaN}`);
console.log(`Tipo de una variable no inicializada: ${typeof variable}`);
```

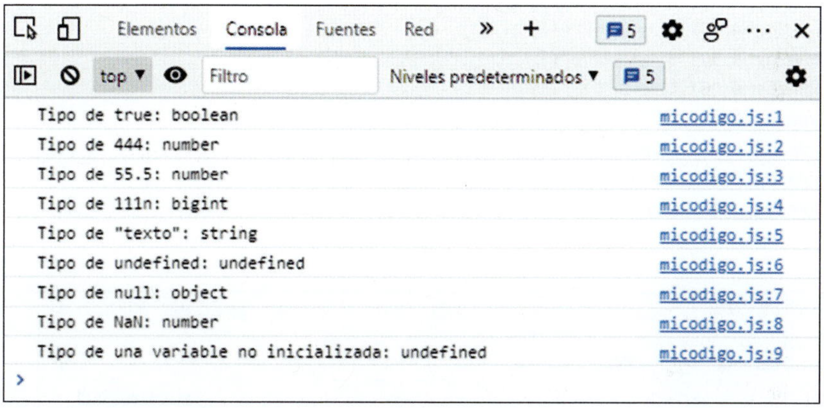

Figura 2.13. *Los tipos de datos que se han visto hasta ahora usando el operador* typeof.

Alguna interesante sorpresa se puede observar, como por ejemplo que el valor **NaN** (*Not a Number*) sea precisamente del tipo **Number.** Además, se observan dos nuevos conceptos:

1. El tipo de dato **Object:** es el más importante del lenguaje porque sobre él se construye toda la arquitectura de JavaScript. Se verá en profundidad más adelante.
2. Inicialización de variables: un concepto clave que se abordará en el siguiente apartado.

2.2.2. Conversión de tipos

Al inicio de esta unidad se decía que JavaScript llevaba en su ADN ser un lenguaje débilmente tipado. Esto significa que el lenguaje es capaz de lidiar con operaciones donde se mezclan tipos de datos distintos sin lanzar errores constantemente, tal y como ocurre en otros lenguajes de programación. Esto lo logra gracias a su potente capacidad para convertir unos tipos de datos en otros de forma dinámica.

Existen dos formas de realizar este tipo de conversiones: sin intervención del programador, o con la indicación explícita por parte del programador. A continuación se estudia cómo se realiza en cada caso.

Conversión automática de tipos

La regla de oro que aplica el lenguaje para realizar su conversión desasistida de tipos es actuar de la forma más razonable. Y es que, en ocasiones, al ver con qué inteligencia ha resuelto el lenguaje una operación, es fácil pensar: «claro, ha tomado el camino con más sentido».

Con todo y con eso, el lenguaje no es omnipotente, porque como se verá a continuación hay ocasiones en las que las conversiones sencillamente no son posibles.

```
console.log(`1. true*7= ${true*7}`);
console.log(`2. 9-false= ${9-false}`);
console.log(`3. 12+"5"= ${12+"5"}`);
console.log(`4. "67"+11= ${"67"+11}`);
console.log(`5. 12*"5"= ${12*"5"}`);
console.log(`6. "67"*11= ${"67"*11}`);
console.log(`7. "texto"*8= ${"texto"*8}`);
console.log(`8. undefined/7= ${undefined/7}`);
console.log(`9. null*6= ${null*6}`);
console.log(`10. Infinity-"texto"= ${Infinity-"texto"}`);
console.log(`11. NaN+4= ${NaN+4}`);
```

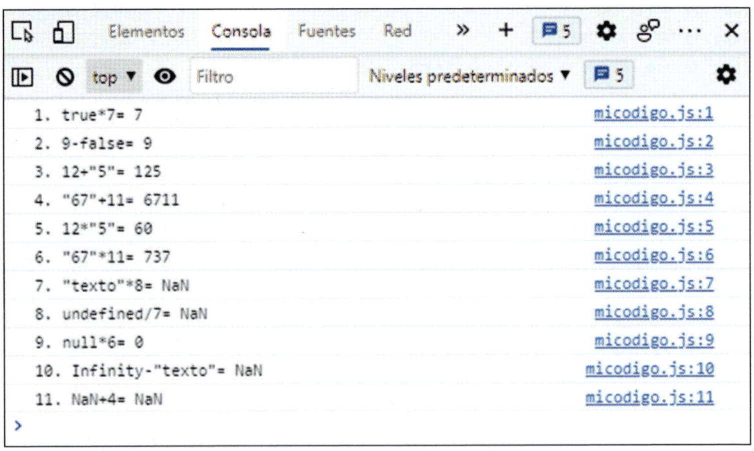

Figura 2.14. *Conversiones automáticas de tipos sin intervención del programador.*

En cada caso el lenguaje ha aplicado el sentido común de la siguiente forma:

1. El valor booleano **true** se considera que es toda aquella expresión que se evalúa a distinto de cero. Desde el punto de vista numérico se entiende que **true** es 1 y **false** es 0. Por tanto, se sustituye **true** por 1 y se multiplica.
2. Siguiendo el mismo razonamiento anterior, se sustituye **false** por 0 y se resta.

3. Se intenta sumar dos números, pero uno de ellos está encerrado entre comillas dobles, por tanto, es un *string*. En el contexto de los *strings* se había estudiado que se utiliza el operador **+** para concatenar cadenas. Y esa es precisamente la lógica que se ha seguido, convertir el 12 a cadena de caracteres y concatenarlas.
4. Siguiendo el mismo razonamiento anterior, se ha convertido el 11 en una cadena de caracteres y los ha concatenado.
5. En este caso el operador es *****; por tanto, y a diferencia de los dos casos anteriores, solo cabría pensar que lo que se desea es multiplicar. Se convierte la cadena de texto "5" en el número 5 y se multiplica.
6. Siguiendo el mismo razonamiento anterior, se convierte "67" en 67 y se multiplica.
7. Una vez más, el mismo caso que los dos anteriores, salvo por el detalle de que la cadena de texto no es un número. No es posible realizar operaciones matemáticas cuando una de las partes no es un número. Y así se indica en el resultado.
8. Siguiendo el mismo razonamiento anterior, no puede hacerse una operación matemática cuando una de las partes no está definida.
9. **Null** se había definido como la ausencia intencionada de valor por parte del programador. Parece razonable que se considere 0 cuando interviene en una operación matemática.
10. Se trata del mismo caso que el explicado en el punto 7; se intenta operar un número muy grande con una cadena de caracteres.
11. Resultado evidente, toda vez que se intenta realizar una operación matemática sabiendo que una de las partes indica explícitamente que no es un número.

Conversión manual de tipos

Podría surgir la necesidad de saltar el comportamiento predeterminado del lenguaje y forzar una conversión en un sentido distinto. ¿Cómo puede forzarse que en los ejemplos 3 y 4 el operador **+** funcione como una suma en lugar de como concatenador de cadenas de caracteres? Muy sencillo, convirtiendo explícitamente el *string* numérico al tipo **Number**:

```
console.log(`3. 12+"5"= ${12+Number("5")}`);
console.log(`4. "67"+11= ${Number("67")+11}`);
```

¿Y en caso de querer hacer justo lo contrario? De querer hacer que dos números en una suma se concatenen en vez de sumarse, existe la posibilidad de forzar su tipo a **string** de este modo:

```
console.log(`6+7 Sin forzar: ${6+7}`);
console.log(`6+7 Forzando: ${String(6)+String(7)}`);
```

Tras ejecutar la primera instrucción se obtendría un resultado de 13 (suma) y tras ejecutar la segunda el resultado sería "67" (concatenación de cadenas de caracteres). Este recurso de conversión se puede utilizar para cada cualquier tipo de dato existente en JavaScript.

Por tanto, como programadores hay dos estrategias que pueden seguirse para que las conversiones entre tipos distintos se realicen de acuerdo con las necesidades de cada momento:

1. Si se conoce en profundidad cómo funciona el intérprete y hay un 100 % de seguridad de qué camino tomará la conversión, se puede delegar la decisión en JavaScript.
2. Si no se dan las dos condiciones anteriores, lo mejor es forzar conversiones de forma explícita utilizando las herramientas que ofrece el lenguaje.

Dicho todo lo cual, sería interesante recordar que las reglas con las que opera el lenguaje son cambiantes a lo largo del tiempo, por lo que no es mala idea repasar las novedades del estándar cada cierto tiempo.

2.2.3. Declaración e inicialización

Una vez aprendido qué son las variables y de qué tipos de datos pueden ser, ha llegado el momento de crearlas (declararlas) y asignarles un valor por primera vez (inicializarlas).

Declarar una variable no es más que asignarle un identificador a una zona de memoria. Existen tres formas de declarar una variable en JavaScript, y es utilizando las palabras reservadas **var**, **let** y **const**, que se analizan a continuación.

Var

Es la forma tradicional de declarar una variable. Su uso es tan sencillo como este:

```
var miVariable;
```

Con la instrucción anterior se le indica al programa esto: «reserva un espacio en memoria y llámale miVariable».

```
miVariable = 8;
```

Ahora se le está indicando al programa: «toma el valor 8 y almacénalo en el espacio de memoria que me habías reservado y al que habíamos llamado miVariable». Es la primera vez que se asigna un valor a esta variable, es decir, se ha inicializado.

Solo es necesario declarar las variables una vez. Después pueden utilizarse tantas veces como se quiera simplemente usando su identificador.

El ámbito de uso de estas variables es el contexto de ejecución en el que se encuentra la palara **var**. Al final del siguiente concepto se comprenderá mejor esto último.

Let

Es una forma de declarar variables que se permite desde la versión 6 de ECMAScript, y para entender su funcionamiento hay que ahondar en el concepto de ámbito de las variables, que se anunció en el apartado de los bloques.

La gran diferencia entre **let** y **var** es que el ámbito de **let** es más local que el de **var.** Se dice que el ámbito de las variables declaradas con **let** es el bloque. Se puede comprobar con el siguiente código:

```
{
        var miVariable = "Soy visible fuera del bloque.";
        let otraVariable = "No soy visible fuera del bloque.";
}
console.log(miVariable);
console.log(otraVariable);
```

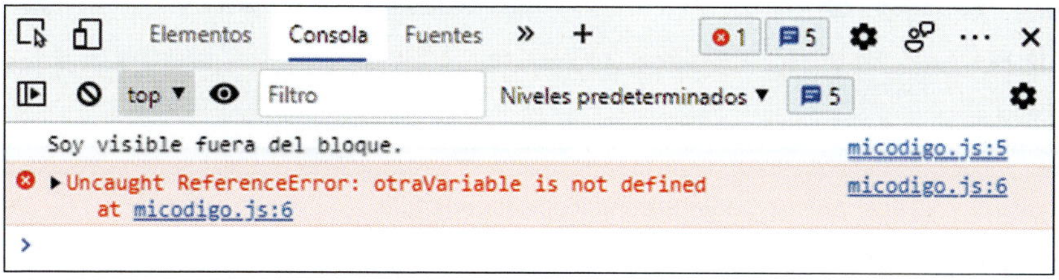

Figura 2.15. *Error como consecuencia del ámbito de la variable definida con* let.

A la vista de los resultados, puede comprobarse que la variable definida por **let** solo es accesible dentro del bloque donde se definió. Sin embargo, aquella definida con **var** sí que es accesible.

No obstante, esto no significa que el ámbito de una variable definida con **var** sea total, puesto que también sufre restricciones dependiendo del lugar donde se declare. Un ejemplo servirá de aclaración:

```
var miVariable = "He sido declarada fuera de todo bloque";
function unaFuncion() {
        var miVariable = "He sido declarada dentro de una función";
        return 0;
}
console.log(miVariable);
```

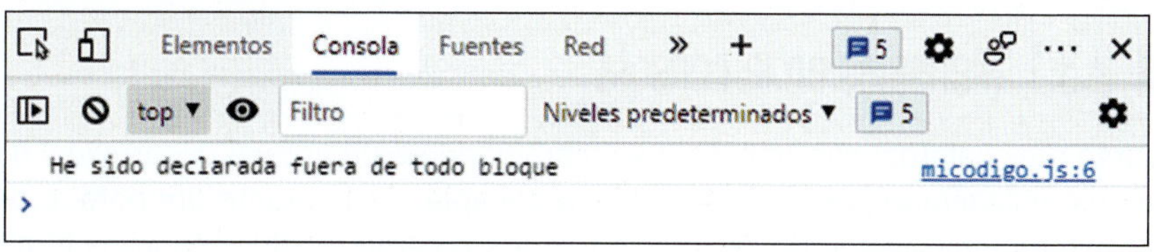

Figura 2.16. *El intérprete selecciona el valor global de la variable.*

A pesar de que la segunda declaración de la misma variable aparece más tarde, el intérprete saca el valor que se le asignó la primera vez. Es un revelador ejemplo de **visibilidad de una variable.** Realmente existen dos variables llamadas **miVariable,** una local que existe solo dentro de la función, y otra global que existe en el resto del archivo.

Const

En los dos tipos de variables que se acaban de ver pueden declararse e inicializarse las variables y posteriormente usarlas y modificar su contenido tantas veces como se considere oportuno. Pero ¿y con **const**?

```
const IVA = 0.21;
IVA = 0.18;
```

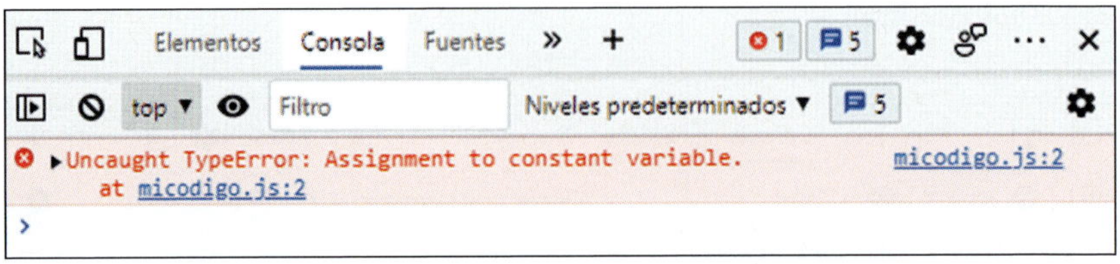

Figura 2.17. *Error al intentar modificar el valor de una constante.*

Efectivamente, con **const** se definen constantes, es decir, variables a las que se asigna un valor que no cambiará nunca. ¿Una variable que no varía? Exactamente.

Desde el punto de vista del ámbito, funciona igual que **let**. Además, y aunque no es obligatorio, es una norma de estilo con amplio consenso asignar a las constantes identificadores en mayúsculas para distinguirlas de los demás tipos de variables. Así, con un simple golpe de vista, se evita caer en la tentación de asignarles otro valor, y, en consecuencia, de lanzar un error.

2.3. Entrada y salida en el navegador

Para mejorar la comprensión de los conceptos vistos hasta ahora, se venían utilizando algunas de las funcionalidades que ofrecen los navegadores para sacar datos en pantalla. Pero no son las únicas, ni se han visto en profundidad. A continuación se estudia cómo proporcionar datos al navegador y también cómo obtener respuestas y otros mensajes de salida.

2.3.1. Mensajes en la consola

Un recurso muy habitual que utilizan los programadores durante el desarrollo y despliegue de sus aplicaciones es enviar texto a la consola. Es bastante útil porque permite obtener mucha información de depuración de los programas sin «ensuciar» el aspecto de esos programas y, al mismo tiempo, son fácilmente localizables para retirarlos antes de poner las aplicaciones en entornos de producción.

Existen cuatro tipos de mensajes que se pueden generar para sacarlos en la consola: **console.log()**, **console.info()**, **console.warn()** y **console.error()**. Todos ellos muestran un texto con una estética diferente (que puede cambiar según el navegador) y se pueden utilizar los filtros que proporciona el navegador para ver solo aquellos del tipo que interese.

Este es el aspecto que presentan:

```
console.log("Versión LOG de un mensaje por consola.");
console.info("%cVersión INFO del mensaje número %d por consola.","font-weight: bold;",2);
console.warn("Versión WARN de un mensaje por consola.");
console.error("Versión ERROR de un mensaje por consola.");
```

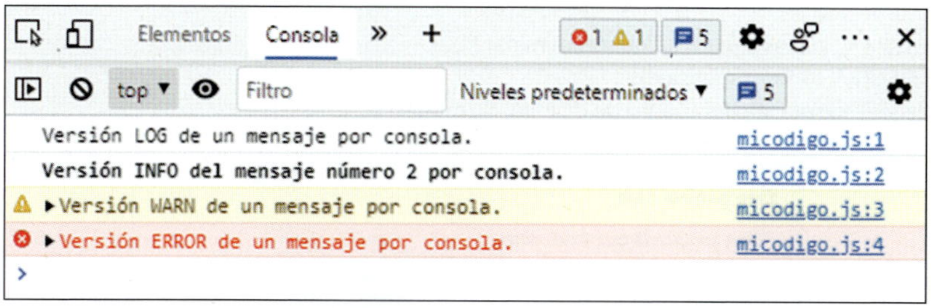

Figura 2.18. *Uso y decoración de mensajes generados para la consola.*

Como puede verse, cada tipo de mensaje se muestra con la apariencia típica de mensajes de *log*, errores o *warnings*. Los dos primeros mensajes se generan con la misma estética; sin embargo, es frecuente que se utilicen sustituciones de cadena para enriquecer el resultado.

Si se observa el segundo mensaje, al comenzar una cadena por **%c** puede establecerse un estilo CSS personalizado. Además, si en cualquier parte de la cadena se coloca **%d** o **%s**, puede sustituirse dinámicamente por un valor numérico o de cadena de caracteres respectivamente.

En la Tabla 2.4 se recogen otros métodos útiles que pueden lanzarse en la consola para obtener información de interés sobre los programas y su ejecución en el navegador.

Tabla 2.4. Lista adicional de métodos útiles para trabajar con la consola

Método	Descripción
console.dir()	Muestra un listado interactivo de las propiedades de un objeto JavaScript específico.
console.group()	Crea un nuevo grupo que tabula los mensajes de la consola. Para retroceder un nivel de tabulación se utiliza **groupEnd()**.
console.groupCollapsed()	Igual que **group()** pero aparecen todos los mensajes colapsados en uno, siendo necesario pulsar un botón para desplegarlos.
console.table()	Muestra los datos en forma de tabla.
console.time()	Inicia un temporizador con un nombre personalizado (pueden crearse hasta 10 000 simultáneamente en la misma página). El temporizador se detiene con **timeEnd()**.
console.trace()	Muestra una traza del error.

2.3.2. Mensajes de confirmación

En este caso se trata de un cuadro de diálogo que puede lanzarse con **confirm()** y un mensaje con dos opciones: **Aceptar** o **Cancelar**. Si el usuario pulsa el botón de aceptar se recibirá **true** como respuesta y **false** si decide pulsar el botón de cancelar. Así de simple. El ejemplo siguiente lo muestra:

```
let mensaje = "¿Estás seguro de querer eliminar?";
let respuesta = confirm(mensaje);
console.log(`Respuesta del cuadro de diálogo: ${respuesta}.`);
```

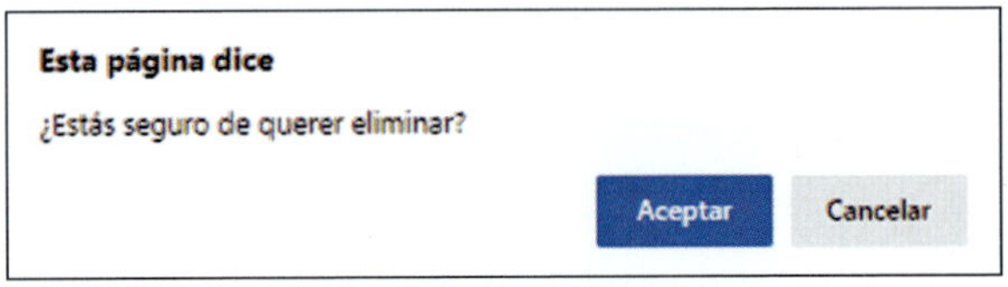

Figura 2.19. *Cuadro de confirmación tras ejecutar la utilidad* confirm().

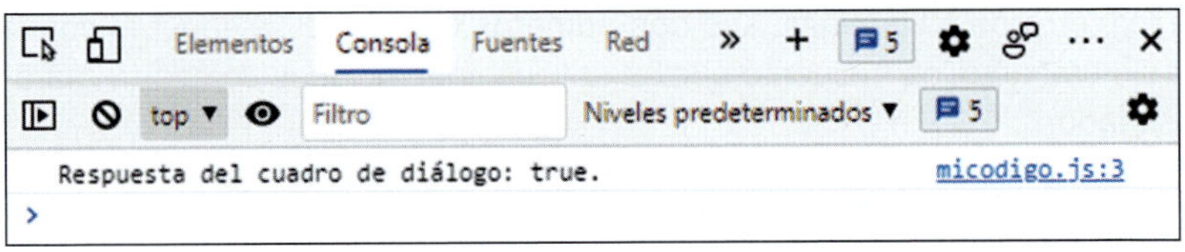

Figura 2.20. *Valor devuelto por el cuadro de confirmación tras pulsar* Aceptar.

2.3.3. Mensajes de entrada

Existe una variante al cuadro de diálogo anterior que además de mostrar un mensaje y dos botones para aceptar y rechazar la acción propuesta, proporciona una caja de texto para que el usuario pueda escribir. Esto se hace a través de la herramienta **prompt()**.

Si el usuario pulsa el botón **Cancelar** se obtiene **null** en la variable que controla la respuesta. Si el usuario pulsa el botón **Aceptar** pero no ha escrito nada, se obtiene una cadena vacía. Si escribe algo y pulsa **Aceptar**, se recibirá la cadena introducida.

```
let mensaje = "Para eliminar escriba ELIMINAR";
let respuesta = prompt(mensaje);
console.log(`El usuario escribió: ${respuesta}.`);
```

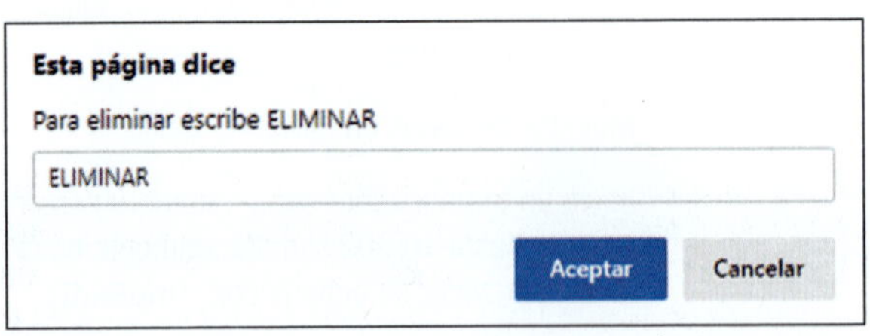

Figura 2.21. *Cuadro de entrada de texto relleno por el usuario.*

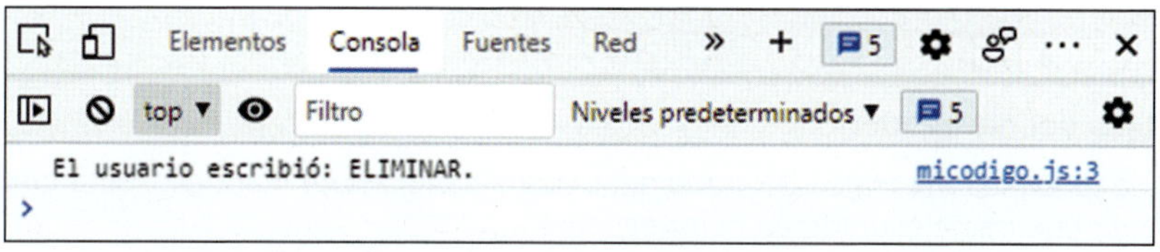

Figura 2.22. *Salida del valor devuelto por el cuadro de texto tras pulsar* Aceptar.

Además, puede establecerse un valor predeterminado que aparecerá dentro de la caja de texto. En ocasiones es útil para dirigir al usuario. Se consigue pasando un segundo parámetro a **prompt()**.

```
let mensaje = "¿Qué IVA desea aplicar?";
let respuesta = prompt(mensaje,"21%");
console.log(respuesta);
```

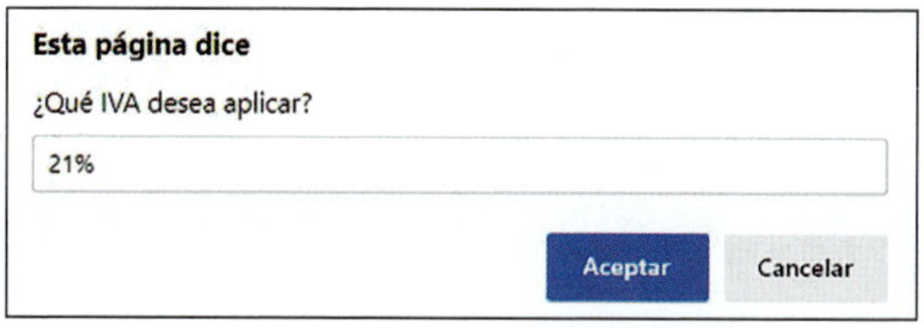

Figura 2.23. *Cuadro de entrada de texto con valor por defecto.*

2.3.4. Mensajes de alerta

El último tipo de mensaje que se verá ya se adelantó en alguna ocasión. Se trata simplemente de lanzar una pequeña ventana donde se mostrará algún mensaje de interés para el usuario. Para cerrarlo basta con pulsar el botón **Aceptar:**

```
const PI = 3.14159;
alert(`Recuerda usar esta aproximación de Π en tus cálculos: ${PI}`);
```

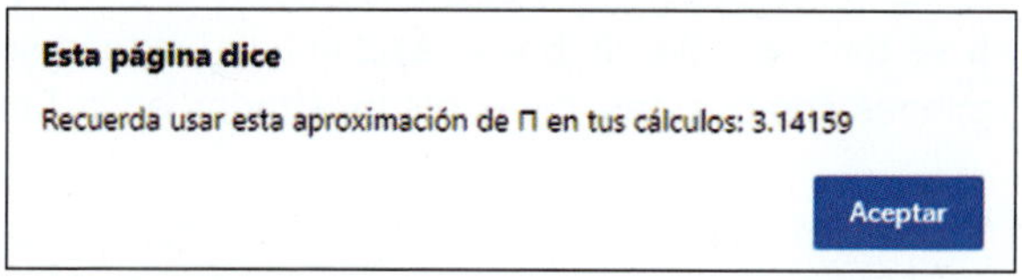

Figura 2.24. *Mensaje de alerta en Microsoft Edge.*

Importante

Si bien la utilización de mensajes de alerta, cuadros de confirmación y cuadros de entrada de texto son muy útiles desde el punto de vista del aprendizaje, es importante destacar que son cosas del pasado. En la actualidad ninguna aplicación web seria utiliza estas herramientas del navegador para interactuar con el usuario. Existen multitud de soluciones mucho más profesionales para este cometido.

Actividad propuesta 2.5

Mensajes del navegador

Combina todos los mensajes del navegador vistos hasta ahora. Para ello, crea un fichero JavaScript que tras ejecutarlo en el navegador:

- Pida el nombre al usuario. El usuario deberá introducir su nombre.
- Le pregunte al usuario si quiere abandonar el programa. El usuario deberá pulsar **Aceptar** o **Cancelar.**
- Lance una alerta con la decisión del usuario.
- Muestre en la consola «FIN DEL PROGRAMA». El mensaje debe aparecer en negrita, subrayado y en color azul.

2.4. Operadores

Los operadores son símbolos que forman parte de la identidad del lenguaje, que permiten manipular los operandos, es decir, indican la operación que se va a realizar con los datos que intervienen.

Es importante destacar que el intérprete de JavaScript evalúa la mayoría de los operadores de izquierda a derecha y algunos de derecha a izquierda. El orden en el que se evalúan sigue un orden de precedencia que se estudiará al final de este apartado.

Tal y como ocurre en las matemáticas, pueden utilizarse los paréntesis para alterar el orden de precedencia y forzar la evaluación ordenada de las partes que interesen.

A continuación se aborda el estudio de la amplia variedad de operadores de JavaScript.

2.4.1. Operadores de asignación

Asignan al operando izquierdo el valor del operando derecho por medio del símbolo =. En la expresión **a = b** se toma el valor de **b** y se asigna a **a.** También se dispone de otras versiones de asignaciones compuestas, como las mostradas en la Tabla 2.5.

Tabla 2.5. Lista completa con los operadores de asignación compuesta de JavaScript

Nombre	Aplicación	Simplificación
Asignación	**a = b**	**a = b**
Asignación de adición	**a = a + b**	**a += b**
Asignación de resta	**a = a – b**	**a -= b**
Asignación de multiplicación	**a = a * b**	**a *= b**
Asignación de división	**a = a / b**	**a /= b**
Asignación de módulo	**a = a % b**	**a %= b**

Nombre	Aplicación	Simplificación
Asignación de exponenciación	**a = a ** b**	**a **= b**
Asignación de desplazamiento a la izquierda	**a = a << b**	**a <<= b**
Asignación de desplazamiento a la derecha	**a = a >> b**	**a >>= b**
Asignación de desplazamiento a la derecha sin signo	**a = a >>> b**	**a >>>= b**
Asignación AND bit a bit	**a = a & b**	**a &= b**
Asignación XOR bit a bit	**a = a ^ b**	**a ^= b**
Asignación OR bit a bit	**a = a | b**	**a |= b**
Asignación AND lógico	**a = a && (a = b)**	**a &&= b**
Asignación OR lógico	**a = a || (a = b)**	**a ||= b**
Asignación de anulación lógica	**a = a ?? (a = b)**	**a ??= b**

En los fragmentos de código de la Tabla 2.5 hay numerosos conceptos que probablemente todavía no se entienden, pero será por poco tiempo. De momento, es suficiente con dominar la asignación y el patrón que se sigue al simplificar las operaciones en las que intervienen.

2.4.2. Operadores de comparación

Se llaman así porque su función es determinar si una comparación entre dos operandos es verdadera (**true**) o falsa (**false**). El resultado de la operación, por tanto, es siempre un valor booleano.

Los operandos pueden ser de diverso tipo: numéricos, cadenas de caracteres, booleanos u objetos. Las cadenas de caracteres se comparan atendiendo al orden alfabético del lugar que ocupan sus representaciones UNICODE.

Recuerda

Hay que tener en cuenta que a pesar de que en nuestro idioma la «ñ» se encuentra en la posición alfabética número 15, dentro de UNICODE ocupa la posición 241. Por tanto, desde el punto de vista de la comparación, la «ñ» será el mayor de los caracteres del alfabeto español.

Actividad propuesta 2.6

UNICODE

Para conocer la tabla de símbolos UNICODE es necesario repasarla varias veces:

- Abre tu navegador y busca la tabla de caracteres UNICODE en internet.
- Recorre toda la tabla y fíjate el lugar numérico que ocupan caracteres como la «ñ» y la «Ñ» en relación con el resto de las letras de nuestro alfabeto.
- Revisa la tabla completa para que descubras la cantidad de símbolos que tienes a tu disposición.

En la gran mayoría de los casos, cuando dos operandos no son del mismo tipo, el intérprete intenta convertirlos a tipos compatibles para la comparación. Generalmente, se terminan comparando valores numéricos (salvo en casos como === y !==).

En la relación de la Tabla 2.6 se muestra qué resultado se obtiene al aplicar la variedad de operadores de comparación de JavaScript.

Tabla 2.6. Operadores de comparación y su significado

Operador	Significado	Resultado true
Igualdad (==)	Devuelve **true** si los operandos son iguales.	**5 == 5** **"5" == 5** **5 == '5'**
Distinto (!=)	Devuelve **true** si los operandos no son iguales.	**5 != 9** **9 != "5"**
Igualdad estricta (===)	Devuelve **true** si los operandos son iguales y del mismo tipo.	**5 === 5**
Desigualdad estricta (!==)	Devuelve **true** si los operandos son del mismo tipo pero no iguales, o son de diferente tipo.	**5 !== "5"** **5 !== '5'**
Mayor que (>)	Devuelve **true** si el operando izquierdo es mayor que el operando derecho.	**9 > 5** **"11" > 9**
Mayor o igual que (>=)	Devuelve **true** si el operando izquierdo es mayor o igual que el operando derecho.	**9 >= 3** **9 >= 9**
Menor que (<)	Devuelve **true** si el operando izquierdo es menor que el operando derecho.	**3 < 9** **"9" < 11**
Menor o igual que (<=)	Devuelve **true** si el operando izquierdo es menor o igual que el operando derecho.	**5 <= 9** **9 <= 9**

Para saber más

En muchas ocasiones, los programadores principiantes suelen usar la notación => cuando intentan expresar «mayor o igual», en lugar de usar la forma correcta **>=**. Es un error peligroso porque el símbolo => tiene otro significado muy importante en JavaScript y por ello a veces el error es indetectable.

2.4.3. Operadores aritméticos

Son los clásicos de las matemáticas que todos conocen. Toma los valores numéricos de los operandos y les aplica la operación aritmética que indique el operador. El resultado es también numérico.

Los cuatro operadores básicos son suma (**+**), resta (**-**), multiplicación (*****) y división (**/**). Además de los anteriores, JavaScript proporciona otros seis operadores aritméticos, de los cuales los cuatro primeros son muy utilizados (Tabla 2.7).

Tabla 2.7. Operadores aritméticos y su significado

Operador	Significado	Ejemplo
Módulo (%)	Devuelve el resto de la división entera.	**9 % 5** devuelve 4
Incremento (++)	Operador unario que suma uno a su operando. Preincremento (**++a**): incrementa el valor de **a** en 1 y devuelve su contenido. Posincremento (**a++**): devuelve su contenido y después incrementa el valor de **a** en 1.	**let a = 9;** **b = ++a; b** vale 10 **let a = 9;** **b = a++; b** vale 9
Decremento (--)	Operador unario que resta uno a su operando. Predecremento (**--a**): decrementa el valor de **a** en 1 y devuelve su contenido. Posdecremento (**a--**): devuelve su contenido y después decrementa el valor de **a** en 1.	**let a = 9;** **b = --a; b** vale 8 **let a = 9;** **b = a--; b** vale 9
Potencia (**)	Calcula la potencia de un número elevando el operando izquierdo al exponente del operando derecho.	**2 ** 3** devuelve 8
Negativo unario (-)	Devuelve la negación de su operando.	Si **a** es 5 entonces devuelve -5
Positivo unario (+)	Intenta convertir el operando en un número, si aún no lo es.	**+"3"** devuelve 3 **+true** devuelve 1

Actividad propuesta 2.7

Operadores aritméticos

Crea un fichero JavaScript y lanza por consola todas las operaciones de ejemplo de la tabla anterior. Modifica sus valores e intenta adivinar el resultado antes de ejecutarlo. ¿Has obtenido los valores esperados?

2.4.4. Operadores bit a bit

Los operadores bit a bit tratan a sus operandos como una ristra de 32 bits. Es decir, operan en binario bit a bit, en lugar de hacerlo en decimal, octal o hexadecimal. Una vez terminada la operación, el intérprete devolverá el resultado nuevamente convertido a decimal.

En la Tabla 2.8 se muestra un resumen de los operadores bit a bit que JavaScript pone a disposición del programador.

Tabla 2.8. Operadores bit a bit y su significado

Operador	Uso	Descripción
AND a nivel de bits	**a & b**	Devuelve un 1 en cada posición del bit donde ambos operandos son 1.
OR a nivel de bits	**a | b**	Devuelve un 0 en cada posición del bit donde ambos operandos son 0.
XOR a nivel de bits	**a ^ b**	Devuelve un 0 en cada posición del bit donde ambos operandos son iguales, o 1 si ambos operandos son distintos.
NOT a nivel de bits	**~ a**	Invierte los bits de su operando.
Desplazamiento a la izquierda	**a << b**	Desplaza el primer operando **a** a la izquierda tantos bits como indique el operando **b.** Los bits en exceso desplazados a la izquierda se descartan. Los bits cero se desplazan desde la derecha.
Desplazamiento a la derecha (con propagación de signo)	**a >> b**	Desplaza el primer operando **a** a la derecha tantos bits como indique el operando **b.** Los bits en exceso desplazados a la derecha se descartan. Las copias del bit más a la izquierda se desplazan desde la izquierda. Dado que el nuevo bit más a la izquierda tiene el mismo valor que el bit anterior a la izquierda, el bit de signo (el bit más a la izquierda) no cambia.
Desplazamiento a la derecha sin signo (o desplazamiento a la derecha de relleno cero)	**a >>> b**	Desplaza a la derecha el primer operando el número de bits indicado. Los bits en exceso desplazados hacia la derecha se descartan. Los bits cero se desplazan desde la izquierda. El bit de signo se convierte en 0, por lo que el resultado nunca es positivo. A diferencia de los otros operadores a nivel de bits, el desplazamiento a la derecha de relleno cero devuelve un entero de 32 bits sin signo.

Son unos operadores que se utilizan en muy contadas ocasiones, así que no es necesario ahondar mucho más en ellos.

2.4.5. Operadores lógicos

Son uno de los tipos de operadores más importantes de cualquier lenguaje de programación puesto que son la forma de evaluar condiciones que permitirán tomar decisiones a lo largo del flujo de ejecución del programa.

Se utilizan normalmente con valores booleanos y devuelven otro valor booleano. Sin embargo, conceptualmente devuelven el valor de uno de los operandos que intervienen en la operación. En consecuencia, si se utilizan con operandos no booleanos, podrían devolver un valor no booleano. Son los que se recogen en la Tabla 2.9.

Tabla 2.9. Operadores lógicos

Operador	Uso	Descripción
AND lógico (**&&**)	**expr1 && expr2**	Devuelve **expr1** si se puede convertir a **false,** de lo contrario devuelve **expr2.** Por tanto, cuando se usa con valores booleanos, devuelve **true** si ambos operandos son **true** y **false** en caso contrario.
OR lógico (**||**)	**expr1 || expr2**	Devuelve **expr1** si se puede convertir a **true,** de lo contrario devuelve **expr2.** Por tanto, cuando se usa con valores booleanos, devuelve **true** si alguno de los operandos es **true** o **false** si ambos son **false.**
NOT lógico (**!**)	**!expr**	Devuelve **false** si su único operando se puede convertir a **true;** en caso contrario devuelve **true.**

Las expresiones que pueden convertirse a **false** son aquellas que se evalúan a **0, "", null, NaN** o **undefined.**

Para tener una comprensión completa de qué valor se puede esperar al evaluar expresiones donde intervienen los operadores lógicos AND (**&&**), OR (**||**) y NOT(**!**), puede resultar útil echar un vistazo a las tablas de verdad donde un 1 representa **true** y un 0 representa **false** (Tabla 2.10).

Tabla 2.10. Tablas de verdad de los operadores lógicos

a	b	a && b
0	0	0
0	1	0
1	0	0
1	1	1

a	b	a || b
0	0	0
0	1	1
1	0	1
1	1	1

a	!a
0	1
1	0

Ahora es el momento de observar qué resultados ofrece JavaScript tras ejecutar estas operaciones:

```
// OPERACIONES AND
console.log(`1 = ${true && true}`);
console.log(`2 = ${true && false}`);
console.log(`3 = ${false && true}`);
console.log(`4 = ${false && (3 == 4)}`);
console.log(`5 = ${'Gato' && 'Perro'}`);
console.log(`6 = ${false && 'Gato'}`);
console.log(`7 = ${'Gato' && false}`);
// OPERACIONES OR
console.log(`8 = ${true || true}`);
```

```
console.log(`9 = ${false || true}`);
console.log(`10 = ${true || false}`);
console.log(`11 = ${false || (3 == 4)}`);
console.log(`12 = ${'Gato' || 'Perro'}`);
console.log(`13 = ${false || 'Gato'}`);
console.log(`14 = ${'Gato' || false}`);
// OPERACIONES NOT
console.log(`15 = ${!true}`);
console.log(`16 = ${!false}`);
console.log(`17 = ${!'Gato'}`);
```

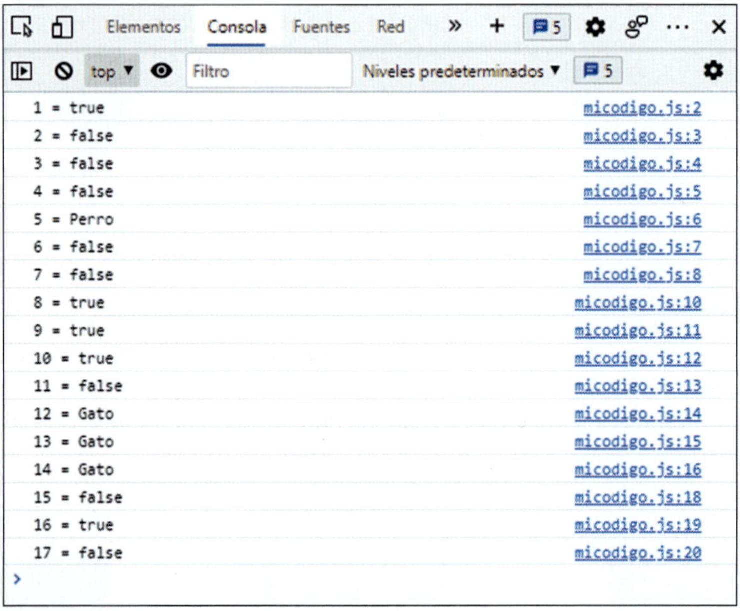

Figura 2.25. *Resultado de la ejecución de las instrucciones con operadores lógicos ofrecidas como ejemplo.*

Sabiendo que en las operaciones lógicas las expresiones se evalúan de izquierda a derecha, existe un truco que utilizan mucho los programadores para comprobar que el flujo de ejecución del programa discurre por los cauces esperados. Son las **evaluaciones de cortocircuito**, y se construyen así:

- **false && cualquier cosa** se evalúa en cortocircuito siempre como **false.**
- **true || cualquier cosa** se evalúa en cortocircuito siempre como **true.**

Las reglas de los operadores lógicos garantizan que estas evaluaciones sean siempre correctas. Esto es así porque la parte derecha, **cualquier cosa,** nunca se llega a evaluar, por lo que se garantiza que el resultado sea el que se coloca a la izquierda del operador.

Hay que tener en cuenta, además, que para el segundo caso puede usarse un operador aprobado muy recientemente, el **operador de fusión nulo** (**??**) que funciona como **||** pero solo devuelve la segunda expresión cuando la primera es **null.**

2.4.6. Operadores de cadena

En varias ocasiones se ha utilizado ya el operador de cadena. Es la versión del símbolo + que se utiliza para concatenar cadenas de caracteres, tal y como se vio al inicio de esta unidad.

```
console.log("Así" + " concatenamos " + 4 + " cadenas"); //"Así concatenamos 4 cadenas"
```

Hay que fijarse muy bien en cómo se utilizan los espacios dentro de la segunda y cuarta cadenas para que la frase resultante sea coherente. De no hacerlo así, el resultado habría sido «Asíconcatenamos4cadenas».

También resulta muy útil el operador de asignación simplificado con la concatenación:

```
let cadena = "nombre";
cadena += " y apellidos";
console.log(cadena); //"nombre y apellidos"
```

2.4.7. Operador condicional

Al operador condicional también se le suele llamar operador ternario, puesto que es el único de JavaScript en el que intervienen tres operandos. Resulta ser de enorme utilidad en una amplia variedad de situaciones por su simplicidad y el ahorro de líneas de código que proporciona. La sintaxis es: ***condición* ? *valor1* : *valor2*.**

Si la condición se evalúa a **true**, la operación devuelve ***valor1***; en caso contrario devuelve ***valor2***.

```
let edad = 21;
let mensaje = (edad >= 18) ? "mayor" : "menor";
console.log(`El usuario es ${mensaje} de edad.`); //"El usuario es mayor de edad."
```

Como ya se habrá podido adivinar, la variable **mensaje** toma el valor **"mayor"** cuando la variable **edad** es mayor o igual que 18; en caso contrario toma el valor **"menor"**. Por último, solo resta sustituir el valor de la variable **mensaje** al sacar el texto por consola.

2.4.8. Precedencia de operadores

Se hace referencia a la precedencia de operadores cuando se desea conocer el orden en el que se aplican al evaluar una expresión. Tal y como ocurre en las matemáticas, pueden utilizarse paréntesis para forzar la ruptura de esta precedencia y evaluar en primer lugar aquellas expresiones que interesen.

En la Tabla 2.11 se muestra esa precedencia, de mayor a menor. En la tabla se muestran operadores aún desconocidos porque operan con tipos y estructuras de datos más complejas que se verán más adelante.

Tabla 2.11. Precedencia de los operadores

<table>
<tr><th>Tipo de operador</th><th>Operadores</th></tr>
<tr><td>Miembro</td><td>. []</td></tr>
<tr><td>Llamar / crear instancia</td><td>() new</td></tr>
<tr><td>Negación / incremento</td><td>! ~ - + ++ -- typeof void delete</td></tr>
<tr><td>Multiplicar / dividir</td><td>* / %</td></tr>
<tr><td>Adición / sustracción</td><td>+ -</td></tr>
<tr><td>Desplazamiento bit a bit</td><td><< >> >>></td></tr>
<tr><td>Relacional</td><td>< <= > >= in instanceof</td></tr>
<tr><td>Igualdad</td><td>== != === !==</td></tr>
<tr><td>AND bit a bit</td><td>&</td></tr>
<tr><td>XOR bit a bit</td><td>^</td></tr>
<tr><td>OR bit a bit</td><td>|</td></tr>
<tr><td>AND lógico</td><td>&&</td></tr>
<tr><td>OR lógico</td><td>||</td></tr>
<tr><td>Condicional</td><td>?:</td></tr>
<tr><td>Asignación</td><td>= += -= *= /= %= <<= >>= >>>= &= ^= |= &&= ||= ??=</td></tr>
<tr><td>Coma</td><td>,</td></tr>
</table>

2.5. Estructuras de control

Hasta este momento, para construir un programa con las instrucciones que ya se conocían se tenía la limitación de ejecutarlas secuencialmente, una tras otra hasta el final. Es más, por muy grande que se haga un programa siempre se sabe qué se va a ejecutar y qué no, con un simple golpe de vista.

A pesar de que esta forma de programar ya ofrece alguna ventaja de automatización, está bastante limitada. Es preciso disponer de otras instrucciones que permitan elegir alternativas de ejecución, plantear bifurcaciones o realizar tareas repetitivas en un punto dado antes de continuar con la siguiente instrucción. Dicho de otra forma, que sea imposible determinar con un simple golpe de vista cuál será el camino que tomará la ejecución de un programa en función de sus datos de entrada.

JavaScript cuenta con todas esas instrucciones. De hecho, es uno de los fundamentos del diseño de algoritmos en la totalidad de los lenguajes de programación. Son las denominadas **estructuras de control.**

Las estructuras de control son instrucciones que permiten alterar el flujo de ejecución de un programa, de manera que habrá líneas de código que se ejecuten y otras que no. El elemento que determinará esas trayectorias es la **condición**, normalmente construida con expresiones lógicas. Si una condición se cumple, la ejecución del programa tomará un camino, y si no se cumple tomará otro.

Las estructuras de control se clasifican en tres grandes grupos que se estudiarán a continuación: estructuras de control selectivas, repetitivas y de salto.

2.5.1. Estructuras de control selectivas

Las estructuras de control selectivas se llaman así porque, en función de una condición, permiten elegir un camino u otro. En el programa se tiene una lógica establecida y se quiere que ejecute unas instrucciones cuando se cumpla una condición, u otras cuando no se cumpla.

Siguiendo este patrón de comportamiento se van a estudiar dos estructuras de control selectivas: la sentencia **if** y la sentencia **switch.**

If

Es la estructura de control selectiva más simple. Su funcionamiento básico es sencillo: si se cumple la condición se ejecutan las instrucciones que contiene, y si no se cumple, se ejecutan las instrucciones del bloque **else** (si está presente). Esta es su sintaxis:

```
if (condición) {
        instrucciones_si_true;
}
else {
        instrucciones_si_false;
}
```

Importante

En las estructuras **if,** y en general en todas las estructuras que utilicen bloques, si el contenido del bloque lo forma una única instrucción, no es necesario escribir las llaves.

Por ejemplo:

```
console.log("Inicio");
let local = 2;
let visitante = 1;
if (local == visitante) {
        console.log("¡Hay empate!");
}
else {
        console.log("¡NO hay empate!");
}
console.log("Fin");
```

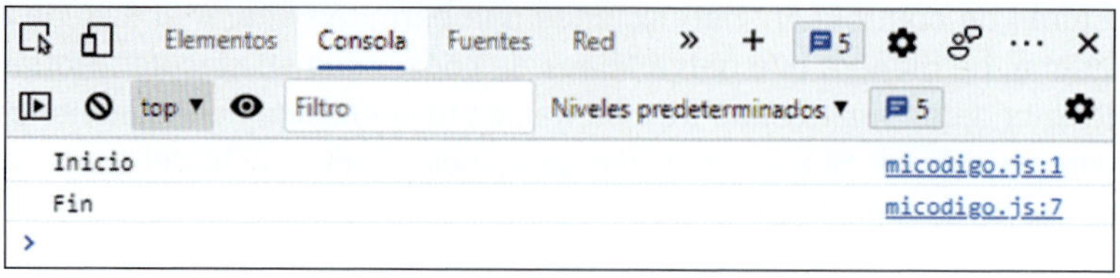

Figura 2.26. *Ejecución de una sentencia* if else.

Se observa cómo se ejecuta el interior del segundo bloque como consecuencia de haberse evaluado a **false** la condición.

Ahora que ya se ha aprendido a discriminar entre dos opciones, ¿por qué no tomar decisiones en función de un número de opciones deseadas? Es el momento de presentar a **if elseif else***:*

```
if (condición1) {
        instrucciones_si_condición1_true;
}
else if (condición2) {
        instrucciones_si_condición2_true;
}
...
else if (condiciónN) {
        instrucciones_si_condiciónN_true;
}
...
else {
        instrucciones_si_todas_condiciones_false;
}
```

En esta variante se ejecutará cada bloque correspondiente si su condición se evalúa a **true**. Si todas ellas se evalúan a **false**, entonces se ejecuta el bloque de instrucciones del **else**. A continuación se verá con un ejemplo:

```
console.log("Inicio");
let local = 2;
let visitante = 1;
if (local > visitante) {
        console.log("Local gana.");
}
else if (local < visitante) {
        console.log("Visitante gana");
}
else {
        console.log("¡Hay empate!");
}
console.log("Fin");
```

Obsérvese cómo se ha construido esta estructura de tres partes. Primero se comprueba si gana el local y después si gana el visitante. La única opción que queda si nada de lo anterior ha ocurrido, es que hayan empatado, por lo que no es necesario establecer ninguna condición y resulta útil el **else**. Por supuesto, si alguna de las dos primeras condiciones se cumple, no se ejecutarían ninguna de las otras dos.

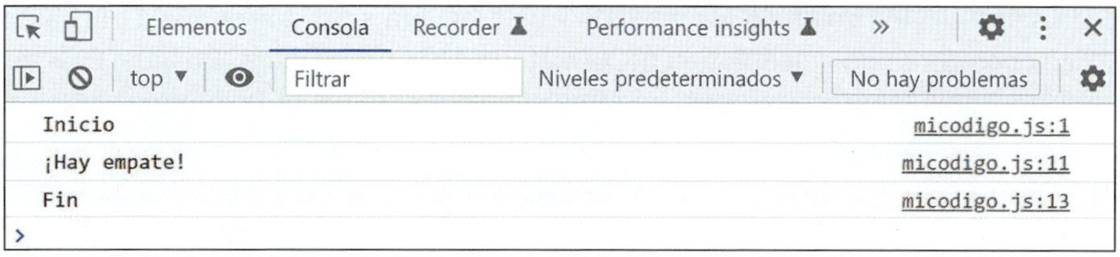

Figura 2.27. *Ejecución de una sentencia* if elseif else.

Pero todavía no se han agotado las capacidades de la sentencia **if**, y es que, como casi todas las estructuras de programación, ¡pueden anidarse! Se puede incluir una estructura dentro de otra cuando la complejidad de las opciones de decisión así lo requieran. Véase este último ejemplo:

```
console.log("Inicio");
let local = 2;
let visitante = 1;
if (local > visitante) {
        console.log("Local gana.");
        if ((local-visitante) > 1) {
                console.log("Y además por goleada.");
        }
        else {
                console.log("Pero por la mínima.");
        }
}
else if (local < visitante) {
        console.log("Visitante gana");
        if ((visitante-local) > 1) {
                console.log("Y además por goleada.");
        }
        else {
                console.log("Pero por la mínima.");
        }
}
else {
        console.log("¡Hay empate!");
}
console.log("Fin");
```

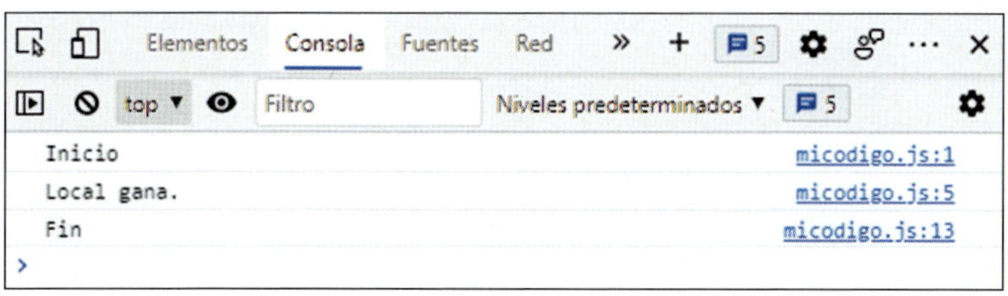

Figura 2.28. *Ejecución de una sentencia* if elseif else *anidada.*

Se ha incluido otra estructura **if else** dentro de cada uno de los dos bloques donde no hay empate. Quiere saberse si la diferencia de goles ha sido amplia o no. En la condición anidada se restan los goles de los equipos y se pregunta si es mayor que 1. Si es mayor que 1 se considera una goleada y, si no, la victoria es por la mínima. Da igual cuál de los dos equipos gane, el programa seguirá ofreciendo correctamente la información.

Importante

Una de las claves que forman parte de las normas de estilo entre los programadores es estructurar correctamente el código aplicando tabuladores y espacios. La legibilidad y comprensión del código aumentan notablemente cuando se tiene en cuenta.

Actividad propuesta 2.8

Estructura de control if

Crea un fichero JavaScript e incluye las instrucciones necesarias que te permitan ejecutar la siguiente lógica:

- Pídele su nombre y edad al usuario.
- Utiliza la estructura de control **if** para determinar en qué franja de edad se encuentra, de manera que consideres lo siguiente:
  - Niño: hasta 12 años.
  - Adolescente: de 13 a 17 años.
  - Trabajador: de 18 a 64 años.
  - Jubilado: de 65 años o más.
- El programa debe terminar mostrando este tipo de mensaje en verde y negrita por consola: «Juan tiene 21 años y por tanto es Trabajador».

Switch

La sentencia **switch** cobra sentido cuando tras evaluar una expresión cuyo resultado puede ser variado, es preciso abrir múltiples vías distintas de ejecución. Esta es su sintaxis:

```
switch (expresión) {
        case valor_1:
                instrucciones_1
                [break;]
        case valor_2:
                instrucciones_2
                [break;]
                ...
        default:
                instrucciones_predeterminadas
                [break;]
}
```

Tras evaluar ***expresión*** se ejecutan las instrucciones del bloque **case** cuyo valor coincida con el resultado de la evaluación. Si el valor de ningún **case** coincide, entonces se ejecuta la sección **default**. Las instrucciones **break** aparecen entre corchetes porque son opcionales. Si se pone, ahí terminará la ejecución del **switch**. Si no se pone, se ejecuta también «todo» lo que hay desde ahí hasta el final, o hasta que se encuentre un **break**. En el ejemplo siguiente se ve su funcionamiento:

```
console.log("Menú abierto");
let letra_pulsada = 'c';
switch (letra_pulsada) {
	case 'a':
			console.log("Abrir archivo");
			break;
	case 'c':
			console.log("Copiar");
			break;
	case 'p':
			console.log("Pegar");
			break;
	default:
			console.log("Opción incorrecta");
}
console.log("Menú cerrado");
```

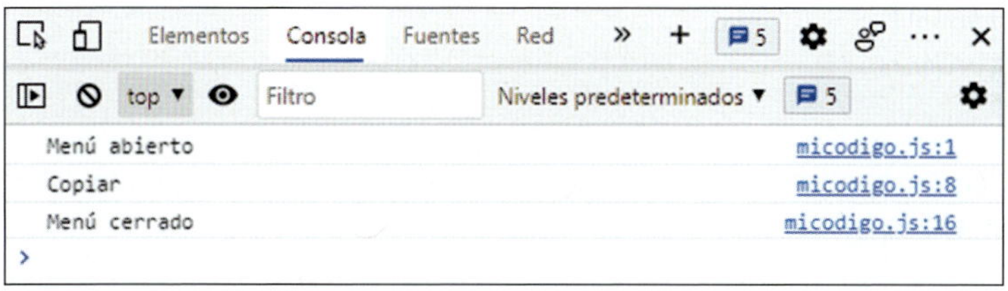

Figura 2.29. *Ejecución de una sentencia* switch.

De no haber puesto el **break**, habría ocurrido lo que se muestra en la Figura 2.30.

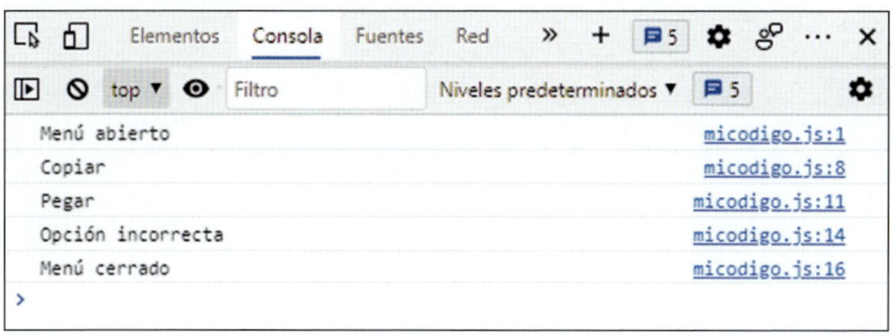

Figura 2.30. *Ejecución de una sentencia* switch *sin* break.

Actividad propuesta 2.9

Estructura de control switch

Crea un fichero JavaScript e incluye las instrucciones necesarias que te permitan ejecutar la siguiente lógica de gestión de horarios de apertura:

- Pídele al usuario la inicial del día de la semana (L, M, X, J, V, S, D).
- Por medio de la estructura de control **switch** muestra por consola el horario de apertura del día elegido. Por supuesto, el horario debe ser diferente cada día.

2.5.2. Estructuras repetitivas

Las estructuras repetitivas vienen a cubrir otra importante necesidad de los algoritmos: la ejecución repetitiva de una o varias instrucciones. Ya no es el caso de querer bifurcar o establecer distintos caminos de ejecución, sino hacerlo de forma repetitiva tantas veces como indique una condición específica.

Dentro de estas estructuras se van a estudiar los bucles **while, do while** y **for.**

While

El bucle **while** ejecuta las instrucciones que formen parte de su interior mientras que su condición se evalúe a **true.** Solo terminará cuando la condición resulte **false.** Por tanto, las instrucciones que forman parte del bucle se ejecutarán 0, 1 o más de una vez. Esta es su sintaxis:

```
while (condición) {
        instrucciones;
}
```

Es preciso fijarse en el comportamiento del bucle porque hay algo muy importante que no puede olvidarse:

```
let pases = 0;
while (pases < 10) {
        console.log(`Pase número ${pases+1}`);
        pases++;
}
```

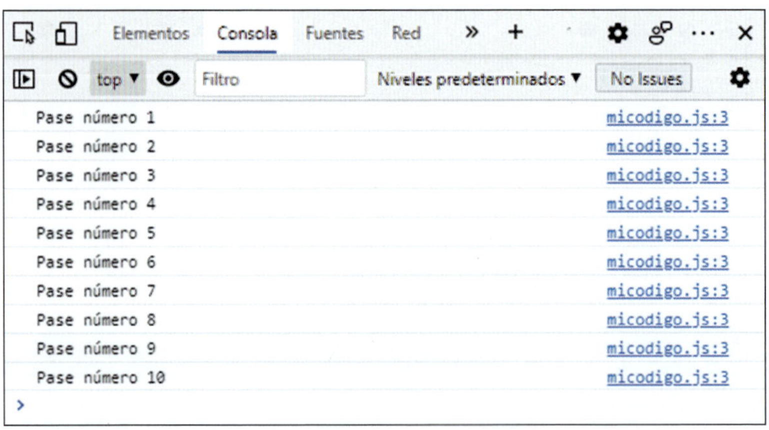

Figura 2.31. *Ejecución de un bucle* while.

Asegurarse de que la variable que controla la condición de continuación se modifique dentro del bucle es crucial. De no hacerlo, es muy probable que nunca se dé una condición de salida y se produzca un bucle infinito.

Recuerda

Las consecuencias de que se produzca un bucle infinito en un programa van mucho más allá de los problemas derivados de que el programa deje de funcionar. Provocará un consumo de recursos desproporcionado, puede colgar el navegador e incluso la propia máquina en la que se ejecuta.

Actividad propuesta 2.10

Estructura de control while

Vamos a jugar a adivinar la letra.

- Crea un programa con un bucle **while** cuya condición de salida sea el valor **'s'**.
- Dentro del bucle **while** pídele al usuario una letra.
- Si la letra elegida es la «s» el programa finaliza y muestra un mensaje de éxito por consola. Si la letra elegida no es la «s» se muestra un mensaje por consola de no ha habido suerte y se le vuelve a pedir una letra al usuario.
- El bucle se ejecutará indefinidamente hasta que el usuario introduzca la letra «s».

Do while

El bucle **do while** es una variante del bucle **while**. La condición se sitúa al final del bucle, en lugar del principio. Y ahí reside su única diferencia con respecto a **while**; el bucle **do while** se ejecuta siempre al menos una vez. En el resto de sus comportamientos son idénticos.

Su sintaxis es la siguiente:

```
do {
        instrucciones;
} while (condición);
```

A continuación se muestra un ejemplo de este bucle:

```
console.log("--- Primeros 10 números pares ---");
let contador = 0;
let numero = 1;
do {
        if (numero%2 == 0) {
                console.log(`PAR: ${numero}`);
                contador++;
        }
        numero++;
} while (contador<10);
```

Tal y como se ha indicado, en esta ocasión la condición del bucle **do while**, que decide si se sigue iterando o no, se sitúa al final de la estructura. Es importante tener esto siempre muy presente para elegir correctamente el bucle necesario en cada caso.

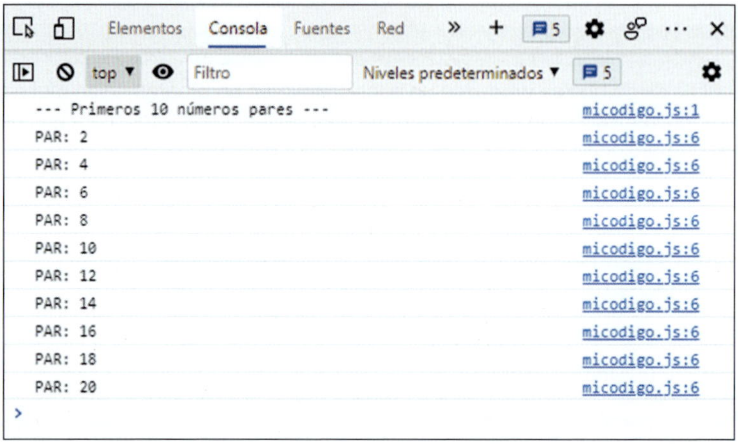

Figura 2.32. *Ejecución de un bucle* do while.

Con este programa se muestran los 10 primeros números pares. Se necesitan dos variables, una para controlar la condición de salida, es decir, cuándo se tienen 10 números (**contador**); y otra para ir buscando los números pares desde el 1 en adelante (**número**). Se inicia el bucle y se comprueba con un **if** si el resto de la división entera del número actual (1) entre 2 da cero (condición indispensable para ser par). Si da cero, el número es par, se visualiza por consola y se suma 1 al **contador** de números pares. A continuación, se incrementa el valor de **número** para probar con el siguiente. Finalmente se comprueba en la condición de salida del bucle si ya se tienen los 10 pares (para salir del bucle) o si no se tienen aún (para continuar iterando).

Actividad propuesta 2.11

Estructura de control do while

Modifica el código de tu Actividad propuesta 2.10 y sustituye el bucle **while** por un bucle **do while.** Comprueba que todo sigue funcionando correctamente.

For

El bucle **for** es otra estructura de control repetitiva muy importante, que se ejecuta una y otra vez hasta que la condición especificada se evalúe a **false.** Es una de las sentencias que más se utilizan desarrollando aplicaciones web del lado cliente. Su sintaxis es la siguiente:

```
for ([expresiónInicial]; [expresiónCondicional]; [expresiónDeActualización]) {
    instrucciones;
}
```

Esto es lo que ocurre cuando se ejecuta:

1. Se ejecuta la inicialización por medio de ***expresiónInicial*** (si existe, porque es opcional). Su función es iniciar uno o varios contadores, aunque técnicamente permite la inclusión de cualquier expresión.

2. Se evalúa ***expresiónCondicional*** para saber si el bucle continúa o debe finalizar. Si el resultado es **true**, se ejecutan las instrucciones del bucle (paso 3). Si es **false**, el bucle termina. También es posible no indicar esta expresión, en cuyo caso siempre se considerará **true** y el bucle se ejecutará sin fin hasta que otra instrucción lo rompa.
3. Se ejecuta el bloque de ***instrucciones.***
4. Se ejecuta ***expresiónDeActualización***, normalmente para actualizar la variable que controla la condición de salida. Su presencia también es opcional.
5. El flujo de ejecución del programa vuelve al paso 2.

A modo de ejemplo se tomará un bucle que sacará por consola cualquier tabla de multiplicar que se le indique:

```
const TABLA = 9;
for (let contador=1; contador<=10; contador++) {
    console.log(`${TABLA} x ${contador} = ${TABLA*contador}`);
}
```

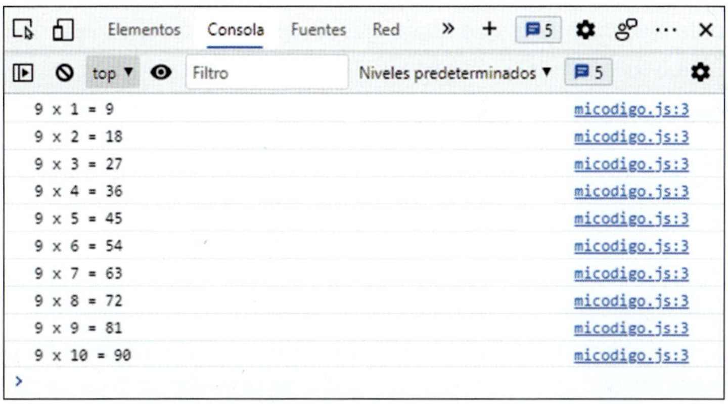

Figura 2.33. *Ejecución de un bucle* for.

Existen más variantes de bucles **for** en JavaScript que se estudiarán tan pronto como se conozcan las estructuras de datos que utilizan.

Actividad propuesta 2.12

Estructura de control for

Crea un programa que muestre en la consola todos los números múltiplos de 7 que hay del 1 al 100. Al finalizar debe indicar cuántos son.

2.5.3. Estructuras de salto

Las instrucciones de salto son un interesante recurso que forma parte de la caja de herramientas de los programadores cuando se trabaja con bucles. Como se verá a continuación, permiten romper el flujo de ejecución establecido por los bucles cuando se dan situaciones excepcionales que quieren controlarse.

Para saber más

Las instrucciones de salto son muy útiles en situaciones muy concretas, pero no debe abusarse de ellas. Un exceso de instrucciones de salto termina convirtiendo el programa en **código espagueti**, o lo que es lo mismo, un galimatías en el que nadie es capaz de seguir el flujo de ejecución del programa.

A continuación se explica cómo funcionan cada una de las instrucciones: **break, continue** y la declaración **labeled.**

Break

La instrucción **break** se utiliza para terminar un bucle **while, do while** o **for** o una sentencia **switch** y transferir el control a la siguiente instrucción.

Cuando se estudió la sentencia **switch** se vio cómo la sentencia **break** conseguía romper la secuencia de ejecución para que no se ejecutaran el resto de los **case.** Pues, en general, se usa para romper el bucle envolvente más cercano a él.

Su efecto puede verse con claridad modificando el último ejemplo:

```
const TABLA = 9;
for (let contador=1; contador<=10; contador++) {
        console.log(`${TABLA} x ${contador} = ${TABLA*contador}`);
        if (contador == 5)
                break;
}
```

Al ejecutarlo se ve cómo ahora solo se muestra la mitad de la tabla de multiplicar. Esto ocurre por haber introducido una nueva condición: si **contador** es 5 (si se ha llegado a la mitad), **break,** es decir, rompe el bucle.

Continue

A veces, estando en medio de una iteración de un bucle, se desea descartar el resto de las instrucciones del bloque y volver a evaluar la condición. Exactamente esa es la función de **continue.**

Al utilizar **continue** se finaliza la iteración actual de un bucle **while, do while** o **for** y continúa la ejecución del bucle con la siguiente iteración (en el bucle **for** se ejecuta también ***expresiónDeActualización***).

Mejor verlo en funcionamiento:

```
console.log("--- Primeros 10 impares NO x 3 ---");
let contador = 0;
let numero = 1;
while (contador < 10){
        if (numero%3 == 0) {
                numero++;
                continue;
```

```
        }
        if (numero%2 != 0) {
                console.log(`IMPAR: ${numero}`);
                contador++;
        }
        numero++;
}
```

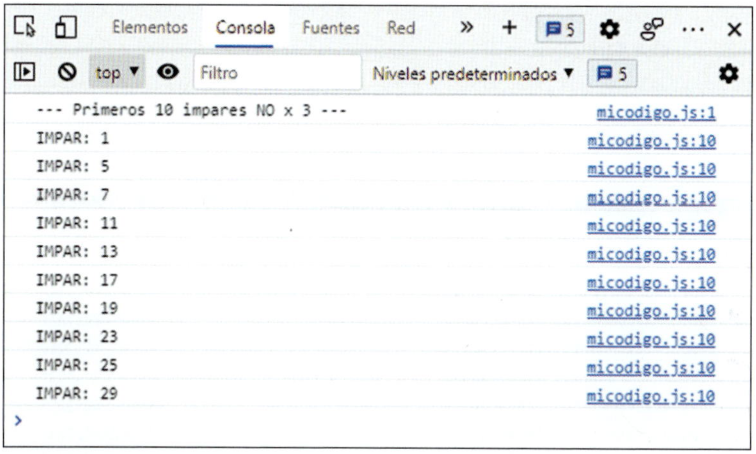

Figura 2.34. *Ejecución de una sentencia* continue.

El programa anterior calcula los 10 primeros números impares que no son múltiplo de 3. Siguiendo con la estrategia para el cálculo de los 10 primeros números pares que se desarrolló en el estudio del bucle **do while**, se modifica la condición para detectar los números impares. Además, para cumplir con el segundo requisito del programa (que el número no sea múltiplo de 3) se añade un **if** previo que calcula precisamente eso usando el operador módulo (resto de la división entera). Si el módulo 3 de un número es cero, se trata de un múltiplo de 3. Se invoca entonces a **continue** para que no siga ejecutando el resto del bucle y vuelve a evaluarse la condición principal, la del **while.**

Labeled

La declaración **labeled** viene a complementar la funcionalidad de las dos instrucciones anteriores. Su utilidad reside en establecer puntos en el programa, a los que se asigna un nombre (una etiqueta) al que hacer referencia cuando se desea efectuar un salto.

De esta forma, ya no solo se puede romper un bucle o continuar con la condición de evaluación principal, sino que existe la capacidad de saltar a cualquier punto del programa, previamente etiquetado.

Así, puede usarse **break etiqueta;** para romper el bucle etiquetado con ese identificador, o **continue etiqueta;** para descartar el resto del bucle y evaluar la condición principal del bucle etiquetado.

El siguiente ejemplo muestra el uso de **labeled** con **break**:

```
let primero = segundo = 1;
buclePrincipal: while (true) {
	console.log(`(Bucle principal) Iteración ${primero}`);
	primero++;
	while (true) {
		console.log(`(Bucle secundario) Iteración ${segundo}`);
		segundo++;
		if (segundo == 5)
			break;
		else if (primero == 3)
			break buclePrincipal;
	}
}
```

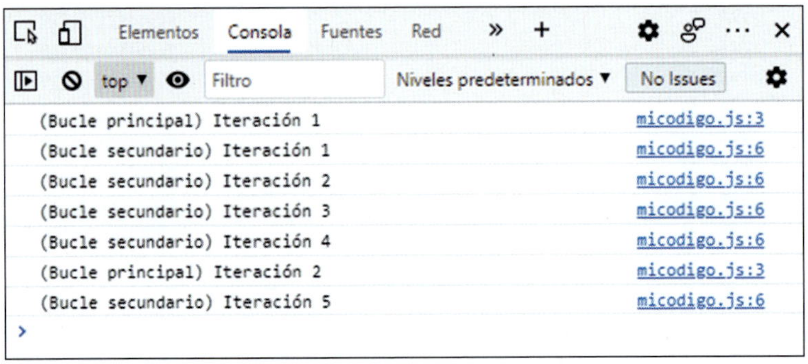

Figura 2.35. *Ejecución de una sentencia* labeled *con* break.

En este código hay dos bucles **while** anidados. Como puede verse, el principal se ha etiquetado como **buclePrincipal**. Ninguno de los dos bucles tiene criterio de terminación en su condición principal (**true**). Están diseñados para que se ejecuten indefinidamente, o hasta que otra instrucción los rompa, como en este caso. Lo que se desea es que cuando las variables alcancen ciertos valores se rompa un bucle u otro en función de ciertos intereses. Tal y como se observa en el resultado de la ejecución, hay dos **break** situados dentro del **while** anidado. Llegado el momento, **break** rompe el bucle más próximo que lo envuelve, y **break buclePrincipal** rompe el bucle etiquetado con ese identificador.

Las instrucciones de salto **break**, **continue** y **labeled** son recursos que deben utilizarse en muy contadas ocasiones. El motivo es que abusar de ellas produce algoritmos denominados «*spaghetti code*» debido a la cantidad de saltos adelante y atrás que es necesario realizar para seguir el flujo de ejecución del programa. Esto es completamente contrario a las normas de estilo más elementales de la programación, donde se busca simplicidad y legibilidad en pro de un *software* de mantenimiento más sencillo. En muchas empresas está completamente prohibido su uso, salvo casos muy excepcionales.

MAPA CONCEPTUAL

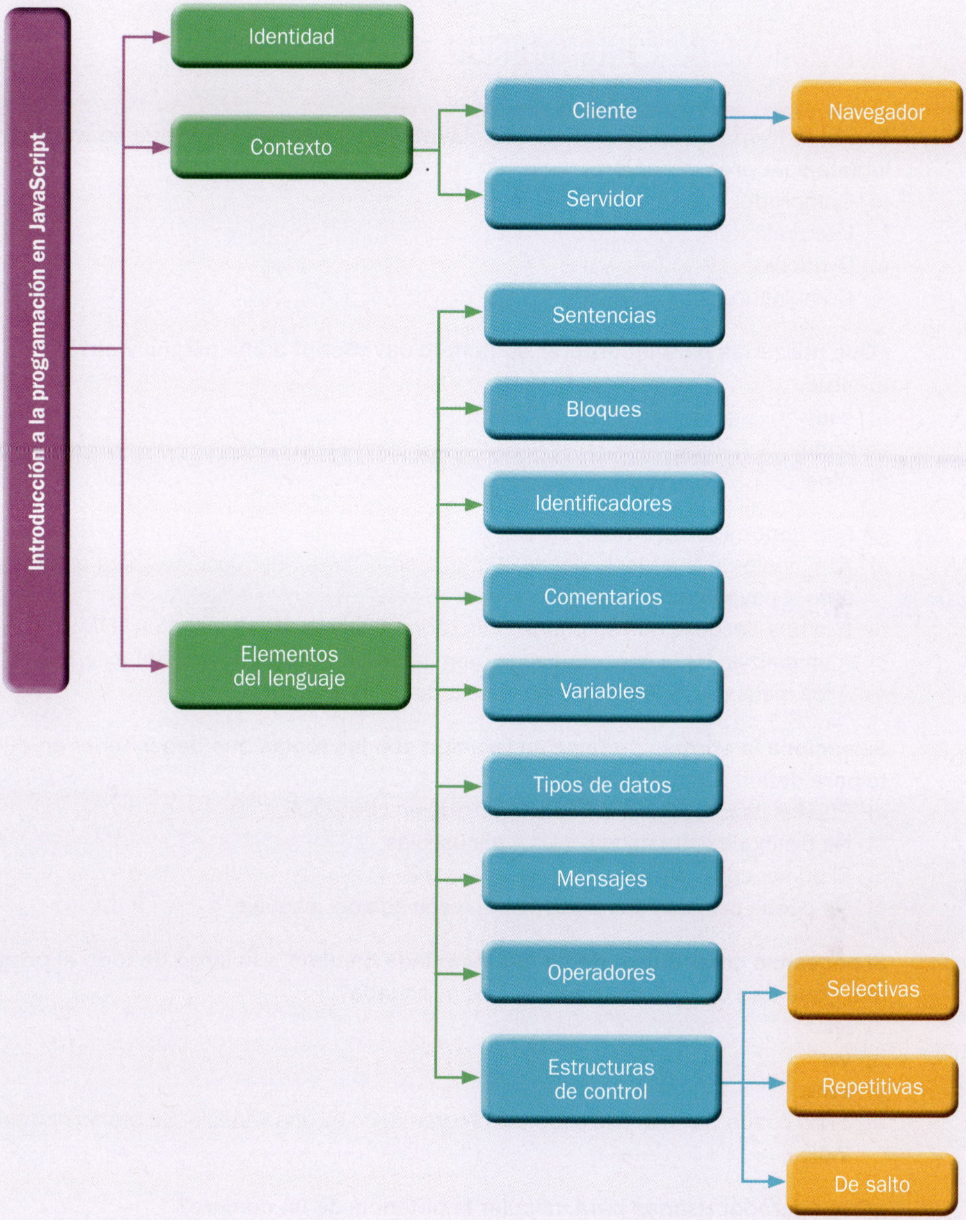

Actividades de comprobación

2.1. Según la forma en la que se ejecuta JavaScript se puede decir que se trata de un lenguaje de programación:

a) Compilado.
b) Interpretado.
c) Distribuido.
d) Combinado.

2.2. ¿Que utilizarías para incorporar un fichero JavaScript a una página web?

a) **head**.
b) **body**.
c) **script**.
d) **code**.

2.3. ¿A qué denominas *prompt*?

a) Al símbolo de la consola desde el que puedes lanzar instrucciones para que las ejecute el navegador.
b) A la ruta desde la que se pueden incorporar ficheros JavaScript a un HTML.
c) A un atributo de la etiqueta que te permite incluir ficheros JavaScript externos.
d) A los mensajes de salida de la consola de un navegador.

2.4. Selecciona la afirmación falsa en relación con las reglas que debes tener en cuenta para definir identificadores:

a) Puedes usar cualquier carácter recogido en UNICODE.
b) No distingue entre mayúsculas y minúsculas.
c) El primer carácter debe ser una letra, _ o $.
d) No puede coincidir con una palabra reservada del lenguaje.

2.5. Si necesitas crear una variable que no puede cambiar a lo largo de todo el programa, ¿qué tipo de variable sería la más adecuada?

a) **let**.
b) **var**.
c) **const**.
d) Si no puede cambiar a lo largo del programa, no es una variable. Su propio nombre lo indica.

2.6. ¿Qué operador usarías para calcular la potencia de un número?

a) *.
b) **.
c) ***.
d) ****.

2.7. Señala la respuesta correcta en relación con la estructura de control if:

a) Puedes quitar las llaves {} si contienen una sola instrucción.
b) No admite el encadenamiento de más de 3 **if elseif else**.
c) Es una estructura de control, de salto.
d) Forma bucles que sin tomar precauciones podrían convertirse en infinitos.

2.8. ¿Qué es lo más importante al diseñar un bucle del tipo que sea?

a) Asegurarse de que se puede alcanzar la condición de terminación.
b) No abusar de su tamaño puesto que tiene costes computacionales.
c) No anidarlos para no aumentar su complejidad.
d) No olvidar colocar un **default.**

2.9. ¿Qué diferencia hay entre while y do while?

a) Ninguna, hacen exactamente lo mismo en todos los casos.
b) **While** se ejecuta siempre al menos una vez, mientras que **do while** no tiene por qué.
c) **Do while** se ejecuta siempre al menos una vez, **while** no.
d) **While** es una estructura repetitiva y **do while** de salto.

2.10. Señala la afirmación correcta en relación con las instrucciones de salto:

a) Es muy buena idea usarlas con frecuencia por su agilidad saltando de un punto a otro del programa.
b) Son muy útiles en situaciones muy concretas, pero no debes abusar de ellas.
c) A pesar de ser de salto, no permiten saltar a otros puntos del programa.
d) Son útiles, pero su complejidad hace que hayan caído en desuso.

Actividades de aplicación

2.11. Escribe un fragmento de código donde se aprecie la diferencia de usar los tipos de variables **let, var** y **const.**

2.12. ¿Recuerdas la fórmula para calcular las soluciones de una ecuación de segundo grado? Crea un programa que las calcule.

2.13. Elabora una calculadora. El programa debe pedirle al usuario un número, después un símbolo (+, -, *, /, **, %) y después otro número. El programa debe mostrar por consola el resultado de la operación.

2.14. Crea un programa en JavaScript para calcular la letra de un DNI que debe introducir el usuario por teclado (en internet encontrarás la fórmula que lo calcula).

2.15. Escribe un programa que le pida al usuario un número, y muestre en consola su factorial.

2.16. Desarrolla un programa con la lógica que desees donde expliques las diferencias de usar los operadores a++, a--, ++a y --a. Utiliza los comentarios de una y varias líneas en tu explicación.

2.17. Escribe un conversor de tiempo. El programa debe pedirle al usuario una cantidad de días, horas y minutos, y el programa devolverá la cantidad de segundos que son.

2.18. Idea un programa en el que usar un bucle **do while** sea mejor idea que usar un bucle **while.**

2.19. Crea un programa que muestre los números impares que no sean múltiplo de 3 ni de 7 que hay del 100 al 1. Realiza versiones del programa usando bucles **while**, **do while** y **for.**

2.20. Escribe un programa que ponga en práctica la siguiente lógica:

- Mostrará el siguiente menú y el usuario deberá elegir una de las opciones:
  - a) Área del triángulo (b*h/2).
  - b) Área del rectángulo (b*h).
  - c) Área del círculo (π*r**2).
  - d) Salir.
- En función de la opción que elija el usuario, se le pedirán los datos necesarios en cada caso.
- El programa calculará el resultado y lo mostrará en la consola.
- La lógica anterior se repetirá indefinidamente hasta que el usuario pulse la tecla de salir.

Actividades de ampliación

2.21. Existe mucha desinformación sobre el origen del nombre JavaScript. Busca una fuente fiable y descubre la controversia que rodea al propio nombre del lenguaje.

2.22. Hemos visto de pasada que ECMAScript es la especificación de referencia que controla la evolución del lenguaje JavaScript. Investiga sobre la especificación y revisa el historial de cambios más importantes que se han producido en el lenguaje en los últimos años.

2.23. Una buena forma de no caer en los típicos errores de programación cuando somos principiantes es conocerlos. Busca en internet algún artículo que hable de ello y aprovecha para conocerlos.

2.24. Cuando se avanza en el diseño de algoritmos siempre debemos plantearnos cómo optimizar el código, puesto que ahorrar tiempo de ejecución es fundamental, especialmente cuando el navegador está cargando una página web. Retrocede a los programas que has elaborado y piensa cómo podrías reducir las líneas de código. Te sorprenderá el ahorro.

2.25. En ocasiones diseñamos bucles sin pensar en el coste computacional que tienen. Sin embargo, cuando escribimos programas de miles de líneas de código, esto representa un grave problema de rendimiento. Revisa los programas donde has utilizado bucles e investiga cómo puedes ahorrar tiempo de ejecución. (Con las instrucciones **time** de **console** que hemos visto puedes calcular el tiempo de ejecución de tus bucles).

2.26. ¿Crees que puedes diseñar un algoritmo que resuelva cualquier problema computacional? Existen numerosos casos donde el tiempo de cálculo es tan grande que resulta inútil abordar la solución al problema de forma algorítmica. Reflexiona sobre estos extremos y trata de encontrar algunos problemas que no se podrían resolver con un algoritmo. Luego acude a internet y busca información al respecto.

ACTIVIDADES FINALES

Enlaces web de interés

- **Referencia de JavaScript** - developer.mozilla.org
  (web con la documentación oficial del lenguaje)
- **ECMA International** - www.ecma-international.org
  (web de la asociación encargada de la especificación del lenguaje JavaScript)
- **TodoJS** - www.todojs.com
  (portal web dedicado a la divulgación de todo lo que tiene que ver con JavaScript)
- **Adolfo Sanz de Diego** - asanzdiego.com
  (web de un desarrollador y profesor especializado en JavaScript)
- **Xataka Ciencia** - www.xatakaciencia.com
  (popular portal web dedicado a las tecnologías, especialmente las digitales)
- **Free Code Camp** - www.freecodecamp.org
  (portal de aprendizaje gratuito de diversos lenguajes de programación)

UNIDAD 3

Estructuras de datos

Objetivos

- Conocer la importancia de las estructuras de datos.
- Analizar el funcionamiento de *arrays,* conjuntos y mapas.
- Exponer las operaciones de manipulación sobre estructuras de datos.
- Enumerar las operaciones básicas principales.
- Aprender a escribir código más eficiente.
- Introducir la importancia del aprendizaje de funciones.

Contenidos

- 3.1. *Arrays*
- 3.2. Conjuntos
- 3.3. Mapas

Introducción

Los tipos de datos simples que se dieron a conocer en la unidad anterior representan la arcilla con la que se construyen los programas. Pero si hay que construir un edificio se necesitan ladrillos, vigas y otras estructuras más robustas que cumplan funciones de mayor responsabilidad.

En esta unidad se estudian los ladrillos del edificio, estructuras de datos organizados en colecciones que pueden manipularse como si fueran una única unidad, de la misma manera que la arcilla da forma a cada ladrillo, que a su vez se combina con otros para crear estructuras más complejas.

Al final de esta unidad se sabrá lo suficiente como para comenzar a escribir programas más útiles y se tendrá la preparación suficiente para abordar el estudio de conceptos más complejos.

3.1. *Arrays*

Un *array* es una estructura de datos (concretamente, un objeto) ordenada que permite almacenar múltiples valores bajo un mismo identificador. Su nomenclatura es muy variada, pudiéndose encontrar referencias a los *arrays* como arreglos, vectores, listas, tablas o relaciones; aunque en muchos casos son denominaciones que coinciden con otros conceptos del mundo de la programación y a veces conducen a malentendidos. Por ello, esta obra se refiere a ellos por su denominación anglosajona sin traducir, *arrays*.

En JavaScript, a diferencia de otros lenguajes de programación, pueden almacenarse elementos de distinto tipo dentro del mismo *array*. Además, su tamaño es elástico, es decir, no hay por qué limitarse a la cantidad de elementos que tiene en un momento dado: pueden añadirse y eliminarse elementos siempre que sea necesario, y el *array* se hará más grande o pequeño de forma dinámica.

3.1.1. Tipos de *arrays*

Lo primero que debe saberse de los *arrays* es que tienen un nombre, un identificador que se les asigna (igual que a las variables), contienen una serie de valores y cada valor tiene asociado un índice.

En la Figura 3.1 se muestra un *array* unidimensional llamado **distancias**, que tiene seis elementos de tipo numérico. Para acceder a cada elemento se hace referencia al índice de la posición que ocupa en el *array*.

También se pueden tener ***arrays* bidimensionales**, al estilo de cualquier estructura tabular, y hacer referencia a los elementos indicando en qué fila y columna se sitúan (Figura 3.2).

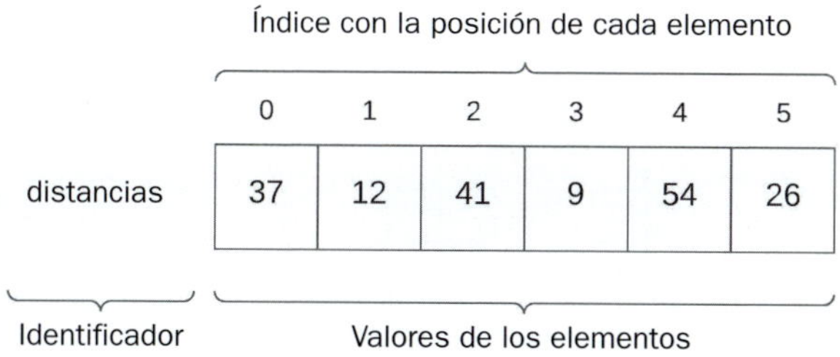

Figura 3.1. *Conceptos sobre la morfología de un* array.

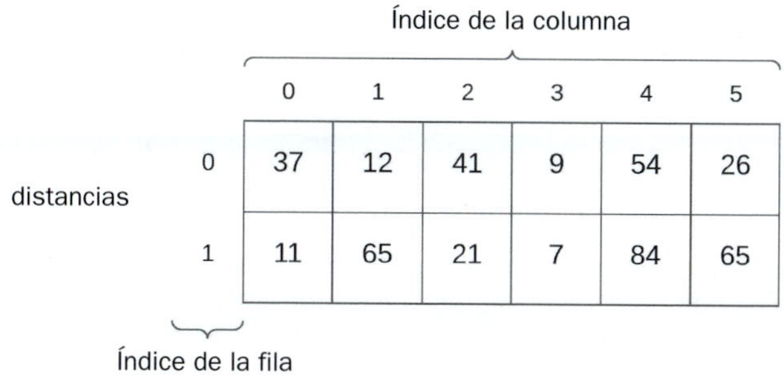

Figura 3.2. *Indicadores de posición de un* array *bidimensional de 2x6.*

En este caso se tiene una estructura de datos en forma de *array* bidimensional que almacena seis distancias en cada una de sus dos filas. De manera que, para hacer referencia al elemento cuyo valor es 7, debe indicarse que se desea la distancia que está almacenada en la posición determinada por la fila 1 y la columna 3.

Para utilizar un ***array* tridimensional** lo mejor es imaginarse un cubo de Rubik en el que se almacena un valor para cada combinación X, Y, Z, tal y como se hace para representar una figura en el espacio.

Pero ¿qué ocurriría si se quisiera utilizar un *array* de más de tres dimensiones? ¿Es esto posible? Sí, es perfectamente posible. Se pueden tener *arrays* con tantas dimensiones como se desee; la única limitación es la memoria disponible del equipo donde se trabaje. ¿Cómo puede imaginarse esa estructura de datos? Muy sencillo, partiendo de un *array* unidimensional y almacenando dentro de cada posición otro *array* unidimensional, y dentro de cada una de las posiciones de este segundo *array* otro *array* unidimensional, y así indefinidamente hasta completar todas las dimensiones necesarias.

La Figura 3.3 representa un ***array* multidimensional** (cada nivel de anidamiento supone una dimensión). La primera dimensión tiene seis elementos. Cada uno de esos seis elementos contiene a su vez un *array* de dos elementos, y cada uno de esos dos elementos contiene a su vez un *array* de tres elementos. Se puede seguir ahondando en la estructura y añadir más dimensiones hasta donde sea necesario. Acceder al elemento cuyo valor es 5 sería tan sencillo como indicarle a JavaScript el índice de cada dimensión, desde la más externa a la más interna, es decir, (2,1,2) en este caso.

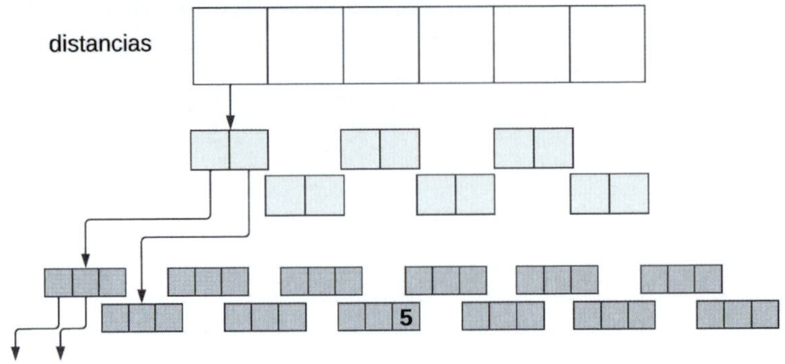

Figura 3.3. *Diagrama conceptual de un* array *multidimensional.*

Actividad propuesta 3.1

Arrays multidimensionales sobre el papel

Realiza un diagrama donde se pueda ver la estructura de un *array* de cuatro dimensiones, de 5x4x3x2 elementos numéricos de tipo entero con valores cualesquiera.

3.1.2. Creación y acceso a los elementos

Para crear un *array* puede utilizarse una de estas tres variantes:

```
let array1 = new Array();
let array2 = Array();
let array3 = [];
```

En los tres se crea un *array* vacío, sin elementos. Tomando la primera variante como primer objetivo, hay que entender qué ocurre en función de lo que se escriba en el interior de los paréntesis:

```
let array1 = new Array(2);
let array2 = new Array(3,4);
let array3 = new Array("Luís");
```

En la primera línea se crea un *array* con dos elementos, sin especificar el valor de los elementos que contiene. En la segunda línea se crea un *array* con dos elementos tomando el primer elemento el valor 3 y el segundo elemento el valor 4. La tercera línea crea un *array* con un solo elemento cuyo valor es "Luis". Exactamente igual ocurriría si se obvia la palabra reservada **new** en los tres casos. Pero este debate se posterga a cuando se estudie la programación orientada a objetos y los objetos predefinidos del lenguaje, más adelante en este libro.

En las siguientes líneas de ejemplo se ve lo que ocurre cuando se crean con la tercera variante, usando corchetes:

```
let array1 = [2];
let array2 = [1,3];
let array3 = ["Luisa"];
```

En los tres casos se crean *arrays* unidimensionales con tantos elementos como valores aparezcan separados por comas. Es decir, en el primer caso se tiene un *array* con un solo elemento cuyo valor es 2. En el segundo caso se generan dos elementos con valores 1 y 3, respectivamente. Y en el tercer caso se tiene un único elemento cuyo valor es "Luisa".

Para la explicación que viene a continuación se parte de la suposición de haber creado el array **edades** de cualquiera de estas tres formas (son equivalentes y significan lo mismo):

```
let edades = new Array (18,21,34,12,92);
let edades = Array (18,21,34,12,92);
let edades = [18,21,34,12,92];
```

El contenido de un *array* se puede ver de este modo:

```
console.log(edades);
```

En la consola del navegador se mostrará su estructura, contenido, longitud (número de elementos del *array*) y qué posición ocupa cada elemento (Figura 3.4).

```
▼(5) [18, 21, 34, 12, 92] ℹ
    0: 18
    1: 21
    2: 34
    3: 12
    4: 92
    length: 5
  ▶[[Prototype]]: Array(0)
>
```

Figura 3.4. *Información de un* array *ofrecida por la consola de Google Chrome.*

En todos los casos es un *array* que contiene cinco elementos de tipo número entero. Acceder al primer elemento y cambiarle el valor se puede hacer directamente:

```
edades[0] = 111;
```

La modificación del valor del tercer elemento puede hacerse de este modo:

```
edades[2] = 998;
```

Así, el *array* **edades**, en este punto del programa, almacenaría lo que se muestra en la Figura 3.5.

```
▼(5) [111, 21, 998, 12, 92] ℹ
    0: 111
    1: 21
    2: 998
    3: 12
    4: 92
    length: 5
  ▶[[Prototype]]: Array(0)
>
```

Figura 3.5. *Contenido del* array *usando la consola de Google Chrome.*

Importante

A los elementos de un *array* se accede contando las posiciones desde el 0. Si un *array* tiene cinco elementos, se accede a ellos utilizando los índices 0, 1, 2, 3 y 4.

Cuando se dice «acceder al tercer elemento», se está accediendo al elemento cuyo índice es 2.

Es muy importante interiorizar esto porque suele ser una fuente interminable de errores, incluso entre los programadores más experimentados.

Para mostrar un elemento se hace exactamente lo mismo: se piensa en la posición que ocupa dentro del *array*, se localiza su índice y se trata la expresión como si fuera una variable más. De esta forma se mostraría en pantalla el contenido del cuarto elemento:

```
console.log(edades[3]);
```

Durante la creación de *arrays* el uso de las comas, que separan los elementos del *array*, es muy importante. Podría darse el caso, por ejemplo, de querer almacenar en un *array* tres elementos, pero se desconoce el segundo de ellos:

```
let procesadores = ["Intel",,"AMD"];
console.log(procesadores);
console.log(procesadores[1]);
```

Esta expresión no generaría ningún error, sino que almacenaría un valor **undefined** en la segunda posición (Figura 3.6).

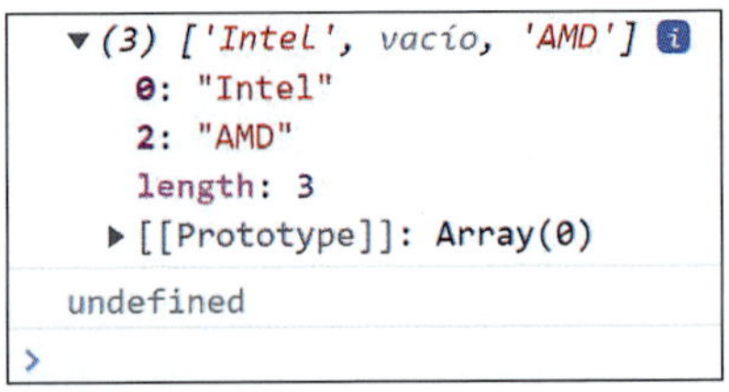

Figura 3.6. *Aspecto de elementos* undefined *(vacío) en la consola de Google Chrome.*

Pero esto solo ocurre si la coma no es el último elemento. Si así fuera, la última coma se obviaría y no contaría como un nuevo elemento sin definir (Figura 3.7):

```
let procesadores = [,"Intel",,"AMD",];
```

En este ejemplo no se tendrían cinco elementos, sino cuatro, estando el primero y el tercero sin definir (Figura 3.7).

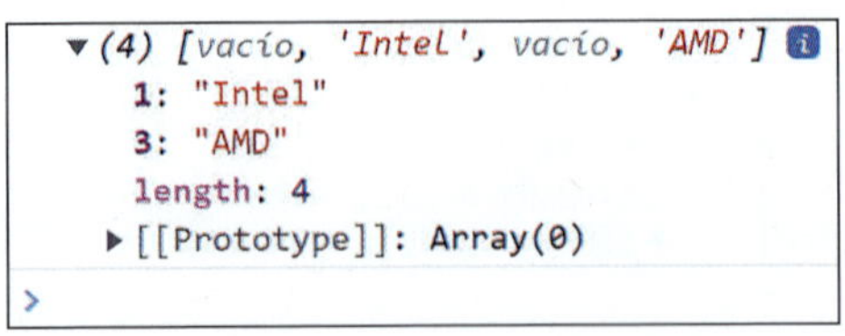

Figura 3.7. *Contenido del* array *mostrado en la consola de Google Chrome.*

De nuevo, hay que recordar que el primer y el tercer elementos son aquellos que ocupan las posiciones 0 y 2, respectivamente.

Actividad resuelta 3.1

Creación y manipulación de un *array* simple

Construye un *array* que almacene el nombre de cinco localidades y muestra en pantalla aquellas que ocupen posiciones impares.

Solución

```
let localidades = ["Sanlúcar","Chipiona","Rota","Barbate","Tarifa"];
let i=0;
while (i<localidades.length) {
	if (i % 2) {
		console.log(localidades[i]);
	}
	i++;
}
```

Hasta ahora, todo lo estudiado sobre creación y acceso a los elementos de un *array* se ha circunscrito al caso de *arrays* unidimensionales. Es el momento de ver cómo se crea un *array* bidimensional con dos filas y tres columnas:

```
let tablaNotas = [[,,],[,,]];
```

Como puede verse, cada nivel de anidamiento de corchetes indica una dimensión del *array*, y el número de elementos separados por comas hace referencia al número de elementos de esa dimensión. En este caso hay una primera dimensión con dos elementos, y cada uno de ellos definen una segunda dimensión con tres elementos cada una.

Para almacenar valores en ese *array* hay que almacenar un valor en cada posición del *array*, es decir:

```
tablaNotas[0][0] = 1; // Fila 0 - Columna 0
tablaNotas[0][1] = 2; // Fila 0 - Columna 1
tablaNotas[0][2] = 3; // Fila 0 - Columna 2
tablaNotas[1][0] = 4; // Fila 1 - Columna 0
tablaNotas[1][1] = 5; // Fila 1 - Columna 1
tablaNotas[1][2] = 6; // Fila 1 - Columna 2
```

Sin embargo, esta forma de crear *arrays* multidimensionales es bastante engorrosa y nada práctica, primero porque el uso de las comas puede conducir a errores y segundo porque es prácticamente imposible automatizar la creación.

Para ello, es más útil utilizar otra de las variantes que ya se han visto, usando la palabra reservada **new** y creando el *array* con sucesivas llamadas a esa instrucción. Así se obtiene un *array* equivalente al anterior:

```
let tablaNotas = new Array(2);
tablaNotas[0] = new Array(3);
tablaNotas[1] = new Array(3);
```

A partir de aquí, se rellenan los valores de la misma forma que se ha vito anteriormente.

Pero, ¿qué ocurre si en vez de tener un *array* bidimensional de 2x3, como en el caso anterior, fuera necesario un *array* de cuatro dimensiones de 10x5x20x10 elementos? Crear e inicializar ese *array* tal y como se hizo anteriormente sería un trabajo muy tedioso, que consumiría mucho tiempo y cuya legibilidad y mantenimiento serían nulos.

Por eso se necesita alguna estrategia más eficiente que ayude a realizar este tipo de tareas. Es el momento de aprender a recorrer *arrays*.

Actividad propuesta 3.2

Colores RGB

Te han encargado desarrollar una aplicación web que permita modificar el coloreado de sus elementos (5 colores distintos) y para ello te han encargado crear alias de colores RGB para facilitarle al usuario la elección de los colores. Tu necesidad, por tanto, es crear una estructura de datos que almacene esta información:

- Naranja: #F39C12.
- Lima: #C0F312.
- Turquesa: #12F3E5.
- Rosa: #F312AF.
- Rojo: #F31212.

Crea la estructura de datos necesaria, rellénala con los datos aportados y muéstralos en pantalla.

3.1.3. Recorrido

Recorrer un *array* significa iterar por cada uno de los elementos de ese *array* para realizar alguna operación con los valores que almacena. Para realizar esta tarea se utilizan los bucles **for** y sus variantes. Este primer ejemplo utiliza un bucle **for** clásico:

```
let precios = [69.99,12.49,35.20,99.90];
for (let i=0; i<precios.length; i++) {
        console.log(`El precio ${i} es: ${precios[i]}`);
}
```

En este fragmento de código se define el *array* **precios** con cuatro elementos. Después se realiza un recorrido del *array* utilizando una nueva variable, **i**, para iterar sobre sus elementos tomando como límite del *array* la cantidad de sus elementos (**.length** devuelve el número de elementos del *array*) (Figura 3.8).

```
El precio 0 es: 69.99
El precio 1 es: 12.49
El precio 2 es: 35.2
El precio 3 es: 99.9
>
```

Figura 3.8. *Salida del programa por la consola de Google Chrome.*

Actividad propuesta 3.3

Números pares

Crea un *array* de 100 elementos y rellénalo con números aleatorios. Luego muestra en pantalla una lista con todos los números pares que contiene.

Nota: para generar números aleatorios desde 0 hasta **MAX**, puedes utilizar la expresión **Math.floor(Math.random()*MAX);**

Una desventaja de este bucle **for** está en que saca todos los elementos del *array* aunque haya posiciones en los que los elementos no tienen valor, ensuciando la salida. De manera que de tener este otro *array* la salida sería la que se muestra en la Figura 3.9:

```
let precios = [69.99,,,12.49,,35.20,,,99.90];
```

```
El precio 0 es: 69.99
El precio 1 es: undefined
El precio 2 es: undefined
El precio 3 es: 12.49
El precio 4 es: undefined
El precio 5 es: 35.2
El precio 6 es: undefined
El precio 7 es: undefined
El precio 8 es: 99.9
>
```

Figura 3.9. *Salida del programa por la consola de Google Chrome.*

Sin embargo, existe una opción más limpia y a la vez simplificada de recorrer un *array*, el llamado bucle **for..in.** Basta con indicar la variable que se usará para iterar sobre las posiciones del *array* y el nombre del propio *array:*

```
for (let i in precios) {
    console.log(`El precio ${i} es: ${precios[i]}`);
}
```

Como se puede ver, no es necesario inicializar el contador, ni controlar el tamaño del *array*, ni tampoco realizar el incremento del contador. Su funcionamiento es automático, y además no tiene en cuenta los elementos vacíos (Figura 3.10).

```
El precio 0 es: 69.99
El precio 3 es: 12.49
El precio 5 es: 35.2
El precio 8 es: 99.9
>
```

Figura 3.10. *Los elementos vacíos no se muestran en la salida.*

Existe otra variante para recorrer un *array* que simplifica todavía más el proceso. Es el denominado bucle **for..of.** En este caso ni siquiera se utiliza una variable para iterar por cada posición, sino que se realiza automáticamente y de forma transparente para el usuario. Además, en cada iteración devuelve el valor de cada elemento del *array:*

```
let precios = [69.99,,,12.49,,35.20,,,99.90];
for (let precio of precios) {
        console.log(precio);
}
```

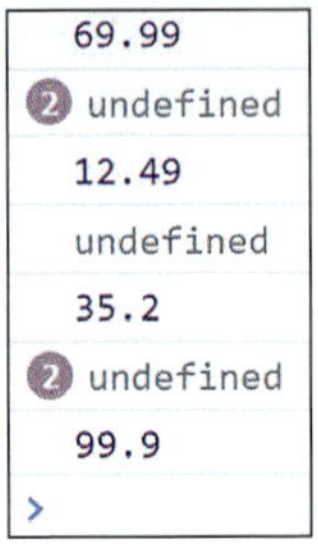

Figura 3.11. *Los elementos repetidos se agrupan en burbujas.*

Su desventaja es que se desconocen los índices de las posiciones, y que en la salida aparecen también los elementos vacíos (Figura 3.11).

¿Qué bucle **for** se debe usar entonces? Como siempre, la respuesta depende de las necesidades de cada momento. Con los ejemplos anteriores se ha visto a qué tiene acceso y qué muestra cada alternativa. Ante cada caso que se presente hay que pararse a pensar en qué se necesita y la elección de la variante óptima aparecerá por sí sola.

Todavía existe un bucle **for** adicional que estudiar, el bucle **forEach**, pero su análisis queda postergado hasta dominar el manejo de las funciones.

Aún queda una tarea que abordar con respecto a los recorridos: recorrer *arrays* de cualquier dimensión. La estrategia para estos casos es muy sencilla. Se trata de anidar un bucle **for** dentro de otro. ¿Cuántos niveles de anidamiento? Tantos como dimensiones tenga el *array.*

El siguiente *array* bidimensional de 4x3 servirá de ejemplo:

```
let matriz = [[5,1,2],[6,4,3],[9,3,8],[4,1,7]];
```

Sobre el papel, su estructura es la que se muestra en la Figura 3.12.

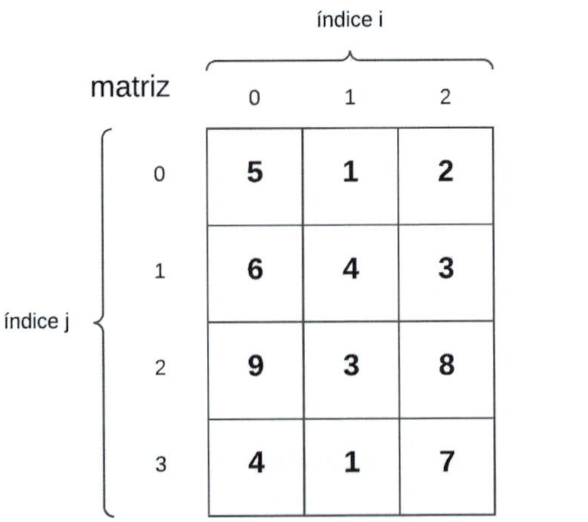

Figura 3.12. *Representación conceptual de un array bidimensional en forma de tabla.*

Y de este modo se efectuaría el recorrido por todos sus elementos para mostrarlos en pantalla:

```
for (let i=0; i<matriz.length; i++)
        for (let j=0; j<matriz[i].length; j++) {
                console.log(`Fila ${i} - Columna ${j}: ${matriz[i][j]}`);
        }
```

Como se había adelantado, estamos ante un *array* de dos dimensiones, por tanto, en la solución deben aparecer dos bucles **for** anidados. Se utiliza un contador para recorrer los índices de cada dimensión (**i** para las filas y **j** para las columnas), teniendo la precaución de modificar la expresión que controla el número máximo de elementos del *array* (**matriz [i].length** para el caso de las filas, y **matriz[j].length** para el caso de las columnas).

```
Fila 0 - Columna 0: 5
Fila 0 - Columna 1: 1
Fila 0 - Columna 2: 2
Fila 1 - Columna 0: 6
Fila 1 - Columna 1: 4
Fila 1 - Columna 2: 3
Fila 2 - Columna 0: 9
Fila 2 - Columna 1: 3
Fila 2 - Columna 2: 8
Fila 3 - Columna 0: 4
Fila 3 - Columna 1: 1
Fila 3 - Columna 2: 7
>
```

Figura 3.13. *Resultado de recorrer un* array *bidimensional.*

Actividad resuelta 3.2

Diagonal de una matriz

Crea una matriz de 3x3, rellénala con números enteros y muestra en pantalla aquellos elementos que forman parte de la diagonal principal.

Solución

Para abordar la solución a este problema debes idear una estrategia que te permita detectar el criterio que cumplen los índices que forman la diagonal principal. Si dibujas sobre un papel la matriz rápidamente te darás cuenta de que en esas posiciones los índices son iguales, es decir, **i** y **j** coinciden:

```
let matriz = [[1,2,3],[4,5,6],[7,8,9]];
for (let i=0; i<3; i++)
        for (let j=0; j<3; j++)
                if (i==j)
                        console.log(`Elemento ${i}${j}: ${matriz[i][j]}`);
```

Actividad propuesta 3.4

Liga local de fútbol

Quieres crear una estructura de datos que almacene la tabla de clasificación de una liga local de fútbol con estos datos:

- La liga la disputan 10 equipos.
- Para cada equipo necesitas estos datos:
  - Nombre.
  - Puntos.
  - Partidos jugados, ganados, empatados y perdidos.
  - Goles a favor y goles en contra.

Crea la estructura de datos que consideres más útil, rellénala con datos coherentes y muestra en pantalla toda la información de la clasificación del equipo ganador.

Con un *array* de, por ejemplo, cinco dimensiones, la estrategia de recorrido sería exactamente la misma:

```
for (let i=0; i<array5d.length; i++)
    for (let j=0; j<array5d[i].length; j++)
        for (let k=0; k<array5d[i][j].length; k++)
            for (let l=0; l<array5d[i][j][k].length; l++)
                for (let m=0; m<array5d[i][j][k][l].length; m++) {
                    console.log(array5d[i][j][k][l][m]);
                }
```

3.1.4. Manipulación y operaciones con *arrays*

Con lo que ya se sabe de *arrays* se tiene la capacidad de resolver muchas tareas y desafíos del día a día. Sin embargo, supondría escribir miles de líneas de código para resolver tareas muy comunes cuyas soluciones ya se conocen y están completamente optimizadas.

Recuerda

Siempre que te plantees resolver una pequeña tarea sobre una estructura de datos, vale la pena investigar previamente si existe ya una solución óptima que la resuelve. Es muy probable que estés gastando tiempo y recursos *hardware* de forma innecesaria tratando de reinventar la rueda.

Estas son algunas de esas herramientas que proporciona el propio lenguaje y que ahorran una enorme cantidad de tiempo en cada proyecto.

Asignación de *arrays*

Una primera operación que puede realizarse con los *arrays* es una simple asignación. O no tan simple, porque su comportamiento no es el esperado.

Siempre que se realiza una asignación entre dos variables, lo que ocurre es que el contenido de la variable de la derecha «se copia» en la variable de la izquierda. Desde ese momento, se tienen dos variables independientes cuyos valores dependen únicamente de las operaciones en las que intervenga cada una de ellas, ¿no es cierto?

```
let unaVariable = 12;
let otraVariable = unaVariable;
otraVariable = otraVariable*2;
console.log(unaVariable); //devuelve 12
console.log(otraVariable); //devuelve 24
```

Pero ¿qué ocurriría de hacer esto mismo con unos *arrays*?

```
let sinIVA = [20.45,39.95,6.69];
let conIVA = sinIVA;
conIVA[0] = 110.25;
console.log(sinIVA);
console.log(conIVA);
```

Solo se ha modificado el *array* **conIVA;** por tanto, el *array* **sinIVA** debería permanecer inalterado. En cambio, la salida muestra lo que se aprecia en la Figura 3.14.

```
▸ (3) [110.25, 39.95, 6.69]
▸ (3) [110.25, 39.95, 6.69]
>
```

Figura 3.14. *Resultado inesperado tras la ejecución de las instrucciones en las que se produce una asignación entre* arrays.

¡Se han modificado los dos *arrays!* Lo que ha ocurrido es la propia esencia de los *arrays,* el concepto más importante que es necesario entender. El identificador de un *array* no es donde se almacena la estructura de datos, sino que es una referencia que apunta a la estructura de datos. De esta manera, cuando se asignan identificadores, lo que ocurre es que dos identificadores apuntan a la misma estructura de datos, por lo que cualquier modificación que se haga utilizando cualquiera de los dos identificadores estará afectando a la misma estructura de datos.

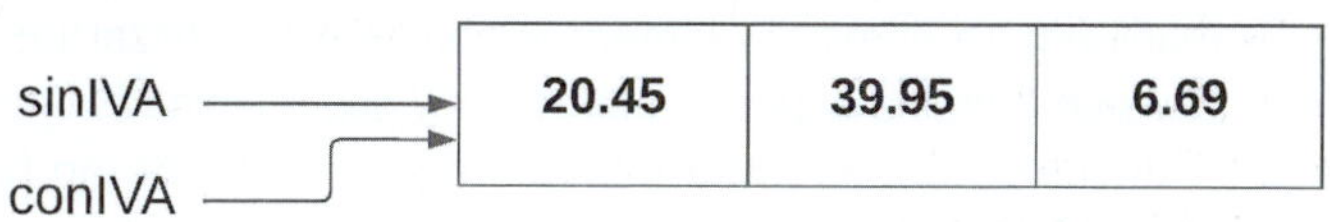

Figura 3.15. *Dos identificadores apuntando a la misma estructura de datos.*

Adición de elementos a un *array*

Existen varias formas de hacer esto. Si se sabe cuántos elementos tiene un *array* se le puede indicar directamente que guarde un nuevo elemento al final:

```
let elementos = ["a",7,true];
elementos[3] = 23.45;
// Resultado ["a",7,true,23.45]
```

Si se desconoce el número de elementos que tiene, puede utilizarse **push**, que directamente añade un elemento al final (y además devuelve el número de elementos del *array* tras la inserción).

```
let elementos = ["a",7,true];
elementos.push("xyz");
// Resultado ["a",7,true,"xyz"]
```

Por último, para añadir un elemento al principio se utiliza **unshift:**

```
let elementos = ["a",7,true];
elementos.unshift("el primero");
// Resultado ["el primero","a",7,true,"xyz"]
```

También es interesante señalar que tanto **unshift** como **push** permiten añadir en una misma instrucción varios valores, tantos como interese:

```
let elementos = ["a",7,true];
elementos.unshift("primero","segundo");
elementos.push("penúltimo","último");
// Resultado ["primero","segundo","a",7,true,"penúltimo","último"]
```

Actividad resuelta 3.3

Insertar elementos en un *array*

Crea un *array* vacío de cinco posiciones llamado **vector** e inserta el cuadrado de cinco números enteros aleatorios entre 0 y 10. Luego muestra en pantalla el contenido del *array.*

Solución

```
let vector = new Array(5);
for (let i=0; i<5; i++)
        vector[i] = Math.floor(Math.random()*10)**2;
for (let i=0; i<5; i++)
        console.log(vector[i]);
```

Eliminación de elementos de un *array*

Una primera aproximación para eliminar elementos consiste en utilizar los homólogos a **unshift** y **push**, que son **shift** (elimina el primer elemento) y **pop** (elimina el último elemento). En ambos casos se devuelve el elemento eliminado y, en caso de no haber elementos, se devuelve **undefined.**

```
let elementos = ["a",7,true];
elementos.shift();
elementos.pop();
// Resultado [7]
```

Al modificar la propiedad **length** se eliminan todos aquellos elementos que se quedan fuera de la nueva longitud del *array:*

```
let elementos = ["a",7,true,90.54,"Lucía",12];
elementos.length = 2;
// Resultado ["a",7]
```

También se puede eliminar la cantidad de elementos indicada desde una posición determinada usando **splice**. Además, devuelve un *array* con los elementos eliminados. Por ejemplo, la siguiente instrucción elimina los dos primeros elementos que encuentra desde la posición 3. Es decir, elimina los elementos que ocupan las posiciones 3 y 4.

```
let elementos = ["a",7,true,90.54,"Lucía",12];
let eliminados = elementos.splice(3,2);
// elementos -> ["a",7,true,12]
// eliminados -> [90.54,"Lucía"]
```

Actividad propuesta 3.5

Operaciones sobre *arrays*

Una aplicación de análisis de datos en la que estás trabajando necesita crear una estructura que almacene 10 múltiplos de 5 aleatorios de 0 a 100. Además, ni el primer elemento puede ser menor de 50, ni el último mayor de 50.

Se pide que resuelvas el problema siguiendo estos pasos:

- Crea un *array* de 10 elementos.
- Inicializa el *array* con múltiplos aleatorios de 5.
- Si el primer elemento es menor de 50, debes eliminarlo e insertar otro múltiplo de 5 aleatorio. Esta operación debes realizarla hasta que el primer elemento sea mayor o igual que 50.
- Si el último elemento es mayor de 50, debes eliminarlo e insertar otro múltiplo de 5 aleatorio. Esta operación debes realizarla hasta que el último elemento sea menor o igual que 50.
- Muestra el contenido del *array* en pantalla y comprueba que se cumplen todos los requisitos.

Nota: para generar números aleatorios desde 0 hasta **MAX**, puedes utilizar la expresión **Math.floor(Math.random()*MAX);**

Concatenación de *arrays*

concat permite extender un *array* añadiéndole al final el contenido de otro *array.* Ninguno de los dos *arrays* se modifica, sino que se crea uno nuevo con el contenido de ambos. El *array* cuyos elementos aparecerán en primer lugar será aquel que haga uso de **concat:**

```
let original = ["a",7,true,90.54,"Lucía",12];
let nuevo = [90,80,70];
let extendido = original.concat(nuevo);
// original -> ['a', 7, true, 90.54, 'Lucía', 12]
// nuevo -> [90, 80, 70]
// extendido -> ['a', 7, true, 90.54, 'Lucía', 12, 90, 80, 70]
```

Copia de *arrays*

Los *arrays* se pueden copiar completos o traer una parte de ellos usando **slice.** Si no se indican parámetros, se copia todo el contenido del *array* en otro *array.* Si lo que se quiere hacer es copiar solo una parte, hay que indicar dos parámetros: el primero será el índice de la posición desde la que se desea copiar (incluido el elemento que ocupa esa posición), y el segundo el índice de la posición hasta la que se quiere copiar (no incluido el elemento que ocupa esa posición).

```
let original = ["a",7,true,90.54,"Lucía",12];
let completo = original.slice();
let parcial = original.slice(2,4);
// original -> ['a', 7, true, 90.54, 'Lucía', 12]
// completo -> ['a', 7, true, 90.54, 'Lucía', 12]
// parcial -> [true, 90.54]
```

Búsqueda de elementos en un *array*

Existen varias opciones para realizar esta tarea en función de lo que se necesite exactamente.

La primera de ellas es **indexOf**, que devuelve el índice de la posición que ocupa el primer elemento que ha encontrado o **-1** si no lo ha encontrado. También permite indicar desde qué posición se desea buscar.

```
let pajar = ["a",7,true,50.54,7,"Marcos"];
let aguja = 7;
let resultado = pajar.indexOf(aguja);
// resultado -> 1

aguja = 8;
resultado = pajar.indexOf(aguja);
// resultado -> -1

aguja = 7;
resultado = pajar.indexOf(aguja,2);
// resultado -> 4
```

El método **lastIndexOf** realiza exactamente las mismas tareas que **indexOf**, pero trabajando desde el extremo derecho del *array*, no desde el extremo izquierdo. Si no se necesita conocer la posición del elemento, sino simplemente si el elemento existe en el *array*, puede utilizarse **includes**. Devuelve **true** si ha encontrado al menos una coincidencia o **false** en caso contrario.

```
let pajar = ["a",7,true,50.54,7,"Marcos"];
let aguja = 7;
let resultado = pajar.includes(aguja);
// resultado -> true
```

Actividad propuesta 3.6

Buscando la verdad

Crea una aplicación que almacene en un *array* diez elementos. Rellena cada posición del *array* con uno de los dos valores permitidos: **true** o **false**. Luego muestra en pantalla la posición que ocupa cada elemento **true**.

Nota: no puedes utilizar ningún bucle **for**.

Ordenación de *arrays*

La ordenación de *arrays* es otra de esas tareas comunes que no trae a cuenta programar a mano, ya que existe un método muy potente llamado **sort** que permite realizar cualquier ordenación que se necesite. Sin embargo, por el momento se estudiará su aplicación más simple, ya que su verdadera potencia radica en el uso de las funciones (que se verán más adelante).

```
let vector = [8,4,5,7,1];
vector.sort();
// vector -> [1, 4, 5, 7, 8]
```

Si en lugar de números los elementos del *array* almacenan cadenas de caracteres, ocurre algo inesperado que siempre hay que tener en cuenta:

```
let vector = ["Casado","casa","prueba","zancos","ñam"];
vector.sort();
// ordenación esperada -> ['casa', 'Casado', 'ñam', prueba', 'zancos']
// ordenación obtenida -> ['Casado', 'casa', 'prueba', 'zancos', 'ñam']
```

La ordenación, efectivamente, se realiza por orden alfabético, pero teniendo en cuenta (y esto es muy importante) el lugar que ocupa cada carácter en la tabla Unicode. Por ese motivo **Casado** se ordena antes que **casa**, porque la **C** aparece antes que la **c**. Igualmente ocurre con la **ñ** (y con la **Ñ**), que aparece en la tabla Unicode mucho después que el resto de las letras, por no ser un carácter anglosajón.

Para saber más

En el enlace https://unicode.org o con el código QR se accede a la lista completa de la tabla Unicode. Es muy recomendable revisarla para entender muchos de los resultados inesperados que a veces se producen al trabajar con cadenas de caracteres y otros símbolos especiales.

Para solventar este contratiempo y modificar el comportamiento predeterminado de la ordenación, pueden establecerse criterios propios. Aunque, como se introdujo más arriba, es una tarea que se abordará cuando se dominen las funciones.

Otro método que suele resultar útil es **reverse**, que resuelve la necesidad de darle la vuelta a un ***array***, invertirlo.

```
let vector = ["Casado","García","Martínez","López","Ballén"];
vector.sort();
// ordenación directa-> ['Ballén', 'Casado', 'García', 'López', 'Martínez']
vector.reverse();
// ordenación inversa -> ['Martínez', 'López', 'García', 'Casado', 'Ballén']
```

Existe una larga lista de utilidades más que ofrece el propio lenguaje para trabajar con *arrays*. Se puede acceder a la documentación oficial del lenguaje para descubrirlas. Además, en repositorios como GitHub o Stackoverflow, se pueden encontrar muchas otras que, en ocasiones, incluso mejoran el rendimiento.

3.2. Conjuntos

Los conjuntos o *sets* (como así se llaman en JavaScript) son estructuras de datos muy parecidas a los *arrays* pero con la particularidad de que no permiten valores duplicados. Además, esta prevención ante la duplicidad de elementos se realiza de forma automática sin necesidad de invertir esfuerzo en ello.

3.2.1. Creación de un conjunto

Para crear un conjunto se puede utilizar el operador **new** (en cuyo estudio se profundizará más adelante), ya que se trata de un objeto:

```
const conjunto = new Set();
```

Para indicarle, desde su declaración, los elementos que lo componen inicialmente, es preciso pasarle un objeto de tipo iterable (*array, map, string, set*):

```
var conjunto1 = new Set([34,1,"Girasol",25.9]);
var conjunto2 = new Set("cadena");
```

```
▸ Set(4) {34, 1, 'Girasol', 25.9}
▸ Set(5) {'c', 'a', 'd', 'e', 'n'}
>
```

Figura 3.16. *Eliminación automática de duplicados en los conjuntos.*

En el ejemplo anterior se creó un conjunto a partir de un *array* y otro a partir de un *string*. En el segundo ejemplo puede comprobarse cómo automáticamente ha eliminado los elementos duplicados (la última «a»).

Actividad resuelta 3.4

Conjuntos a partir de *arrays*

Construye un conjunto a partir de un *array* que contiene los días de la semana. Utiliza alguna instrucción para comprobar la estructura del conjunto en la consola del navegador.

Solución

```
let dias = ["Lunes", "Martes", "Miércoles", "Jueves", "Viernes", "Sábado", "Domingo"];
let conjunto = new Set(dias);
console.info(conjunto);
```

3.2.2. Recorrido

El recorrido de un conjunto puede realizarse con el ya conocido **for..of,** tal y como se hacía en el caso de los *arrays:*

```
var conjunto = new Set(["primero","segundo","tercero","primero"]);
for (let elemento of conjunto) {
        console.log(elemento);
}
```

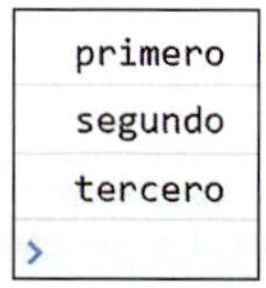

Figura 3.17. *Salida del bucle de recorrido de un conjunto en la consola.*

3.2.3. Manipulación y operaciones con conjuntos

Existen muchos métodos asociados a la operativa de conjuntos dada su enorme utilidad, pero, por razones de espacio disponible, se estudiarán los que se utilizan con más frecuencia.

Adición de elementos

Para añadir elementos se utiliza el método **add,** indicándole el elemento que se desea añadir. Además, también permite que estas inserciones se encadenen:

```
var conjunto = new Set();
conjunto.add(7);
conjunto.add("Samuel").add(69).add("moteros");
// conjunto {7, 'Samuel', 69, 'moteros'}
```

Actividad propuesta 3.7

Creación de conjuntos

Crea un conjunto vacío y añádele todos los elementos de los *arrays* [12,12,12,14], [11,11,13,15], ["i","j","k","l"]. ¿Cuántos elementos contiene el conjunto? ¿Por qué? Haz un recorrido del conjunto, muestra en pantalla cada uno de sus elementos y razona por qué aparecen en ese orden.

Eliminación de elementos

La eliminación de un elemento concreto del conjunto puede realizarse con el método **delete,** que devuelve **true** o **false** para indicar el resultado de la operación.

```
conjunto.delete(69);
// conjunto {7, 'Samuel', 'moteros'}
```

Para eliminar todos los elementos de un conjunto no es necesario llamar a **delete** tantas veces como elementos haya. Puede usarse el método **clear:**

```
conjunto.clear();
// conjunto {}
```

Tamaño de un conjunto

Calcular el tamaño de un conjunto equivale a conocer el número de elementos que lo forman. La propiedad **size** se encarga de ello:

```
var conjunto = new Set().add(1).add(1).add(2).add(9);
console.info(conjunto.size);
// 3
```

Búsqueda de un elemento

Otra utilidad interesante es la que proporciona el método **has:** comprueba que un valor, o el resultado de una expresión, está en el conjunto. Devuelve un valor booleano para indicar si encontró el elemento o no.

```
var conjunto = new Set().add(1).add(1).add(2).add(9);
if (conjunto.has(9))
        console.log("Encontrado");
// Encontrado
```

Conversiones

Al inicio de la sección de conjuntos se vio que una de las formas de crear un conjunto era pasándole directamente un *array* con una lista de valores. La conversión en ese caso se hacía de forma automática.

Pero también puede realizarse la tarea opuesta, convertir un conjunto en un *array.* Para ello se utiliza un nuevo operador: el operador **de arrastre, de propagación o spread.** Se utiliza escribiendo unos puntos suspensivos (...) seguidos del nombre del conjunto que se desea convertir. Devuelve el *array* resultado de la operación:

```
var conjunto = new Set().add(1).add(1).add(2).add(9);
const vector = [...conjunto];
// vector [1, 2, 9]
```

Actividad resuelta 3.5

Eliminación de duplicados en los *arrays*

Utiliza los conceptos de conjuntos para eliminar los elementos duplicados de un *array.*

Solución

```
let arrayConDuplicados = [1,7,4,7,7,2];
let conjunto = new Set(arrayConDuplicados);
let arraySinDuplicados = [...conjunto];
console.info(arraySinDuplicados);
```

Unión

A veces resulta útil crear un conjunto a partir de dos o más *arrays* que contienen elementos de interés. Con el operador **spread** y la conversión automática de *arrays* en conjuntos eliminando los duplicados se puede ahorrar una buena cantidad de líneas de código:

```
let array1 = [10,20,30,40,50];
let array2 = [30,50,60,70,80];
let array3 = [60,70,80,90,100];
var conjunto = new Set([...array1,...array2,...array3]);
// conjunto {10, 20, 30, 40, 50, 60, 70, 80, 90, 100}
```

3.3. Mapas

Al estudiar los *arrays* se vio que los elementos se organizaban en posiciones numeradas automáticamente, desde el índice 0 hasta el máximo número de elementos menos uno. Después se vio que los conjuntos no permiten la manipulación de las posiciones, eliminan automáticamente los duplicados y ofrecen cierta operativa útil para su manipulación. En este caso, los mapas de alguna manera combinan las bondades de las dos estructuras anteriores, ya que permiten tener una colección de datos organizados en forma de pares «clave-valor», en las cuales las claves no se pueden repetir.

3.3.1. Creación de un mapa

Para crear un mapa, que también es un objeto, se vuelve a recurrir al operador **new**:

```
const mapa = new Map();
```

Al igual que en el caso de los conjuntos, se puede crear un mapa cuyos valores iniciales los aporte un *array*. Un pequeño listín telefónico servirá de ejemplo:

```
const telefonos = new Map([
        [615885225,"Elena"],
        [663998541,"Quirós"],
        [656232511,"Marta"],
        [696585537,"David"]
]);
```

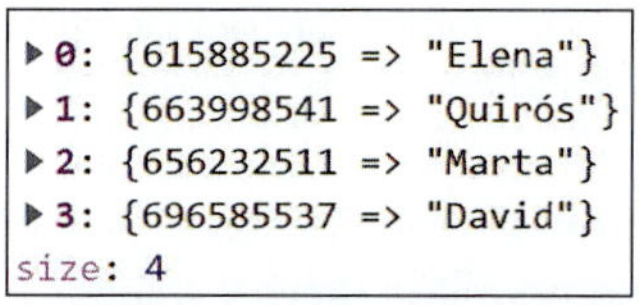

Figura 3.18. *Información sobre la estructura de un mapa en la consola de Google Chrome.*

3.3.2. Recorrido de un mapa

Como en el caso de los conjuntos, el bucle más interesante para recorrer un mapa es el bucle **for..of.** Pero debe utilizarse con cuidado. Al realizar el recorrido ya conocido se obtiene lo que se muestra en la Figura 3.19:

```
const telefonos = new Map([
        [615885225,"Elena"],
        [663998541,"Quirós"],
        [656232511,"Marta"],
        [696585537,"David"]
]);
for (persona of telefonos)
        console.log(persona);
```

Se obtiene el par completo «clave-valor» de cada uno de los elementos que forman el mapa:

```
▸ (2) [615885225, 'Elena']
▸ (2) [663998541, 'Quirós']
▸ (2) [656232511, 'Marta']
▸ (2) [696585537, 'David']
>
```

Figura 3.19. *Salida del bucle que muestra todos los elementos del mapa.*

Lo cual, no es demasiado útil para tratar los datos por separado. Para obtener en distintas variables las claves y los valores de cada elemento, puede realizarse la siguiente modificación al bucle anterior:

```
for (let [telefono,persona] of telefonos)
        console.log(`El teléfono de ${persona} es ${telefono}.`);
```

De este modo, en las variables **teléfono** y **persona** se tienen todas las entradas del mapa (Figura 3.20).

```
El teléfono de Elena es 615885225.
El teléfono de Quirós es 663998541.
El teléfono de Marta es 656232511.
El teléfono de David es 696585537.
>
```

Figura 3.20. *Salida del recorrido de un mapa tras utilizar un bucle* for..of *modificado con dos variables.*

Además, si solo se tiene que trabajar con las claves o solo con los valores, también pueden usarse dos métodos que lo permiten: **keys** y **values.**

```
for (let telefono of telefonos.keys())
        console.log(telefono);
```

```
for (let persona of telefonos.values())
        console.log(persona);
```

615885225
663998541
656232511
696585537
>

Figura 3.21. *Salida con las claves usando* keys().

Elena
Quirós
Marta
David
>

Figura 3.22. *Salida con los valores usando* values().

3.3.3. Manipulación y operaciones con mapas

De la misma manera que con las dos estructuras de datos anteriores, a continuación se estudiarán algunas de las operaciones más útiles que permiten manipular el contenido de los mapas.

Adición de elementos

Para añadir elementos a un mapa se utiliza el método **set**, al que hay que indicarle tanto la clave como el valor del elemento. También pueden encadenarse las inserciones. Si se añaden varios valores con la misma clave, hay que tener en cuenta que solo permanecerá en el mapa aquel par que se haya insertado más tarde.

```
const telefonos = new Map();
telefonos.set(615885225,"Elena");
telefonos.set(615885225,"Elena").set(777777777,"Quirós");
telefonos.set(656232511,"Marta").set(777777777,"Sara");
telefonos.set(696585537,"David");
```

Se han añadido seis elementos al mapa; sin embargo, en la salida solo aparecen correctamente insertados cuatro (Figura 3.23).

```
▶0: {615885225 => "Elena"}
▶1: {777777777 => "Sara"}
▶2: {656232511 => "Marta"}
▶3: {696585537 => "David"}
size: 4
```

Figura 3.23. *Resultado tras la inserción de elementos en el mapa.*

La razón que lo justifica está en la propia naturaleza de los mapas: la clave correspondiente a **Elena** estaba duplicada, por lo que un elemento ha machacado al otro. Exactamente la misma lógica ha desencadenado la pérdida de **Quirós**, que al insertarse con la misma clave que **Sara** y ser esta más reciente es el elemento que ha perdurado.

Eliminación de elementos

Eliminar elementos es una tarea tan simple como llamar al método **delete** con la clave del elemento que se quiere eliminar:

```
telefonos.delete(777777777);
```

```
▶ 0: {615885225 => "Elena"}
▶ 1: {656232511 => "Marta"}
▶ 2: {696585537 => "David"}
size: 3
```

Figura 3.24. *Contenido del mapa tras eliminar un elemento.*

Búsqueda de elementos

Para buscar elementos se utiliza el método **has** con la clave del elemento que se desea encontrar. Si lo encuentra devolverá **true** y, en cualquier otro caso, **false.**

```
if (telefonos.has(666555222))
        console.log("¡Encontrado!");
else
        console.log("No está.");

// No está.
```

Lectura de valores

La utilidad que proporciona el método **get** es conocer el valor asociado a la clave especificada como parámetro. Se trata de una operación muy utilizada y cuya eficiencia es muy alta:

```
console.log(telefonos.get(656232511));
```

Actividad propuesta 3.8

Mapa de identidad

Crea un mapa vacío y añade los DNI de diez personas ficticias, usando el DNI como clave y el nombre como valor. A continuación, muestra en pantalla la lista de todos los DNI junto con el nombre de las personas. Modifica el nombre de la tercera persona y vuelve a mostrar todos los datos en pantalla para comprobar que la operación se ha realizado correctamente.

Conversiones

Al igual que en el caso de los conjuntos, también es posible obtener un *array* a partir del contenido de un mapa. Además, se utiliza el mismo operador que con los conjuntos, el operador **spread**, para obtener un *array* de *arrays:*

```
console.log([...telefonos]);
```

```
▼(3) [Array(2), Array(2), Array(2)]
 ▶0: (2) [615885225, 'Elena']
 ▶1: (2) [656232511, 'Marta']
 ▶2: (2) [696585537, 'David']
  length: 3
```

Figura 3.25. Array *de* arrays *resultado de aplicar la conversión con el operador de propagación.*

Actividad propuesta 3.9

Ordenación de un mapa

Crea un mapa con cinco pares de elementos de manera que tanto las claves como los valores sean cadenas de caracteres. Luego idea algún mecanismo para ordenar alfabéticamente los valores del mapa. Muestra el resultado en pantalla.

Como se ha visto a lo largo de esta unidad, las estructuras de datos son colecciones de elementos que permiten crear, acceder y operar con los datos de una forma mucho más rápida, eficiente y segura que hacerlo de forma manual.

Antes de empezar a escribir los programas es necesario realizar una reflexión previa sobre qué estructura de datos es más adecuada para el fin que se persigue: ¿hay que acceder a las posiciones de cada elemento? ¿Puede haber valores duplicados? ¿Interesa personalizar los índices? ¿Se tiene acceso a propiedades y métodos que faciliten su manipulación? Las respuestas a preguntas como estas deben conducir a elegir la estructura de datos óptima en cada caso.

Finalmente, es importante destacar que las estructuras de datos estudiadas en esta unidad representan las más utilizadas por una generalidad de programadores, pero no son, ni mucho menos, todas las disponibles en el lenguaje. Existen muchas estructuras más, que se irán estudiando a lo largo de esta obra tan pronto como se adquieran los conocimientos necesarios para entenderlas en profundidad.

Para saber más

Para profundizar en el estudio de las tres estructuras de datos vistas en esta unidad puedes revisar estas referencias:

Arrays:
https://developer.mozilla.org/es/docs/Web/JavaScript/Reference/Global_Objects/Array

Conjuntos:
https://developer.mozilla.org/es/docs/Web/JavaScript/Reference/Global_Objects/Set

Mapas:
https://developer.mozilla.org/en-US/docs/Web/JavaScript/Reference/Global_Objects/Map

Arrays: Conjuntos: Mapas:

MAPA CONCEPTUAL

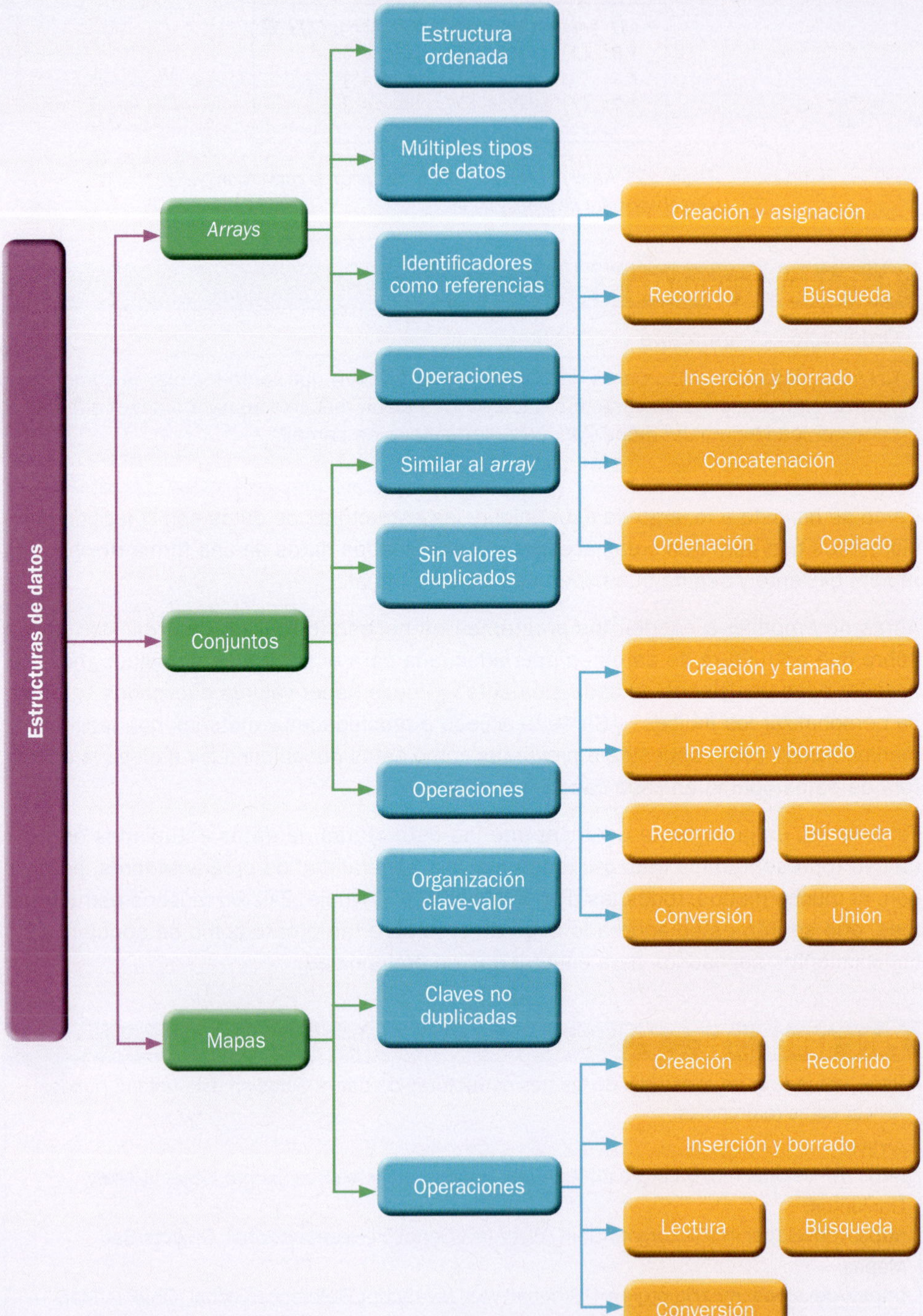

Actividades de comprobación

3.1. ¿Qué tipos de datos permiten almacenar los *arrays*?

a) Enteros.
b) Cadenas de caracteres.
c) Cualquier tipo.
d) Cualquier tipo siempre que todos los elementos sean del mismo tipo.

3.2. ¿Cuál de estos nombres no hace referencia a un *array*?

a) Lista.
b) Tabla.
c) Grafo.
d) Vector.

3.3. ¿Desde dónde y hasta dónde van las posiciones de un *array*?

a) Desde la 1 hasta el número máximo de elementos.
b) Desde la 0 hasta el número máximo de elementos menos uno.
c) Desde la 1 hasta el número máximo de elementos menos uno.
d) Desde la 0 hasta el número máximo de elementos.

3.4. ¿Cuál de estas variantes no es una forma de crear un *array*?

a) **let array1 = new array**
b) **let array1 = new Array()**
c) **let array1 = Array()**
d) **let array1 = []**

3.5. ¿Qué sígnica la instrucción let array1 = new Array(3,3)?

a) Crea un *array* bidimensional de 3 filas y 3 columnas.
b) Crea un *array* unidimensional con un único elemento de valor 3,3.
c) Crea un *array* unidimensional con dos elementos, el 3 y el 3.
d) Crea tres *arrays* unidimensionales y los inicializa con el valor 3.

3.6. ¿Cómo accedes al tercer elemento de un *array* unidimensional de cinco posiciones llamado vector?

a) **vector[3]**
b) **vector(3)**
c) **vector[2]**
d) **vector(2)**

3.7. ¿Cuál es el tamaño de este *array:* [1,"",undefined,false]?

a) 1.
b) 2.
c) 3.
d) 4.

3.8. ¿Qué tipo de *array* define esta instrucción: let miArray = [[,,,],[,,,],[,,,]]?

a) Un *array* bidimensional de 3x4 elementos.
b) Un *array* tridimensional de 4x4x4 elementos.
c) Un *array* unidimensional de 12 elementos.
d) La instrucción no define un *array.*

3.9. ¿Qué estructura para recorrer *arrays* no muestra los elementos undefined?

a) for
b) for..in
c) for..of
d) for..ty

3.10. ¿Qué tipo de *array* está recorriendo este bucle?

```
for (let i=0; i<matriz.length; i++)
        for (let j=0; j<matriz[i].length; j++) {
                // más instrucciones
        }
```

a) Un *array* unidimensional.
b) Un *array* bidimensional.
c) Un *array* tridimensional.
d) Un *array* adimensional.

3.11. ¿Qué ocurre si asignas el identificador de un *array* a una variable?

a) El contenido del *array* se copia en la variable.
b) Los dos identificadores apuntarían al mismo *array.*
c) Generaría un error de asignación de tipos.
d) No generaría un error, pero el navegador avisaría de una operación de riesgo.

3.12. ¿Qué efecto tendría hacer miArray.length = 5; si miArray tiene 31 posiciones?

a) La propiedad **length** no se puede usar a la izquierda de una asignación.
b) Todo el contenido de **miArray** sería **undefined**.
c) El tamaño del *array* sería 5 y su contenido el de los cinco primeros elementos.
d) El *array* pasaría a tener 36 posiciones.

3.13. ¿Cuál es la diferencia principal entre un *array* y un conjunto?

a) Los conjuntos no se pueden recorrer.
b) En los conjuntos no hay valores duplicados.
c) En los *arrays* no hay valores duplicados.
d) Los *arrays* no se pueden recorrer.

3.14. El método clear() aplicado sobre un conjunto:

a) Elimina todos los elementos que indiques entre paréntesis.
b) Limpia el conjunto de elementos **undefined**.
c) Elimina todos los elementos del conjunto.
d) No es un método aplicable a conjuntos.

3.15. ¿Qué harías para conocer la cantidad de elementos de un conjunto?

a) **conjunto.length**
b) **conjunto.length()**
c) **conjunto.size()**
d) **conjunto.size**

3.16. La instrucción variable = [...conjunto] tiene como efecto:

a) Crea en **variable** un conjunto con cuatro elementos.
b) Crea en **variable** un *array* con los elementos del conjunto.
c) Crea en **variable** un conjunto con el último elemento de la derecha.
d) La instrucción provoca un error.

3.17. La estructura de datos que almacena los datos en forma de pares «clave-valor» se llama:

a) *Array.*
b) *Set.*
c) *Map.*
d) *Tree.*

3.18. Si añades a un mapa un par con una clave que ya estaba en el mapa:

a) Se duplica la clave y se inserta con normalidad.
b) Se sustituye el valor asociado a esa clave por el valor nuevo.
c) Una vez creado el mapa no se pueden añadir pares.
d) Añadir una clave repetida genera un error y no se inserta.

3.19. ¿Cómo se llama el método que permite insertar elementos en un mapa?

a) **insert()**
b) **add()**
c) **append()**
d) **set()**

3.20. ¿Qué obtienes si conviertes un mapa en un *array?*

a) Un conjunto de *arrays.*
b) Un *array* de conjuntos.
c) Un *array* de *arrays.*
d) Un conjunto de conjuntos.

Actividades de aplicación

3.21. Escribe un programa para comprobar si dos *arrays* unidimensionales contienen los mismos elementos.

3.22. Diseña un algoritmo que a partir de un *array* unidimensional de 10 elementos enteros indique qué elementos son múltiplo de 3.

3.23. Crea un programa que detecte cuántos elementos repetidos hay en un *array* unidimensional e indique en qué posiciones se encuentran.

3.24. Escribe un programa que realice una copia manual de un *array* unidimensional.

3.25. Crea un programa que indique cuál es el elemento más repetido de un *array* unidimensional y cuántas veces aparece.

3.26. Escribe un programa para comprobar si dos *arrays* unidimensionales contienen los mismos elementos.

3.27. Escribe las instrucciones necesarias para mostrar en pantalla un *array* con este contenido: [[21,2,3,4],[45,32,22,9],[0,66,7,4],[-3,32,11,90],[59,-2,-63,15]].

3.28. Crea un programa que convierta el *array* de la actividad anterior en un *array* unidimensional.

3.29. Crea una matriz de 3x3, rellénala con datos numéricos enteros y calcula su traspuesta.

$$\begin{bmatrix} a & b & c \\ d & e & f \\ g & h & i \end{bmatrix} \longrightarrow \begin{bmatrix} a & d & g \\ b & e & h \\ c & f & i \end{bmatrix}$$

Figura 3.26. *Cálculo de la traspuesta de una matriz.*

3.30. La lista de seguidores de una cuenta en redes sociales se gestiona usando conjuntos. Crea un conjunto vacío llamado **Followers,** añade el nombre de cinco seguidores, elimina dos de ellos, añade otros siete, muestra cuántos seguidores tiene la cuenta y también el nombre de todos ellos.

3.31. Teniendo en cuenta la naturaleza de los conjuntos, podrían ser la estructura de datos indicada para, por ejemplo, gestionar las categorías o etiquetas de un blog, una lista de la compra o una lista de tareas. Reflexiona y escribe otras cinco tareas que podría gestionar un conjunto mejor que un *array.*

3.32. Durante el desarrollo de una aplicación se ha detectado la necesidad de almacenar la información de geolocalización de varias ciudades. Tienes que crear un mapa cuyas claves sean el nombre de las ciudades y los valores, la longitud y latitud de cada ciudad. Crea la estructura de datos, rellénala con datos de cinco ciudades reales y muestra en pantalla la información que contiene el mapa.

3.33. Utiliza las estructuras de datos que consideres oportunas para generar un tablero del tres en raya con todas las posiciones rellenas e indique si alguno de los jugadores ha ganado la partida.

3.34. Crea una estructura de datos que te permita llevar el control de un diccionario de varios idiomas. El idioma de referencia será el español y podrá aparecer la traducción de cada palabra hasta en tres idiomas. Añade cinco palabras en español con sus respectivas traducciones en los tres idiomas y muestra todo el contenido de la estructura en pantalla.

Actividades de ampliación

3.35. Investiga qué otros métodos útiles tienes a tu disposición para trabajar con *arrays,* elige tres de ellos y explica su funcionamiento con ejemplos.

3.36. Profundiza en la idoneidad del uso de mapas para resolver tareas comunes del mundo real.

3.37. Busca aplicaciones del mundo real en las que los conjuntos son conceptualmente la única estructura de datos que puedes utilizar.

3.38. Adelántate en el tiempo y estudia por tu cuenta qué es un bucle **forEach** y qué ventajas aporta sobre el resto de los bucles **for** que conoces.

3.39. ¿Qué es un objeto iterable? ¿Qué relación guarda con respecto a las tres estructuras de datos vistas en esta unidad?

3.40. Estudia el concepto de la mutabilidad (o inmutabilidad) de las estructuras de datos que hemos visto y escribe un pequeño ensayo donde se explique este concepto aplicado a *arrays,* conjuntos y mapas.

3.41. Averigua qué otras estructuras de datos están presentes en JavaScript y cuáles son las utilidades diferenciadoras que aportan.

Enlaces web de interés

- **Mozilla Developers** - https://developer.mozilla.org/es/docs/Web/JavaScript/Data_structures
  (*website* para desarrolladores)
- **Free Code Camp** - https://www.freecodecamp.org/
  (sitio web para la formación gratuita de programadores)
- **Dev** - https://dev.to/
  (comunidad de programadores)
- **Comunidad JavaScript** - https://www.javascript.com/
  (recursos para principiantes)
- **Open Webinars** - https://openwebinars.net/
  (academia de formación continua para desarrolladores)
- **Lenguaje JS** - https://lenguajejs.com/
  (documentación sobre JavaScript, su evolución y recursos del ecosistema)

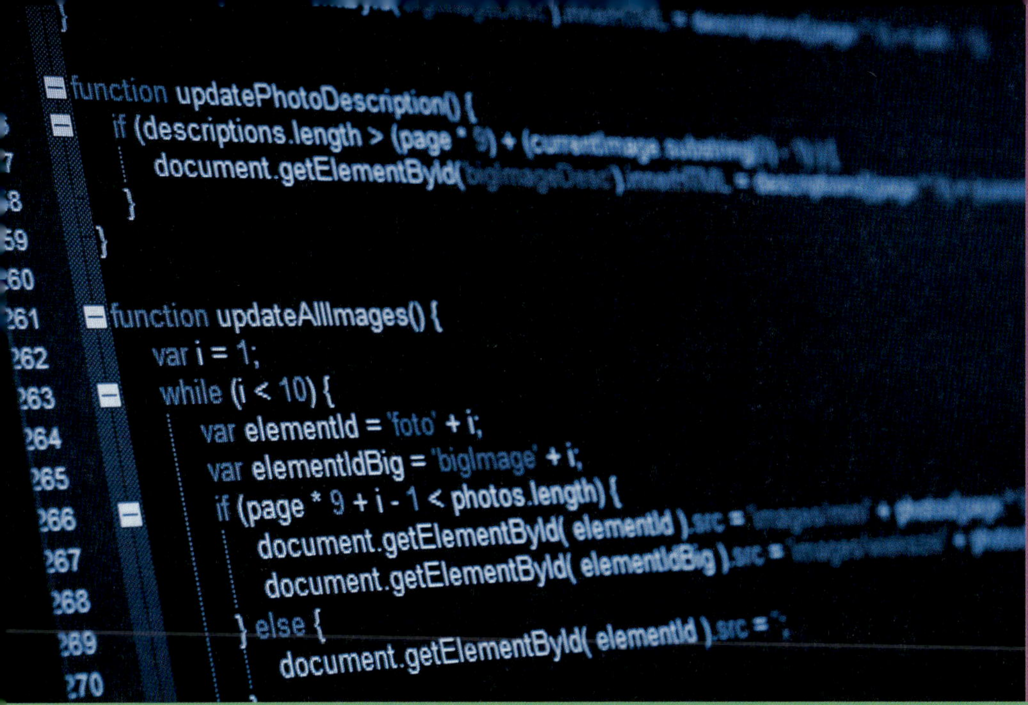

UNIDAD 4

Funciones

Objetivos

- Descubrir qué ventajas proporciona el uso de funciones.
- Conocer la sintaxis de todas las alternativas posibles para escribir funciones.
- Entender cómo afecta el ámbito de las variables a los programas.
- Interiorizar el funcionamiento de los parámetros y sus tipos.
- Analizar todos los tipos de funciones y entender sus diferencias y propósitos.
- Introducir la estrategia recursiva para resolver problemas.
- Extender la funcionalidad de estructuras de datos usando funciones.

Contenidos

- 4.1. Ventajas
- 4.2. Anatomía de una función
- 4.3. Ámbito de variables y tipos de parámetros
- 4.4. Tipos de funciones
- 4.5. Recursividad
- 4.6. Más funcionalidad para las estructuras de datos

Introducción

Las funciones representan el corazón de la programación en JavaScript. Son de tal importancia que es prácticamente imposible encontrar un programa escrito en este lenguaje que no incluya un gran número de ellas. Su versatilidad, eficiencia y flexibilidad las convierten en una potente herramienta para desarrollar aplicaciones web complejas.

En esta unidad se verá a un nivel bastante alto qué puede conseguirse con ellas y tras su estudio se estará en disposición de adentrarse en el nivel más avanzado del desarrollo de aplicaciones web del lado cliente con JavaScript.

4.1. Ventajas

Las funciones vienen a resolver uno de los principales problemas de la programación estructurada. A la hora de desarrollar una aplicación se puede dar el caso de que entre la lista de tareas que resuelve hay una que se repite de manera constante a lo largo de todo el programa. Habría que reescribir el código que resuelve esa tarea muchas veces en distintos puntos del programa. Si en algún momento se detectara un error en esa solución, o por ejemplo se quisiera mejorar su eficiencia, habría que buscar todas las porciones del código donde aparece la solución y actualizarla. Lo cual es una tarea tediosa e improductiva que consume muchos recursos de forma innecesaria.

Las funciones resuelven este problema, de manera que puede crearse una función (asignarle un nombre) y dentro de ella resolver la tarea en cuestión. En todos los sitios del programa donde hubiera que incorporar la solución, simplemente se haría referencia a ese nombre. Si por cualquier motivo se tuviera que modificar esa pieza de código, se haría en un único punto del programa (donde se definió la función) y el cambio repercutiría a todo el programa.

Este concepto de encapsulamiento y reutilización es la base de la modularidad. Se trata de crear piezas de código (funciones) que resuelven problemas concretos, más pequeños que la solución global, y alcanzar esta última combinando varias de esas piezas. Al mismo tiempo, si en otro programa se presentara la necesidad de resolver la misma tarea u otra muy parecida, puede reutilizarse el código ya probado de la otra aplicación, lo que ahorra una cantidad enorme de tiempo de desarrollo. Dicho de otra manera, las funciones permiten reutilizar el código, mejorar la eficiencia, aumentar su legibilidad y reducir los costes de mantenimiento de los programas.

Actividad resuelta 4.1

***Login* modularizado**

Piensa en el proceso de inicio de sesión de una aplicación web cualquiera y crea una descomposición del problema en problemas más pequeños que podrías implementar con funciones.

Solución

En primer lugar, los procesos de inicio de sesión (la aparición del formulario de *login*) suelen activarse tras pulsar un botón. Esa podría ser la primera función: **muestraLogin()**.

Normalmente se puede acceder indicando un nombre y una contraseña o utilizando los procesos de *login* de otros servicios externos como Google o Facebook. Se podría crear una función para cada uno de esos sistemas de identificación: **loginGoogle(), loginFacebook(), loginUserPass()**. Dentro de cada una de las dos primeras se implementaría el acceso a la API de ambos servicios. En la tercera tendríamos que implementar nuestro propio proceso de autenticación.

En esta última función también podríamos tener una función para cada tarea común que suelen involucrar estos procesos: **checkForm()** para comprobar que se han introducido correctamente los datos y **forgotPass()** para iniciar el proceso de recuperación de la contraseña.

Toda esta estrategia puede granularse aún más hasta llegar a una descomposición más pequeña, aunque en este punto y para entender la modularidad podemos darnos por satisfechos.

4.2. Anatomía de una función

Existen muchos tipos de funciones, pero todas ellas y salvo contadas excepciones (que se verán más delante) comparten una serie de elementos que se indican en la Figura 4.1.

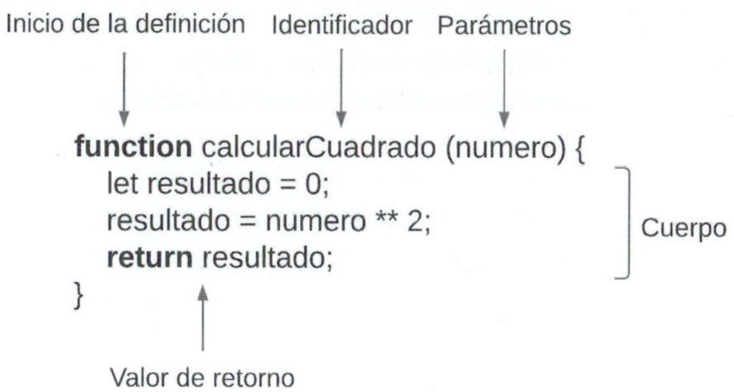

Figura 4.1. *Diagrama con los elementos constitutivos de una función en notación declarativa.*

El papel que juegan cada uno de estos elementos en la estructura de una función es el siguiente:

- **Inicio de la estructura:** una función comienza con la palabra clave **function.** Más adelante se verá que no tiene por qué ser así, ya que existen formas mucho más simplificadas de establecer la estructura de una función. Pero, de momento, se trata de transitar por el camino sencillo.

- **Identificador:** es el nombre que el programador asigna a la función. Es el nombre al que se hace referencia para ejecutar la función. Una vez más, es necesario puntualizar que esto no siempre es así, puesto que existen funciones anónimas.
- **Parámetros:** a una función se le pueden pasar datos desde el exterior, con los que puede trabajar en su interior. Entre los paréntesis es donde se especifica si recibe parámetros, cuántos, sus identificadores y otros elementos que se verán en secciones posteriores.
- **Cuerpo:** es el bloque de instrucciones que se ejecutan cuando se llama a la función, su utilidad, su propósito.
- **Valor de retorno:** es el valor opcional que la función devuelve al exterior, al punto del programa desde el que se la invocó. En JavaScript, a diferencia de otros lenguajes, no es obligatorio su uso.

4.2.1. Definición

Para poder usar (llamar o invocar) una función es necesario que se haya definido previamente.

Nota técnica

A veces tienden a confundirse los conceptos de definición y declaración, llegándose a utilizar de manera indistinta. Sin embargo, para programadores que dominan varios lenguajes de programación, esta circunstancia puede generarles problemas de comprensión si se mezclan los conceptos.

Una **declaración** es simplemente un prototipo que indica el nombre de un procedimiento o función, su identificador y su lista de parámetros (como ocurre en C).

Una **definición,** por su parte, incluye todo lo anterior y además el cuerpo en el que se especifican las operaciones que realiza (como ocurre en JavaScript).

Hay muchas formas de definir una función (como se verá más adelante); precisamente esa es una característica que da idea de la flexibilidad de las funciones en JavaScript, pero al menos al inicio se utilizará la conocida como **notación declarativa,** como en este ejemplo:

```
function mensajeAlerta() {
	alert("Cuidado, errores en el formulario");
}
```

Como se observa, la definición la inicia la palabra reservada **function,** seguida del identificador de la función, **mensajeAlerta,** una lista (en este caso vacía) de parámetros y un cuerpo de la función donde se incluyen las instrucciones que la componen. No se ha indicado un valor de retorno con **return** porque en este caso no tiene sentido, ya que simplemente su cometido es mostrar una ventana del navegador con el mensaje que aparece entre comillas.

Al incluir este código en un fichero y ejecutarlo en el navegador no se vería nada, puesto que para usar funciones no es suficiente con definirlas, sino que hay que invocarlas.

4.2.2. Invocación de una función

Para invocar a una función (llamarla o usarla son sinónimos) se utiliza su identificador junto con los parámetros que se desea pasarle. Por ejemplo:

```
mensajeAlerta();
```

Tras la ejecución de esa instrucción ya sí que se vería un resultado en el navegador (Figura 4.2).

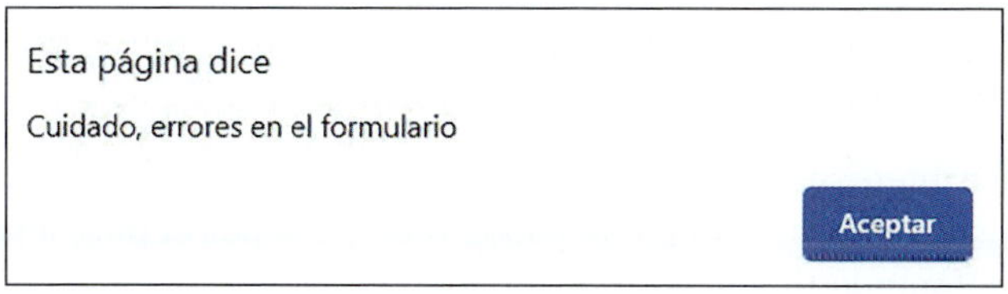

Figura 4.2. *Diálogo de alerta del navegador.*

También es importante recordar que, aunque una función se haya definido sin parámetros, hay que escribir los paréntesis igualmente.

¿Cómo sería el uso de una función que sí recibe parámetros? El siguiente ejemplo es una actualización de la función anterior:

```
function mensajeAlerta(mensajeExterior) {
        alert(mensajeExterior);
}
let mensajePersonalizado = "Error definido por el usuario";
mensajeAlerta(mensajePersonalizado);
```

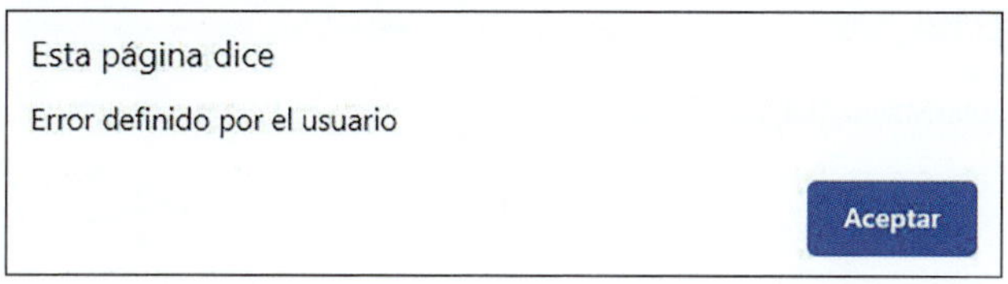

Figura 4.3. *Cuadro de diálogo de alerta del navegador.*

Ahora la función **mensajeAlerta** recibe un parámetro desde el exterior, precisamente el mensaje que se crea fuera de la función y que se ha incluido en la llamada de esta.

Para terminar de completar el repaso a la definición declarativa de funciones solo resta incluir algún valor de retorno. La siguiente función permite calcular la raíz cuadrada del número que se le pasa como parámetro:

```
function raizCuadrada(numero) {
        return (Math.sqrt(numero));
}
console.log(raizCuadrada(4)); // muestra 2
```

Se define la función **raizCuadrada** que recibe un parámetro llamado **número** y devuelve la raíz cuadrada de ese número con la ayuda de la librería **Math** integrada en JavaScript. Para ejecutar la función se la invoca incluyendo entre paréntesis el número 4, que será con el que trabaje la función en su interior.

Además, al tener la función definida con un valor de retorno, puede tratarse como si fuera una variable que contiene un valor (el que devuelve), de modo que es posible realizar invocaciones como las siguientes:

```
console.log(raizCuadrada(4+5)); // muestra 3
console.log(raizCuadrada(4)+raizCuadrada(9)); // muestra 5
console.log(raizCuadrada(raizCuadrada(16))); // muestra 2
console.log(raizCuadrada(11-3)); // muestra 2.8284271247461903
```

Otra característica interesante de las funciones es que desde su propio cuerpo se puede llamar a otras funciones, ya sean predefinidas o creadas por el programador. La prueba está en la función anterior. Tanto **sqrt()** como **log()** son funciones que se han usado dentro de una función definida por el programador, aunque podría haberse hecho con dos funciones personalizadas. Por ejemplo, el siguiente programa utiliza la función **raizCuadrada** dentro de otra función llamada **calcularMayor** cuyo cometido es calcular la mayor raíz cuadrada de los elementos de un *array*.

```
function raizCuadrada(numero) {
        return (Math.sqrt(numero));
}
function calcularMayor(vector) {
        let mayor = raizCuadrada(vector[0]);
        for (let i=0; i<vector.length; i++) {
                if (raizCuadrada(vector[i]) > mayor)
                        mayor = raizCuadrada(vector[i]);
        }
        return mayor;
}
console.log(calcularMayor([64,128,4,1024,16]));
// muestra 32
```

4.2.3. Valores de retorno

El valor de retorno de una función es realmente el dato más importante de la misma, puesto que es el resultado que la función devuelve a quien la invocó.

Siempre debe tenerse mucho cuidado con las expresiones que se indican en el **return** de una función puesto que, en ocasiones, la instrucción que invocó a la función está esperando un tipo de dato en concreto que no coincide con el tipo de dato que le está devolviendo la función. Lo cual suele ser una frecuente fuente de errores o inconsistencias en los programas.

Este otro ejemplo muestra una función que devuelve **true** si el número que recibe como parámetro es par, o **false** si es impar:

```
function esPar(numero) {
	if (numero%2 == 0)
		return true;
	else
		return false;
}
```

Si la función se invoca en esta pieza de código, su funcionamiento es el correcto:

```
if (esPar(4))
	console.log("El número es par");
else
	console.log("El número es impar");
```

Puesto que el resultado de evaluar la condición de un **if** debe ser un valor booleano, el trabajo se está haciendo correctamente. Sin embargo, véase este otro caso:

```
console.log(esPar(4)+5);
```

La operación se está realizando entre un valor booleano (el valor **true** devuelto por la función) y un número entero (el 5), lo que carece de sentido.

Por otro lado, la definición de la función **esPar** contiene una forma poco recomendada de trabajar con funciones. Al utilizar varios **return** dentro de una función no se obtiene un error, ni siquiera en el caso de que los dos **return** se encuentren uno a continuación del otro. La función termina en cuanto encuentre un **return** y es ese el valor que devuelve a quien la invocó. No obstante, es una práctica que no se recomienda.

En una función cuyo cuerpo son cuatro líneas de código, cualquier programador entenderá qué está ocurriendo, pero cuando el cuerpo de una función tiene cientos de líneas de código con múltiples **return** en distintas partes del mismo, la legibilidad y el seguimiento del flujo de ejecución se convierten en tareas extenuantes. Por todo ello, se recomienda que se incluya un solo **return** en cada función.

De esta manera, la función **esPar** se puede rescribir de este modo:

```
function esPar(numero) {
	let resultado = false;
	if (numero%2 == 0)
		resultado = true;
	return resultado;

}
```

Actividad resuelta 4.2

Soluciones de una ecuación de segundo grado

Crea una función que reciba tres parámetros (**a**, **b**, **c**) y devuelva un *array* con las soluciones de una ecuación de segundo grado, tras aplicar la famosa fórmula (-b+-sqrt(b**2 – 4*a*c))/2*a.

Solución

```
function ecuacionGrado2(a,b,c) {
        let soluciones = new Array();
        let parcial = b**2 - 4*a*c;
        if (parcial > 0) {
                soluciones[0] = (-b + Math.sqrt(parcial)) / (2*a);
                soluciones[1] = (-b - Math.sqrt(parcial)) / (2*a);
        }
        return soluciones;
}
```

Actividad propuesta 4.1

Descuentos

Escribe una función que reciba como parámetros un precio y un porcentaje de descuento y devuelva el precio nuevo.

4.3. Ámbito de variables y tipos de parámetros

Tanto el ámbito de las variables como el de los parámetros de las funciones son dos conceptos clave para sacar el mayor provecho posible a la utilidad que ofrecen las funciones. Es prácticamente imposible leer código JavaScript y entenderlo si no se dominan estas dos características del lenguaje.

4.3.1. Variables locales y globales

Cuando se habla de ámbito de las variables, se está haciendo referencia a aquellas zonas del programa donde una variable es «visible». Si una variable es visible (accesible) solo desde el interior de una función se dice que la variable es local a la función. Si, por el contrario, la variable es accesible desde cualquier parte del programa, se dice que la variable es global.

```
var mensaje = "Fuera de la función";
function mostrarAnuncio() {
        var mensaje = "Dentro de la función";
        console.log(mensaje);
}
mostrarAnuncio();
console.log(mensaje);
```

```
Dentro de la función
Fuera de la función
>
```

Figura 4.4. *Resultado en consola de la ejecución de un programa que muestra el ámbito de las variables.*

En este programa hay dos variables que se llaman igual, **mensaje**, pero a pesar de ello realiza su tarea correctamente. ¿Por qué la variable **mensaje** del interior de la función no ha machacado el valor de la variable **mensaje** de la primera línea de código? La respuesta está en el ámbito de las variables. La primera es global, se puede acceder desde cualquier parte del programa. La segunda es local, solo es accesible desde el interior de la función.

Para probar que la primera variable es global, en el siguiente ejemplo se elimina la variable **mensaje** del interior de la función:

```
var mensaje = "Fuera de la función";
function mostrarAnuncio() {
        console.log(mensaje);
}
mostrarAnuncio();
console.log(mensaje);
```

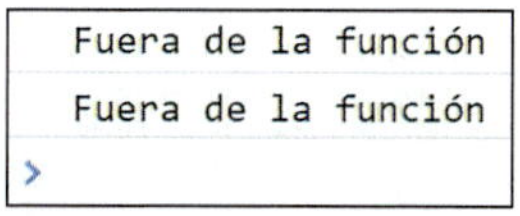

Figura 4.5. *Resultado de la ejecución evidenciando la visibilidad de la variable global.*

El resultado de la ejecución prueba que desde el interior de la función se puede acceder a la variable definida en su exterior.

En este otro ejemplo se hace lo contrario, se elimina la variable **mensaje** exterior y se deja la interior:

```
function mostrarAnuncio() {
        var mensaje = "Dentro de la función";
        console.log(mensaje);
}
mostrarAnuncio();
console.log(mensaje);
```

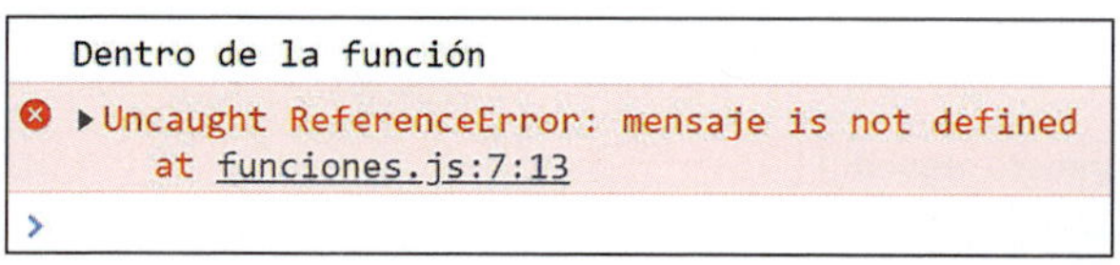

Figura 4.6. *Error lanzado por la consola tras no encontrar la definición de una variable.*

El intérprete lanza un error: la variable **mensaje** no está definida. Es decir, en el ámbito de la última instrucción del programa (ámbito global) no existe ninguna variable llamada **mensaje**. La variable **mensaje** que aparece en el código es local a la función y vive únicamente dentro de ella.

Recuerda

No se recomienda la utilización de variables globales en los programas. A menudo son muy problemáticas a la hora de depurarlos. Al ser accesibles desde cualquier punto del programa, las puede modificar cualquier función, por lo que localizar un error causado por una variable global suele convertirse en un auténtico dolor de cabeza.

4.3.2. Parámetros por valor y por referencia

Anteriormente se ha estudiado que los parámetros son esos valores que permiten la comunicación con las funciones. El carácter de los parámetros depende de si su modificación en el interior de la función afecta a su valor en el exterior de la función.

Para empezar este estudio, un primer ejemplo:

```
var numero1 = 7;
var numero2 = 8;
function menor(primero,segundo) {
        var elmenor = primero;
        if (segundo < primero)
                elmenor = segundo
        return elmenor;
}
console.log(menor(numero1,numero2));
```

En este código se crean dos variables en el programa principal llamadas **numero1** y **numero2.** Luego se define una función que calcula el menor de los dos números que recibe en los parámetros **primero** y **segundo.** Finalmente se realiza la invocación a la función pasándole como parámetros **numero1** y **numero2.**

Cuando la ejecución del programa llega a la última línea y se invoca a la función, automáticamente el valor de **número1** (7) se copia en la variable **primero,** y el valor de **numero2** (8) se copia en la variable **segundo.** Así, la función hace sus cálculos y devuelve el valor 7. La clave de este proceso reside en la expresión «se copia», porque si en el interior de la función se modifica el valor de **primero** o el de **segundo,** las variables globales **numero1** y **numero2** seguirían teniendo sus propios valores iniciales, como se muestra a continuación:

```
var numero1 = 7;
var numero2 = 8;
function menor(primero,segundo) {
        primero = 10;
        segundo = 21;
        var elmenor = primero;
        if (segundo < primero)
                elmenor = segundo
        return elmenor;
}
console.log(menor(numero1,numero2)); // muestra 10
console.log(numero1); // muestra 7
console.log(numero2); // muestra 8
```

Hasta ahora se ha visto el funcionamiento de los parámetros por valor. Los parámetros por referencia serían justo lo contrario. Si los parámetros **primero** y **segundo** se hubieran definido por referencia, las variables **numero1** y **numero2** tendrían los valores 10 y 21 respectivamente al acabar el programa.

Para establecer valores por referencia la mayoría de los lenguajes de programación tienen su propia sintaxis. Unos lenguajes definirían los parámetros como **menor (ref primero, ref segundo)**, otros como **menor (&primero, &segundo)** y otros como **menor (&$primero, &$segundo)**, o cualquier otra variante propia de los mismos. En JavaScript, en cambio, no existe esa posibilidad de calificar un parámetro cualquiera por referencia, sino que existen ciertas variables que cuando hacen referencia a un objeto, su propio identificador es ya una referencia.

En el Apartado 3.1.4 se estudió la operación de asignación de *arrays*. Al asignar un *array* a otro, no se copiaba el contenido de uno de ellos en el otro, sino que los dos identificadores de las variables apuntaban al mismo *array*, de manera que al operar con una variable se veía afectado el contenido de la otra. Ambos identificadores eran referencias al mismo *array*.

Reescribiendo la función anterior puede calcularse el menor de los elementos de un *array* de enteros positivos. Además, en aquella posición donde se detecte el menor, se cambiará su valor a -1. Esto es lo que ocurre:

```
var vector = [6,2,9,5,3];
function menor(elarray) {
	var elmenor = elarray[0];
	var posicion = 0;
	for (let i=0; i<elarray.length; i++)
			if (elarray[i] < elmenor) {
					elmenor = elarray[i];
					posicion = i;
			}
	elarray[posicion] = -1;
	return elmenor;
}
console.log(menor(vector));
console.log(vector);
```

```
2
▸ (5) [6, -1, 9, 5, 3]
>
```

Figura 4.7. *Evidencia del paso de* arrays *por referencia.*

El programa ha realizado correctamente el cálculo y ha devuelto el menor de los elementos. También ha colocado -1 en la posición que ocupaba el menor. Pero al mostrar la variable **vector** se ve que su contenido ya no es el que era en la primera línea del programa, [6,2,9,5,3], sino que la modificación realizada por la variable **elarray** en el interior de la función ha afectado al contenido de la variable **vector.** ¿Por qué? Porque los *arrays* siempre se pasan por referencia.

¿Cuáles son los tipos de datos que se pasan por referencia entonces? Los objetos (entre los que se encuentran los *arrays*, los conjuntos y los mapas), aunque para entender completamente esto hay que seguir avanzando en el estudio de JavaScript y descubrir otros objetos comunes del lenguaje.

Actividad resuelta 4.3

Limpieza de los mapas

Escribe una función que elimine de un mapa que almacena los códigos postales de localidades españolas todos los códigos postales que no tengan cinco dígitos. Crea el mapa, añade cinco localidades con un código postal erróneo y comprueba que la función realiza su cometido correctamente. Indica qué tipo de parámetro es el que has usado y por qué.

Solución

```
let mapa = new Map();
mapa.set("41700","Dos Hermanas");
mapa.set("21440","Lepe");
mapa.set("11160","Barbate");
mapa.set("1138","Tarifa");
mapa.set("41013","Sevilla");
function checkMap(unMapa) {
        for (let [clave,valor] of unMapa)
                if (clave.length != 5)
                        unMapa.delete(clave);
}
checkMap(mapa);
console.info(mapa);
```

El parámetro **unMapa** ha pasado por referencia a la función, puesto que los cambios que se le han hecho en su interior siguen estando vigentes en el exterior.

4.3.3. Parámetros por defecto

En algunas ocasiones, al definir una función se da la circunstancia de usar la función con los mismos parámetros. En otros escenarios se quiere prevenir que al programador se le olvide especificar uno o varios parámetros. Y, por último, en otras situaciones se desea que la llamada a ciertas funciones sea lo más rápida y sintética posible. En todos estos casos descritos se necesita un mecanismo que permita obviar el uso de parámetros y que la función siga haciendo su trabajo correctamente. La solución consiste en utilizar parámetros por defecto (o predeterminados), de manera que en la definición de la función puedan establecerse unos valores predeterminados en aquellos parámetros que interesen. Si en la invocación no se especifican valores para esos parámetros, tomarán los que se asignaron por defecto. Y si se especifican, sustituirán a los valores predeterminados.

En el siguiente ejemplo se define una función que recibe dos parámetros, el segundo de ellos con un valor predeterminado. Así, en la primera invocación se está dividiendo 4 entre 1, en la segunda 4 entre 2 y en la tercera **undefined** entre 1. Esto quiere decir que en JavaScript, en realidad, todos los parámetros tienen establecido un valor predeterminado: **undefined.**

```
function dividir(numerador, denominador=1) {
        return (numerador/denominador);
}
console.log(dividir(4)); // muestra 4
console.log(dividir(4,2)); // muestra 2
console.log(dividir()); // muestra NaN
```

Por otro lado, hay que tener cuidado al establecer los valores predeterminados y no olvidar que la asignación de valores a los parámetros se hace siempre de izquierda a derecha. Si se modifica la función anterior para que el primer parámetro tenga un valor predeterminado y el segundo no, no se puede invocar a la función con un solo parámetro, porque este se asignará al primer parámetro de la función, no al que no tenga valor, que es el segundo:

```
function dividir(numerador=1, denominador) {
        return (numerador/denominador);
}
console.log(dividir(4)); // muestra NaN
console.log(dividir(4,2)); // muestra 2
console.log(dividir()); // muestra NaN
```

En la primera invocación a la función se pasa un parámetro que se copia en **numerador,** sustituyendo a su valor predeterminado, y al no haber indicado un segundo parámetro la operación que se está haciendo es 4 entre **undefined,** o sea **NaN.**

En resumen, para utilizar parámetros predeterminados deben colocarse al final de la lista de parámetros.

Actividad propuesta 4.2

Partida de dados

Escribe una función que reciba como parámetro un número entero (número de rondas de la partida), por defecto establecido a 5. Debes simular una partida de dados con lanzamientos aleatorios. Hay dos jugadores que lanzan dos dados una vez en cada ronda. La suma de los dados se anota y se pasa a la siguiente ronda. Al final de todas las rondas el programa debe proporcionar un ganador y mostrar las puntuaciones acumuladas de ambos. El programa debe funcionar correctamente tras atender estas llamadas:

```
jugar();
jugar(3);
jugar(10);
```

4.3.4. Parámetros variables

Existe otra manera muy útil y flexible de utilizar parámetros, aunque propensa a errores si no se conoce bien el programa, que es utilizar un número variable de ellos.

En esta variante no es necesario especificar en la definición de la función cuántos son ni cómo se llaman los parámetros que utiliza. En lugar de ello, se utiliza un objeto disponible en JavaScript llamado **arguments**, que contiene un *array* que almacena todos los argumentos que se han indicado en la invocación a la función.

```
function sumaTodo() {
        let sum = 0;
        for (let i = 0; i < arguments.length; i++)
                sum += arguments[i];
        return sum;
}
x = sumaTodo(11, 22, 33, 44, 55);
console.log(x);
```

En la definición de esta función no se han especificado parámetros; sin embargo, es capaz de gestionar una invocación con cinco parámetros. Se consigue usando el objeto **arguments** de JavaScript.

La otra opción para trabajar con parámetros variables es utilizar un viejo amigo, el operador de propagación. En este contexto el operador de propagación convierte la lista de parámetros usados en la invocación a una función en un *array* donde cada posición almacena un parámetro:

```
function sumaTodo(...parametros) {
        let sum = 0;
        for (let i = 0; i < parametros.length; i++)
                sum += parametros[i];
        return sum;
}
x = sumaTodo(11, 22, 33, 44, 55);
console.log(x);
```

Actividad propuesta 4.3

Adivina la palabra

Escribe una función que, a partir de una palabra establecida por el programador, reciba como parámetros un número variable de letras y muestre en pantalla solo las coincidencias entre la palabra secreta y las letras proporcionadas.

Por ejemplo, si la palabra secreta establecida es «sargento» y se ha invocado a la función como **adivina('a','e','i','o','u','d','n')**, la salida del programa debe ser **-a--en-o.**

4.4. Tipos de funciones

Esta sección podría comenzar diciendo «bienvenidos al corazón de JavaScript», porque en las próximas líneas se estudiarán todas las formas que existen de definir y utilizar funciones, auténtico motor de la lógica de los programas. Tras interiorizar esta sección, se habrá dado un paso de gigante para poder leer y entender cualquier pieza de código JavaScript.

4.4.1. Funciones por declaración

Estas son las funciones que se han visto a lo largo de esta unidad. Esta forma de definir funciones es la más común, la más sencilla de entender y la que más se parece a la forma de definir funciones en todos los lenguajes de programación.

Las funciones definidas por declaración existen y están disponibles a lo largo de todo el código del programa. Además, pueden invocarse incluso antes de ser definidas, puesto que JavaScript «peina» el código para buscar sus definiciones y luego ejecuta todo el código secuencialmente.

```
let resultado = multiplicar(7,5);
function multiplicar(a,b) {
        return a*b;
}
console.log(resultado); // muestra 35
```

4.4.2. Funciones por expresión

En este tipo de funciones lo que se pretende es relacionar la definición de una función con el identificador de una variable. Por así decirlo, es como almacenar una función en una variable, de manera que al utilizar esa variable lo que se hace es invocar a su función almacenada.

```
const bienvenido = function sesionIniciada() {
        console.log("Bienvenido de nuevo");
};
bienvenido();
sesionIniciada();
```

Al observar la ejecución del código anterior se aprecia que, en realidad, el identificador de la función (**sesionIniciada**) carece completamente de utilidad, puesto que ahora para acceder a la función hay que hacerlo usando el identificador de la variable **bienvenido.**

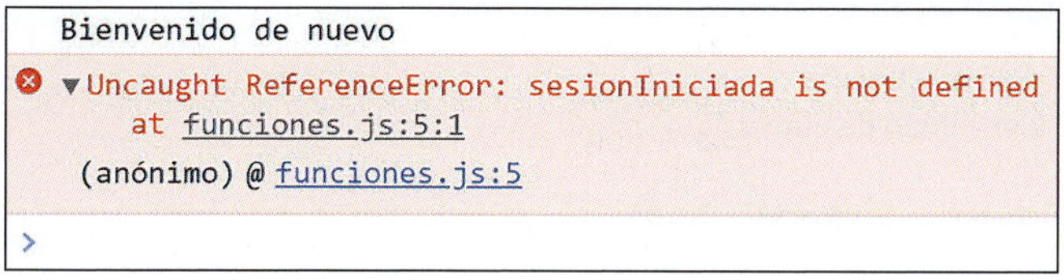

Figura 4.8. *Resultado en consola donde se evidencia que el nombre de la función no se puede referenciar directamente.*

4.4.3. Funciones como objetos

Se ha incluido esta variante, muy poco utilizada, solo para ilustrar hasta qué punto en JavaScript todo es un objeto (en la próxima unidad se estudiará todo lo relacionado con ellos).

```
const bienvenido = new Function("console.log('Bienvenido de nuevo');");
bienvenido();
```

4.4.4. Funciones anónimas

También llamadas **funciones lambda.** Se llaman anónimas porque no tienen un identificador de función asociado. Se ha visto recientemente, repasando las funciones por expresión, que realmente el identificador de la función, a pesar de estar, no tiene utilidad. ¿Por qué indicarlo entonces? Al retirarlo la función ya es anónima:

```
const bienvenido = function () {
	console.log("Bienvenido de nuevo");
};
bienvenido();
```

Además, es importante destacar que existe una diferencia significativa entre este tipo de funciones y las funciones declarativas. En el caso de las funciones anónimas, como se ha ligado su uso a una variable, hasta que la variable no esté inicializada no se puede utilizar, como el resto de las variables. Es preciso recordar que esto no ocurría con las funciones declarativas, que pueden invocarse en el código antes de que estén definidas.

Actividad propuesta 4.4

Cadenas invertidas

Crea una función anónima vinculada a una variable llamada **invertida** que reciba una cadena de texto y la devuelva invertida (transformada de derecha a izquierda).

Por ejemplo, si la cadena recibida es «almadraba» debe devolver «abardamla».

4.4.5. *Callbacks*

Una *callback* es una función anónima que puede pasarse como parámetro a otra función. La estrategia es definir una función que, al ser anónima, se vincula a una variable, y luego se utiliza esa variable como parámetro de otra función, de manera que esta última función pueda ejecutar el contenido de la primera.

```
const bienvenido = function () {
	return "Bienvenido de nuevo, ";
};
const usuario = function (callback) {
	console.log(callback() + "Javier");
};
usuario(bienvenido); // muestra "Bienvenido de nuevo, Javier"
```

En muchas ocasiones, como en el ejemplo que se está viendo, ni siquiera sale a cuenta vincular una función anónima a una variable, sino que directamente en la invocación a la función se utilizan los parámetros para definir la función anónima:

```
const usuario = function (callback) {
	console.log(callback() + "Javier");
};
usuario(
	function () {
```

```
                return "Bienvenido de nuevo, ";
        }
);
```

Sin embargo, para funciones más extensas siempre es recomendable utilizar la primera forma de programar *callbacks* que se ha visto, ya que mejora mucho la legibilidad y el seguimiento del código.

4.4.6. Funciones autoejecutables

Podría tener sentido también, en ciertos escenarios, ejecutar una función inmediatamente después de crearla, por ejemplo, en cuanto el intérprete de JavaScript esté disponible, tras la carga de una web. Para eso están las funciones autoejecutables. La idea es incluir entre paréntesis una función sin identificador que será invocada tan pronto como el intérprete pase por su definición:

```
(function () {
        console.log("Bienvenido de nuevo");
})();
```

Es conveniente observar cómo termina esta definición. Efectivamente, no hay ningún motivo por el que no se pueda pasar parámetros a esta función:

```
(function (usuario) {
        console.log("Bienvenido de nuevo, "+usuario);
})("Javier");
```

Por último, hay que tener cuidado y entender qué ocurre al asignar una función autoejecutable a una variable. La función sí que se va a ejecutar de forma automática se utilice o no la variable, a diferencia de las funciones anónimas, en las que la función solo se ejecuta cuando se usa la variable.

```
const variable = (function (usuario) {
        return ("Bienvenido de nuevo, "+usuario);
})("Javier");
console.log(variable);
```

Actividad propuesta 4.5

Sello temporal

Crea una función autoejecutable que informe por consola de la fecha y la hora a la que se inició la ejecución de la función.

Nota: investiga el uso del objeto **Date** para facilitar el formato de los datos de salida.

4.4.7. Clausuras

Este concepto antintuitivo de las funciones cuesta un poco más de entender. Siempre se ha dicho que las variables locales a una función dejan de estar accesibles tan pronto como finaliza la ejecución de la función. Hasta ahora.

Como se decía anteriormente y tomando como referencia el siguiente código, y como se entendían las funciones, una vez que la función **mensaje** haya terminado de ejecutarse se supone que ya no se podrá acceder a la variable **texto.** Sin embargo, al observar la salida de la ejecución de este programa se ve que esto no es así (Figura 4.9).

```
function mensaje() {
        let texto = "Hola de nuevo.";
        function muestraMensaje() {
                console.log(texto);
        }
        return muestraMensaje;
}
let variable = mensaje();
variable();
```

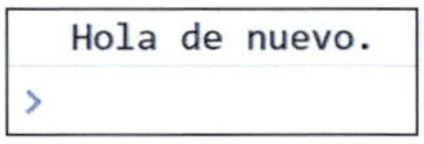

Figura 4.9. *Resultado novedoso tras el estudio del ámbito de las variables.*

Esto sucede porque **variable** se ha convertido en una clausura, que incluye tanto una función como el contexto en el que se creó esa función. El contexto está formado por las variables locales que estaban en el ámbito de la función cuando se creó la clausura.

Quizás el lector no sea capaz todavía de entender cuál es la utilidad de una lógica tan enrevesada, pero lo hará en cuanto estudie los objetos, los eventos y la combinación de estos.

4.4.8. Funciones flecha

Las funciones flecha, por su parte, son simplemente una forma simplificada de definir funciones, de manera que puede eliminarse la palabra **function** y usar **=>** en su lugar, de ahí su nombre.

```
const mensaje = () => { console.log ("Hola de nuevo."); };
mensaje();
```

Pero las ventajas de la definición de funciones flecha no queda solo en su capacidad de síntesis, sino que aporta algunas otras, como las siguientes:

- Las llaves se pueden omitir si el cuerpo de la función tiene una sola línea, como en este caso:

  ```
  const mensaje = () => console.log ("Hola de nuevo.");
  ```

- En el caso anterior, si la función tuviera un **return**, también se podría obviar porque se haría de forma automática.
- En el caso de que la función tuviera un solo parámetro, también se podría prescindir de los paréntesis iniciales:

  ```
  const mensaje = nombre => console.log("Hola de nuevo, " + nombre);
  mensaje("Javier");
  ```

- Aumentan considerablemente la legibilidad del código.
- Mejora la productividad de los programadores.

Actividad propuesta 4.6

Mayor cadena

Escribe una función flecha que reciba dos cadenas de caracteres e informe por consola de aquella que contiene más vocales.

4.5. Recursividad

La recursividad es la capacidad que tienen las funciones de llamarse a sí mismas. Es una técnica de programación peligrosa (puede generar llamadas infinitas y desbordar la pila del sistema), pero está considerada una forma muy elegante de resolver problemas. A veces, se presentan problemas complejos de resolver y tras darles un enfoque recursivo aparecen soluciones extraordinariamente simples.

A modo de ejemplo, véase la sucesión de Fibonacci, una serie numérica en la que cada elemento es la suma de los dos anteriores: 1,1,2,3,5,8,13,21...). ¿Cómo se resolvería el problema de tener que programar un algoritmo que muestre los *n* primeros elementos de la sucesión de Fibonacci? Antes de continuar, es recomendable tomarse un tiempo e intentar resolverlo.

```
function fibo(numero) {
        if (numero < 2)
                return 1;
        else
                return fibo(numero-1) + fibo(numero-2);
}
let elementos = 10;
for (let i=0; i<elementos; i++)
        console.log(fibo(i));
```

Como se puede apreciar, se ha creado una función que calcula cada uno de los elementos de la sucesión y luego con un bucle se muestran en pantalla.

Lo realmente interesante de la recursividad es que no es un proceso en el que se vaya completamente a ciegas, sino que existe una estrategia básica que incorporan todos los algoritmos que usan este recurso: **caso base + caso recursivo.**

Siempre que se plantee un problema de este tipo debe buscarse el caso base, es decir, aquel caso en el que no es necesario seguir invocando a la función, el caso en el que la recursividad se detiene. En este ejemplo, la recursividad debe parar al estar en el elemento 0 o 1 (**numero** < 2), puesto que sería el inicio de la sucesión. Todos los demás casos necesitarán invocar a la función puesto que cada elemento de Fibonacci es la suma de los dos anteriores [**fibo (numero-1)** + **fibo (numero-2)**].

Véase cómo se ha calculado el quinto elemento de la serie [fibo (4)], porque solo viendo la sucesión de llamadas a la función puede entenderse qué ha ocurrido:

```
fibo(4)
fibo(3)+fibo(2)
(fibo(2)+fibo(1))+(fibo(1)+fibo(0))
((fibo(1)+fibo(0))+fibo(1))+(fibo(1)+fibo(0))
((fibo(1)+fibo(0))+fibo(1))+(fibo(1)+1)
((fibo(1)+fibo(0))+fibo(1))+(1+1)
((fibo(1)+fibo(0))+1)+(1+1)
((fibo(1)+1)+1)+(1+1)
((1+1)+1)+(1+1)
((1+1)+1)+2
((2)+1)+2
3+2
5
```

Quizás quede más claro planteando el problema de calcular el factorial de un número *n* (producto de todos los números anteriores). El factorial de 5, expresado como 5!, sería 5*4*3*2*1. Es decir, *n*(n*-1), tantas veces como sea necesario hasta llegar a 1.

Siguiendo el razonamiento anterior, la recursividad debe parar cuando *n* valga 1, pues ese es el caso base. En el resto de los casos, debe ser *n** el resultado de llamar otra vez a la función con *n*-1.

```
function factorial(n) {
	if (n<=1)
			return 1;
	else
			return n*factorial(n-1);
}
console.log(factorial(4)); // muestra 24
```

Volviendo a hacer la sucesión de invocaciones, se observa lo siguiente:

```
factorial(4)
4 * factorial(3)
4 * 3 * factorial(2)
4 * 3 * 2 * factorial(1)
4 * 3 * 2 * 1
4 * 3 * 2
4 * 6
24
```

Importante

En general, las soluciones recursivas son mucho más costosas computacionalmente que las soluciones iterativas, por lo que se recomienda que se recurra a la recursividad solo en aquellos casos en los que la solución iterativa no sea posible.

Actividad resuelta 4.4

¿Es palíndroma?

Escribe una función recursiva que indique si la palabra que le pasas como parámetro es palíndroma (devuelve **true**) o no (devuelve **false**).

Nota: una palabra palíndroma es aquella que se lee igual de izquierda a derecha que de derecha a izquierda, como «SOS», «rajar» u «orejero».

Solución

```
function palindroma(cadena) {
        if (cadena.length <= 1) {
                return true;
        }
        if (cadena[0] !== cadena[cadena.length - 1]) {
                return false;
        }
        else {
                return palindroma(cadena.substring(1,cadena.length-1));
        }
}
console.log(palindroma("orejero")); // devuelve true
```

4.6. Más funcionalidad para las estructuras de datos

En la unidad anterior, al estudiar las estructuras de datos, quedaron pendientes algunos conceptos que mejoran su funcionalidad, porque era preciso conocer antes y en profundidad las funciones. Ha llegado el momento de abordar su estudio.

4.6.1. Ordenación avanzada de *arrays*

El siguiente ejemplo es la pieza de código con la que se estudió la ordenación de un *array* de cadenas de caracteres.

```
let vector = ["Casado","casa","prueba","zancos","ñam"];
vector.sort();
// ordenación esperada -> ['casa', 'Casado', 'ñam', prueba', 'zancos']
// ordenación obtenida -> ['Casado', 'casa', 'prueba', 'zancos', 'ñam']
```

El problema, como se aprecia en los comentarios del código anterior, es que la ordenación se realiza considerando la posición que ocupa cada carácter en la tabla Unicode.

Pero la función **sort** deja abierta la posibilidad de incluir una *callback* que permita establecer un criterio de ordenación personalizado. Esta función debe recibir dos parámetros, de manera que la función devuelva:

- **< 0:** se sitúa el primero en un índice menor que el segundo, es decir, aparece antes.
- **= 0:** no se realizan cambios entre ellos.
- **> 0:** se sitúa el segundo en un índice menor que el primero, es decir, aparece antes.

La primera mejora que se puede añadir es situar las palabras más cortas al principio del *array:*

```
let vector = ["Casado","casa","prueba","zancos","ñam"];
vector.sort((primera,segunda)=>primera.length-segunda.length);
// Ordenación obtenida -> ['ñam', 'casa', 'Casado', 'prueba', 'zancos']
```

Una vez hecho esto (por la simplicidad de la *callback* se opta por utilizar la notación flecha), se aplica la ordenación estricta del español, es decir, situar a la «ñ» entre la «n» y la «o», y también obviar las mayúsculas y minúsculas. Para ello se puede utilizar una función destinada a la comparación de cadenas de caracteres de un idioma determinado que se pasa como parámetro, **localeCompare**():

```
let vector = ["Casado","casa","prueba","zancos","ñam"];
vector.sort((primera,segunda)=>primera.length-segunda.length);
vector.sort((primera,segunda)=>primera.localeCompare(segunda,"es"));
// Ordenación obtenida -> ['casa', 'Casado', 'ñam', 'prueba', 'zancos']
```

Como se ve, el conocimiento de las funciones aporta en solo dos líneas una ordenación completamente personalizada, que de otro modo habría necesitado docenas de líneas.

Actividad resuelta 4.5

Pares primero, pero en orden

Escribe una función que dado un *array* de enteros positivos lo ordene, pero además sitúe a los pares al principio del *array*. Ambos grupos deben estar también ordenados.

Solución

Para abordar la solución propuesta, hemos realizado una primera ordenación por defecto para colocar todos los elementos de menor a mayor. Después, con una segunda ordenación, hemos desplazado los pares al inicio del *array*. Y, finalmente, con la tercera ordenación, hemos ordenado los pares, porque los impares ya aparecen ordenados.

```
let vector = [5,7,3,1,4,9,2,6,8];
vector.sort();
vector.sort(
        (primero,segundo)=>{
                if (primero%2 == 0)
                        return -1;
                else
                        return 0;
        }
);
vector.sort(
        (primero,segundo)=>{
                if ((primero%2 == 0) && (segundo>primero))
                        return -1;
                else
                        return 0;
        }
);
console.info(vector);
```

4.6.2. Recorridos elegantes con forEach

Se trata de la última variante de **for** que quedó pendiente de estudio tras repasar los recorridos de *arrays*, conjuntos y mapas.

forEach permite configurar un recorrido usando una función que recibe dos parámetros, el primero almacenará automáticamente cada elemento y el segundo (opcional) su índice.

Además, aplica a los elementos **undefined** el mismo tratamiento que **for..in**, es decir, no los tiene en cuenta.

- ***Arrays:***

```
let vector = [12,334,111,52,98];
vector.forEach(function (elemento, posicion){
        console.log(`Posición ${posicion}: ${elemento}`);
});
```

```
Posición 0: 12
Posición 1: 334
Posición 2: 111
Posición 3: 52
Posición 4: 98
>
```

Figura 4.10. *Salida de* forEach *tras recorrer un* array.

- **Conjuntos:**

```
let conjunto = new Set();
conjunto.add(12).add(334).add(111).add(52).add(98);
conjunto.forEach(function (elemento){
        console.log(`Elemento: ${elemento}`);
});
```

```
Elemento: 12
Elemento: 334
Elemento: 111
Elemento: 52
Elemento: 98
>
```

Figura 4.11. *Salida de* forEach *tras recorrer un conjunto.*

- **Mapas:**

```
let mapa = new Map();
mapa.set('a',12).set('b',334).set('c',111).set('d',52).set('e',98);
mapa.forEach(function (valor,clave){
        console.log(`Clave: ${clave} / Valor: ${valor}`);
});
```

```
Clave: a / Valor: 12
Clave: b / Valor: 334
Clave: c / Valor: 111
Clave: d / Valor: 52
Clave: e / Valor: 98
>
```

Figura 4.12. *Salida de* forEach *tras recorrer un mapa.*

4.6.3. Recorridos avanzados de *arrays*

Los dos métodos que se verán a continuación para recorrer *arrays* son algunas de esas funcionalidades que a veces se olvidan y que pueden ahorrar mucho tiempo de desarrollo.

Map

Es una función, establecida mediante una *callback* con un parámetro, que no modifica el contenido del *array* y que devuelve una copia con los cambios aplicados por la función.

En el siguiente ejemplo se ve cómo puede ayudar para obtener un *array* de precios con IVA a partir de otro sin IVA:

```
let sinIVA = [12.45,34.42,99.90,49.95];
let conIVA = sinIVA.map(x=>(x*1.21).toFixed(2));
```

La función **toFixed**() se ha usado simplemente para formatear el resultado de las operaciones a dos decimales.

```
▸ (4) [12.45, 34.42, 99.9, 49.95]
▸ (4) ['15.06', '41.65', '120.88', '60.44']
>
```

Figura 4.13. *Resultado del recorrido de un* array *con* map.

Filter

Es una función muy utilizada. Al igual que la anterior, recibe una *callback* con un parámetro que va recogiendo el valor de cada elemento del *array*. En cada iteración comprueba si el elemento cumple con una condición específica. Finalmente devuelve un *array* con aquellos elementos que han cumplido la condición.

```
let playas = ["Hierbabuena","Caños","Zahara","Carmen","Palmar"];
let filtradas = playas.filter(elemento=>elemento.length!=6);
```

De esta forma, se crea un *array* con aquellos elementos cuya longitud es mayor o menor de seis caracteres.

```
▸ (5) ['Hierbabuena', 'Caños', 'Zahara', 'Carmen', 'Palmar']
▸ (2) ['Hierbabuena', 'Caños']
>
```

Figura 4.14. *Resultado del filtrado de un* array *con filter.*

Actividad propuesta 4.7

Sin tildes

Escribe una función que haciendo uso de **filter** genere un *array* a partir de los elementos de otro *array* que contiene cadenas de caracteres, sin los elementos que contengan tildes.

MAPA CONCEPTUAL

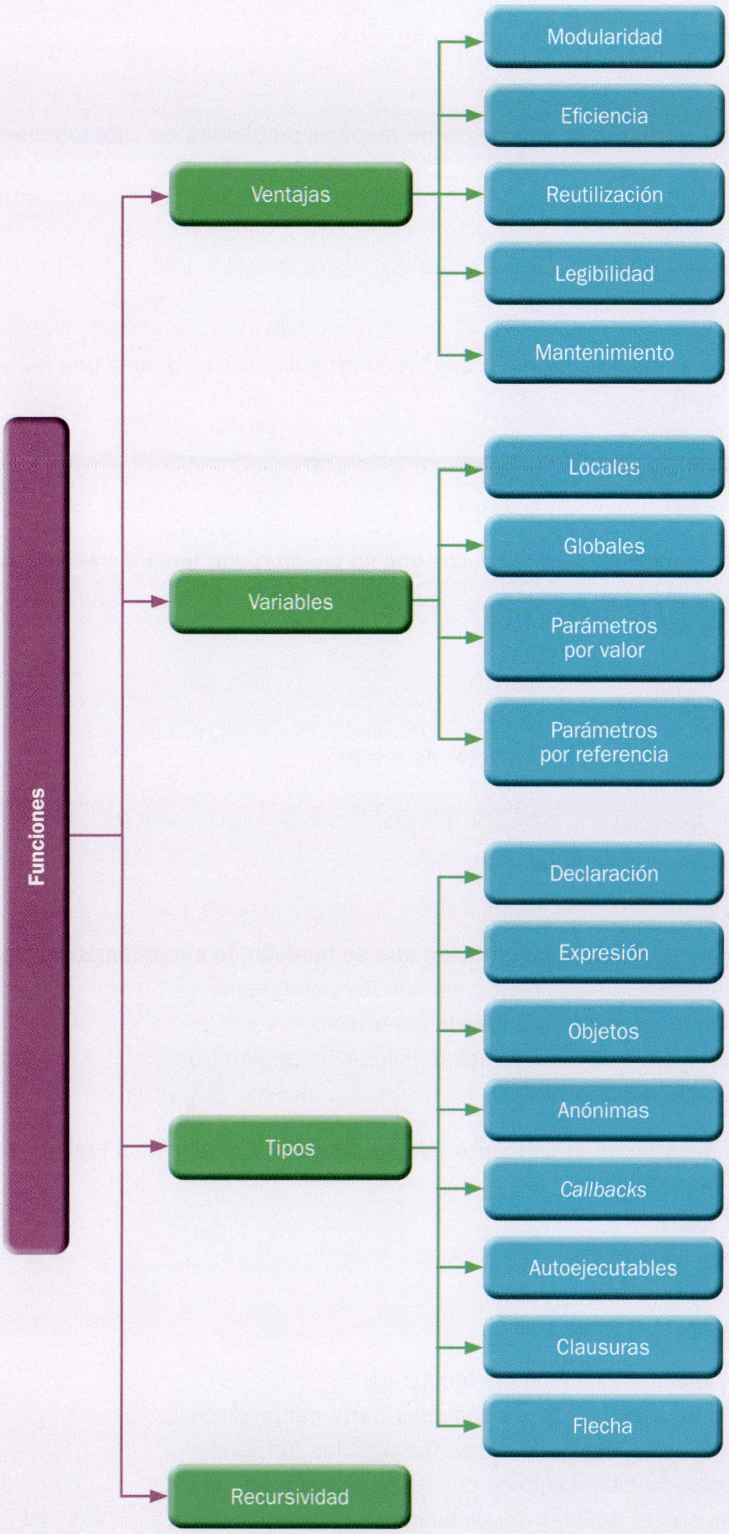

Actividades de comprobación

4.1. ¿Cómo se llama la estrategia de resolver problemas en subproblemas más pequeños?

a) División.
b) Modularidad.
c) Distribución.
d) Desacoplamiento.

4.2. ¿Cómo se llama el nombre que los programadores asignan a una función?

a) *Label.*
b) Etiqueta.
c) Identificador.
d) Código.

4.3. ¿Qué nombre reciben los datos que se pasan a una función desde el exterior?

a) Señales.
b) Mensajes.
c) Variables.
d) Parámetros.

4.4. Al definir una función, el valor de retorno:

a) Es obligatorio.
b) Es opcional.
c) Da igual si se pone o no.
d) Está prohibido.

4.5. Cuando se invoca a una función que se ha definido sin parámetros:

a) Es necesario igualmente escribir los paréntesis.
b) No es necesario escribir los paréntesis.
c) No puede haber funciones definidas sin parámetros.
d) Es una función inútil.

4.6. ¿Cómo se llama el concepto que se define como «aquellos lugares donde son visibles las variables»?

a) Rango.
b) Sección.
c) Ámbito.
d) Área.

4.7. Las variables locales a las funciones:

a) Son accesibles desde cualquier parte del programa.
b) Son accesibles solo desde fuera de las funciones.
c) Son accesibles solo en el interior de las funciones.
d) No son accesibles desde ninguna parte del código.

4.8. ¿Qué nombre reciben los parámetros que, tras ser modificados en el interior de una función, permanecen modificados fuera de la función?

a) Parámetros locales.
b) Parámetros globales.
c) Parámetros por valor.
d) Parámetros por referencia.

4.9. Si en la definición de una función tuvieras que establecer tres parámetros y dos de ellos tuvieran valores predeterminados, ¿dónde los situarías en la lista de parámetros?

a) Ambos al principio.
b) Ambos al final.
c) Uno al principio y otro al final.
d) Solo se permite un parámetro por defecto en cada función.

4.10. ¿Cuáles son las estrategias para gestionar parámetros variables?

a) *Arrays* y conjuntos.
b) Mapas y vectores.
c) Objeto **arguments** y operador de propagación.
d) Objeto **string** y operador de concatenación.

4.11. ¿De qué tipo es esta función?

```
const bienvenido = function () {
        console.log("Bienvenido de nuevo");
};
```

a) Declarativa.
b) Flecha.
c) Anónima.
d) *Callback*.

4.12. Si una función autoejecutable se asigna a una variable, ¿cuándo se ejecuta?

a) En cuanto se use la variable.
b) En cuando el intérprete lea la variable.
c) En cuanto se use el identificador de la función.
d) En cuanto el intérprete lea la función.

4.13. En una clausura, las variables locales a la función:

a) Dejan de ser accesibles tan pronto como finaliza la ejecución de la función.
b) Son accesibles incluso después de finalizar la ejecución de la función.
c) Solo son accesibles antes de que comience la ejecución de la función.
d) No existen.

4.14. Cuando el cuerpo de una función flecha está formado por una sola instrucción:

a) Puedes omitir los paréntesis de los parámetros.
b) Puedes omitir el nombre de la función.
c) Puedes omitir **return.**
d) Puedes omitir la flecha, **=>.**

4.15. De forma general se recomienda escribir funciones recursivas:

a) Siempre.
b) Nunca.
c) Cuando se puede resolver con métodos iterativos.
d) Cuando no se puede resolver con métodos iterativos.

4.16. En una función recursiva, ¿qué representa el caso base?

a) El caso en el que la recursividad para.
b) El caso en el que la recursividad continúa con más llamadas a la función.
c) El caso en el que se devuelven los resultados.
d) El caso en el que se desborda la pila del sistema.

4.17. ¿Qué tipo de funciones usa el método forEach?

a) Autoejecutables.
b) Recursivas.
c) Anónimas.
d) Declarativas.

4.18. ¿Qué es una *callback*?

a) Una función que forma parte de la API de llamadas (perdidas) en los *smartphones*.
b) Una función que se llama siempre la última.
c) Una función anónima que puedes pasar como parámetro a otra función.
d) Una función autoejecutable que no espera.

4.19. ¿Qué ocurre si invocas a una función por expresión usando su identificador?

a) Nada, se ejecuta con normalidad.
b) Las funciones por expresión no tienen identificador.
c) Generará un error.
d) Devolverá **true** si la función existe o **false** en caso contrario.

4.20. ¿Qué significa ...x como parámetro?

a) **x** es el nombre del cuarto parámetro.
b) **x** es un *array* donde cada posición almacena un parámetro.
c) Cada punto significa que es un parámetro sin nombre y el cuarto lleva por nombre **x.**
d) Nada, es una expresión mal escrita que generará un error.

Actividades de aplicación

4.21. Crea una función que devuelva como grados Celsius la cantidad en grados Fahrenheit que recibe como parámetro.

4.22. Escribe una función que indique si un número que recibe como parámetro es múltiplo de 10.

4.23. Programa una función que determine si un año que recibe como parámetro es bisiesto.

ACTIVIDADES FINALES

4.24. Crea una función que muestre la tabla de multiplicar del número que recibe como parámetro.

4.25. Crea una función que devuelva la letra del DNI que recibe como parámetro.

4.26. Escribe una función que reciba como parámetro un *array* de 3x3 y lo devuelva modificado con todos sus elementos a 0 excepto la diagonal principal.

4.27. Crea una función autoejecutable que muestre el mensaje «Comenzando...» y tres segundos después escriba «Finalizado.».

4.28. Programa una función que reciba como parámetros dos *arrays* de 4x4 y devuelva un tercer *array* relleno de ceros excepto en aquellas posiciones en las que los dos primeros *arrays* tienen valores iguales.

4.29. Crea una función que reciba un *array* de 10 elementos, los rellene con números aleatorios entre 1 y 100 y los ordene, de manera que aparezcan primero aquellos que terminan en 0.

4.30. Escribe una función que diga si un número que recibe como parámetro es primo o no.

4.31. Crea una función que reciba un número variable de parámetros numéricos (al menos cuatro) y devuelva su suma, su media aritmética, la multiplicación del primero con el último, y la división del segundo con el penúltimo.

4.32. Escribe una función que devuelva **true** si dos palabras que recibe como parámetros contienen las mismas letras, aunque se encuentren en posiciones distintas.

4.33. Programa una función que reciba un *array* de cadenas de caracteres y que por medio del método **filter** devuelva aquellos caracteres que no forman parte del alfabeto español. Prueba la función incluyendo palabras con caracteres como ^, $ o &.

4.34. Escribe un programa que con la ayuda de una función recursiva muestre en la consola una variante de la sucesión de Fibonacci en la que cada elemento sea la suma de los tres anteriores.

4.35. Escribe una función que lance dos dados tantas veces como indique un parámetro y devuelva el lanzamiento que ha obtenido la puntuación ganadora.

4.36. Crea un programa que simule el funcionamiento de un bingo. El número de cartones que participan será siempre de cinco. Cada cartón tendrá 8 filas y 4 columnas con 20 números del 1 al 90 distribuidos de forma aleatoria (máximo de cinco por fila). El programa irá sacando bolas y los cartones se irán comprobando en tiempo real. El programa termina cuando un cartón alcanza el bingo. En ese momento se debe mostrar en pantalla cuál de los cinco cartones es el ganador y los números que han salido para comprobar que el bingo es correcto. Plantea el problema, analízalo con detenimiento y diseña previamente todas las funciones que vas a necesitar para resolverlo. Luego, implementa tu solución.

Actividades de ampliación

4.37. Busca en la documentación oficial de JavaScript más información sobre el paso de parámetros por referencia y aquellos tipos de datos que funcionan así de forma nativa.

4.38. Profundiza en las funciones propias de *arrays*, conjuntos y mapas, que el lenguaje pone a disposición de los programadores.

4.39. Investiga si existe algún otro tipo de función en JavaScript que no se haya especificado en esta unidad.

4.40. Reflexiona y escribe una argumentación razonada de cinco problemas en los que no sería posible una solución iterativa en favor de una solución recursiva.

4.41. Busca diez funciones proporcionadas por JavaScript que utilicen *callbacks* como parámetros.

4.42. Profundiza sobre el funcionamiento de las clausuras y escribe un pequeño tutorial donde expliques su funcionamiento apoyándote en dos ejemplos que diseñes.

4.43. Investiga qué otras formas avanzadas existen de recorrer un *array.*

Enlaces web de interés

- **Mozilla Developers** - https://developer.mozilla.org/es/docs/Web/JavaScript/Guide/Functions (*website* para desarrolladores)
- **JavaScript.info** - https://es.javascript.info/ (sitio web dedicado al aprendizaje de JavaScript)
- **Google for Education** - https://edu.google.com/ (sitio web dedicado al aprendizaje de las ciencias de la computación)
- **Comunidad JavaScript** - https://www.javascript.com/ *(recursos para principiantes)*
- **ECMAScript 2022** - https://262.ecma-international.org/13.0/ (última actualización de la especificación del lenguaje)
- **W3Resource** - https://www.w3resource.com/ (recursos libres para programadores *front-end)*

UNIDAD 5

Programación orientada a objetos con JavaScript

Objetivos

- Entender las ventajas del paradigma de la programación orientada a objetos.
- Analizar las características de la programación orientada a objetos.
- Estudiar cómo es la particular orientación a objetos de JavaScript.
- Adquirir destreza gestionando objetos, propiedades y métodos.
- Interiorizar el funcionamiento de los prototipos.
- Aprender a utilizar los objetos predefinidos más importantes del lenguaje.

Contenidos

- 5.1. Introducción a la programación orientada a objetos
- 5.2. Gestión de objetos
- 5.3. Prototipos
- 5.4. Objetos predefinidos del lenguaje

Introducción

La programación orientada a objetos lleva cosechando un gran éxito de adopción entre la comunidad de desarrolladores desde los años 90. Su éxito radica en la facilidad con la que es posible desarrollar aplicaciones y en las semejanzas que tienen los elementos del programa con el mundo real.

Desde el punto de vista de JavaScript, en el que prácticamente todo es un objeto, el estudio de este modelo de programación es probablemente la tarea más importante. Si en la unidad anterior se estudió el corazón de JavaScript, en esta se analizan los genes del lenguaje, la estructura identitaria que lo impregna todo.

Una vez asimilados todos los conceptos de esta unidad, se habrá aprendido el núcleo del lenguaje, todo lo demás será interesante de aprender, pero accesorio.

5.1. Introducción a la programación orientada a objetos

En última instancia, el desarrollo de aplicaciones web y, en general, toda la ingeniería del *software* lo que pretenden es resolver un problema del mundo real de una forma más o menos automática. Es decir, resolver una necesidad.

El problema que surge es que, con frecuencia, la solución alcanzada se ajusta más al sistema donde se va a explotar la aplicación que a la propia naturaleza del problema a resolver.

El mundo está plagado de objetos. Hay que pararse y observar durante un segundo para darse cuenta de que todo lo que se ve son objetos: un armario, un cuadro, un vehículo, una lámpara e, incluso, las personas. Todos pueden ser considerados objetos porque comparten dos elementos en común: tienen una serie de propiedades (rasgos, colores, marcas, medidas...) y también un conjunto de comportamientos (encender, caminar, frenar, abrir...).

Quizás, si se cambia el enfoque y se desarrollan los programas centrando la solución en los objetos y en las relaciones que se establecen entre ellos, se consigan resultados más intuitivos, legibles y con menor coste de mantenimiento.

De esto trata, precisamente, la programación orientada a objetos (en adelante, POO): es un modelo de programación cuya pretensión es acercar todo lo posible el mundo real a un sistema informático.

5.1.1. ¿Qué es la POO?

La POO es uno de los paradigmas de programación más usados de los últimos 20 años, ya que aporta un nuevo enfoque para la resolución de problemas complejos que se plantean en la programación estructurada. Intenta cambiar el punto de vista procedimental (los pasos a seguir para resolver el problema) por un punto de vista centrado en la propia naturaleza del problema y los elementos que intervienen (formato de los datos y sus interacciones).

Nota técnica

En el contexto del desarrollo de aplicaciones un paradigma de programación es un conjunto de métodos sistemáticos aplicables a todos los niveles de diseño de un programa informático. Existen múltiples modelos; la elección de uno u otro depende del objetivo que se pretende alcanzar y del camino más eficiente para lograrlo.

La idea central consiste en unificar en un mismo elemento, llamado **objeto**, tanto los datos como las funciones que lo manipulan, de manera que se alcanza un mayor grado de modularidad. Así, puede tomarse cada entidad de un problema y representarla como un objeto, definiendo sus propiedades (atributos) y sus métodos (acciones o funciones).

Por ejemplo, al desarrollar una aplicación para gestionar los procesos internos de una ITV (inspección técnica de vehículos), hay que definir un objeto llamado «vehículo», que podrá ser de distintos tipos (coche, moto, furgoneta, camión...), pero que compartirán una serie de propiedades (marca, color, dimensiones, cilindrada, número de bastidor, número de ruedas) y métodos (arrancar, acelerar, frenar, girar...).

El desarrollo del programa consistirá en establecer la relación de comunicación que se crea entre los distintos objetos que intervienen en el problema.

Lo primero será detallar cuáles son los rasgos más importantes que definen la POO y qué supone su ventaja competitiva con respecto a otros modelos de programación.

5.1.2. Características

Siempre ha existido cierta reticencia en un buen número de desarrolladores para considerar JavaScript como un lenguaje orientado a objetos, y no están exentos de argumentos. Es cierto que la implementación del modelo orientado a objetos de JavaScript está bastante alejada de otros lenguajes como Java, C++ o C#, que sí tienen una implementación completa del modelo.

Las características que debe tener un modelo para considerarse orientado a objetos son las siguientes y sirven para entender un poco mejor el origen de la polémica:

- **Abstracción.** La abstracción permite reducir la complejidad del código puesto que se aíslan los componentes esenciales de aquellos que no lo son. Se trata de reunir en un único objeto todas aquellas propiedades y comportamientos comunes que forman parte de una generalidad de objetos. En definitiva, se trata de una característica que permite utilizar objetos sin conocer los detalles de su implementación, lo que facilita una mayor reutilización del código, y reduce considerablemente tanto los costes de desarrollo como de mantenimiento.
- **Encapsulamiento.** Es un mecanismo de protección que permite ocultar algunas propiedades y métodos de los objetos, de manera que solo se puedan cambiar por medio de las operaciones definidas para ese objeto.
- **Herencia.** Es el mecanismo por el que una clase (un modelo de objetos), permite heredar las características (propiedades y métodos) de otra clase. Esto facilita que

se puedan definir nuevas clases basadas en otras ya existentes, generando así una jerarquía de clases dentro de la aplicación. Si una clase hereda de otra obtiene sus propiedades y métodos pudiendo añadir otros nuevos específicos de esa nueva clase.

En la Figura 5.1 se puede ver cómo desde la clase **Vehículo** (que contiene solo propiedades y métodos comunes a una generalidad de vehículos) han heredado dos clases, **Coche** y **Moto**, cada una de ellas aportando sus propias propiedades y métodos únicos. De esta forma, cuando se crean objetos de clases heredadas, contienen las propiedades y métodos de ambas clases.

Esta especialización que conduce a una jerarquía de clases puede profundizarse tanto como sea necesario.

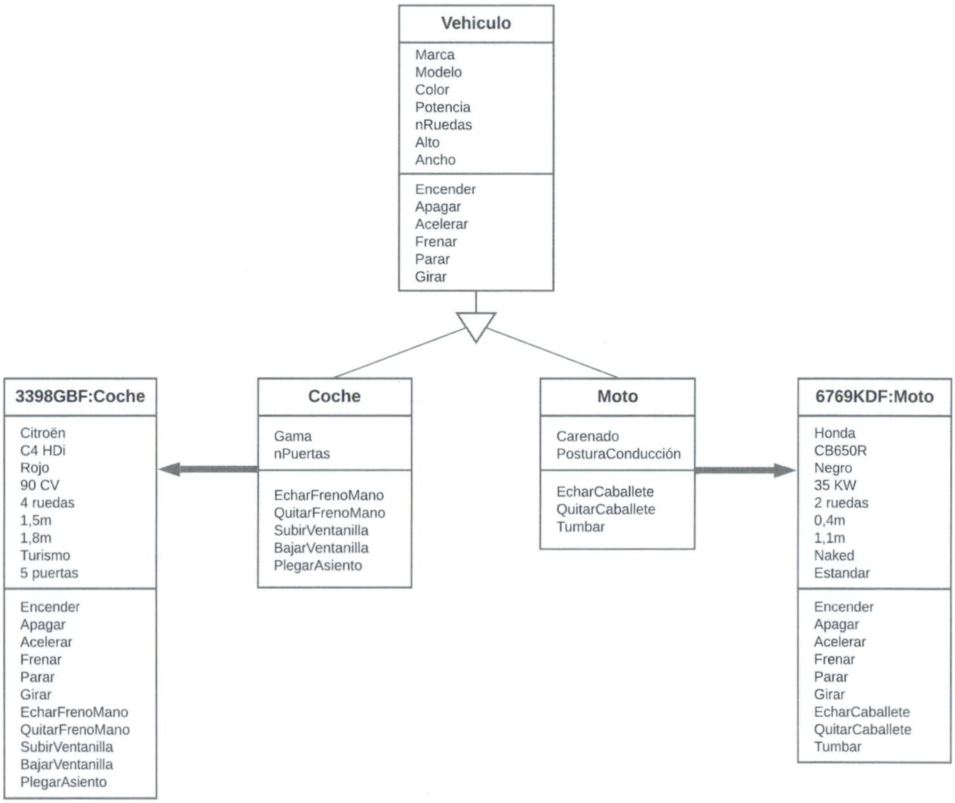

Figura 5.1. *Diagrama de clases en una jerarquía de herencia.*

- **Polimorfismo.** El polimorfismo es una interesante característica que permite que distintos tipos de objetos (objetos que heredan de clases distintas) tengan métodos con el mismo nombre, de manera que puedan realizar una misma acción de forma diferente. Por ejemplo, modelando una academia de formación se pueden tener una clase madre llamada **Miembro** (con un método llamado **Cobrar**) y dos clases derivadas llamadas **Profesor** y **Alumno.** De esta forma, tanto **Profesor** como **Alumno** podrían ejecutar el método **Cobrar** y obtener resultados diferentes: en el primer caso el salario del **Profesor** y en el segundo caso la beca del **Alumno.**

5.1.3. La POO en JavaScript

Tal y como se concibe de manera formal la POO, es necesario que el modelo de programación esté basado en clases. Pero JavaScript no es un lenguaje basado en clases, sino basado en prototipos.

Según la documentación de Mozilla: «JavaScript es un lenguaje basado en prototipos, toma el concepto de objeto prototípico, un objeto que se utiliza como una plantilla a partir de la cual se obtiene el **conjunto inicial** de propiedades de un nuevo objeto».

Toda aplicación JavaScript usa objetos y basa su lógica en las interacciones entre ellos. También es posible crear objetos sin utilizar clases. En su caso, utiliza prototipos que, igualmente, permiten heredar propiedades y métodos, y añadir otros específicos.

La realidad, por tanto, es que JavaScript trabaja de forma diferente los objetos en comparación a cómo lo hacen lenguajes orientados a objetos puros como C++ o Java, pero también es cierto que existen muchos lenguajes que, sin llegar al nivel de JavaScript, sí que relajan o reinterpretan las características vistas en el apartado anterior, y se siguen considerando orientados a objetos.

En cualquier caso, se trata de un debate superfluo, porque en la práctica ¿qué importa si se parte de clases o de prototipos cuando es posible beneficiarse de las mismas ventajas en ambos casos?

5.2. Gestión de objetos

Conocido el marco conceptual en el que moverse, es hora de empezar a escribir código. Gestionar objetos implica el conocimiento de importantísimos conceptos como son la distinción entre propiedades y métodos, qué es un objeto genérico **Object**, cómo se distingue entre objetos o qué operaciones se pueden realizar con ellos. Además, también se hace necesario conocer un nuevo lenguaje de intercambio de datos, muy utilizado en la actualidad en todas las aplicaciones web y que guarda una estrecha relación con los objetos de JavaScript. A continuación se resuelven todas estas incógnitas.

5.2.1. Propiedades y métodos

El uso de propiedades y métodos de un objeto, aunque no se haya analizado formalmente, se ha practicado con mucha frecuencia a lo largo de esta obra.

Acceso

Si, por ejemplo, se recuerda cómo se consigue mostrar en la consola el número de elementos de un *array*, se verá claramente cómo se accede a propiedades y métodos de un objeto:

```
let vector = [4,2,7,9];
console.log(vector.length);
```

En una sola línea de código, la segunda, se accede a la propiedad **length** del objeto **vector** y al método **log()** del objeto **console.** ¿Sorprendido? Con el siguiente código se puede ver cuál es el tipo de dato de **vector** y de **console:**

```
console.log(typeof(vector));
console.log(typeof(console));
```

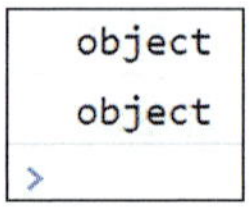

Figura 5.2. *Tipo de los objetos* vector *y* console.

Así que, de forma genérica, se puede acceder a las propiedades de un objeto utilizando la notación punto (.), y también alternativamente la notación corchetes ([]). Estas instrucciones son equivalentes:

```
objeto.propiedad
objeto["propiedad"]
```

Por ejemplo, **vector.length** y **vector["length"]** son equivalentes.

Igualmente, puede hacerse lo mismo con los métodos, pero añadiendo los paréntesis que permiten pasar parámetros (no hay que olvidar que los métodos son funciones):

```
objeto.método(parámetros)
objeto["método"](parámetros)
```

Por ejemplo, **console.log("Mensaje")** es equivalente a **console["log"]("Mensaje").**

Instanceof

Es un operador que ayuda a comprobar el tipo de un objeto, es decir, el prototipo del que parte. Para usarlo hay que preguntarle si un objeto es de un prototipo concreto y devolverá **true** si lo es o **false** en caso contrario:

```
let vector = [4,2,7,9];
console.log(vector instanceof Array); // devuelve true
let conjunto = new Set();
console.log(conjunto instanceof Map); // devuelve false
```

5.2.2. Objeto Object

El objeto genérico **Object** representa a los **objetos literales** (o **instancias directas**), que son los objetos más sencillos que pueden crearse en JavaScript. No es necesario definirlos con una estructura completa previamente, sino que pueden irse construyendo al vuelo:

```
let notas = new Object();
notas.valores = [7,5,3,2,3,9,6];
notas.cantidad = notas.valores.length;
notas.media = notas.valores.reduce((a,b)=>a+b,0)/notas.cantidad;
notas.verMedia = function() {
```

```
        console.log(notas.media);
}
notas.verMedia(); // escribe 5
```

En este fragmento de código **new Object()** crea un objeto vacío que se va completando conforme va avanzando la ejecución. Así, se definen tres propiedades (**valores, cantidad** y **media**) que se van calculando sobre la marcha. Por último, se le añade un método, **verMedia()**, para mostrar la media de las notas.

Una representación alternativa podría ser aquella en la que se utilice la notación JSON, que se detallará más adelante:

```
let viaje={
        origen:"Granada",
        destino:"El Cairo",
        dias:8,
        precio:750,
        mostrar:function(){
                console.log(`${viaje.origen} / ${viaje.destino}`);
                console.log(`durante ${viaje.dias} días: EUR${viaje.precio}`);
        }
};
viaje.mostrar();
```

5.2.3. Objeto this

Es bastante frecuente que un método de un objeto necesite acceder a los datos almacenados en alguna de sus propiedades. Siguiendo con el ejemplo anterior, se podría reescribir el método **mostrar()** de este modo:

```
mostrar:function(){
        console.log(`${this.origen} / ${this.destino}`);
        console.log(`durante ${this.dias} días: EUR${this.precio}`);
}
```

Como se ve, se ha sustituido el objeto de referencia **viaje** por **this.** En tiempo de ejecución **this** valdrá **viaje.** Pero, entonces, ¿qué aporta **this?** Aporta seguridad, ya que si se utiliza directamente **viaje** el código no es confiable. Esto merece una explicación.

Si se hubiera asignado el objeto **viaje** a otro objeto, por ejemplo, **oferta** (**oferta = viaje**), y posteriormente **viaje** modificara el estado de las propiedades, al utilizar el objeto **oferta** se ejecutaría código que contendría accesos a sus propiedades usando **viaje.propiedad,** lo cual es incorrecto en el contexto actual y podría generar errores (la estructura es la misma, pero con estados diferentes). A continuación se muestra un ejemplo:

```
let viaje={
        origen:"Granada",
        destino:"El Cairo",
        dias:8,
        precio:750,
        mostrar:function(){
                console.log(`${viaje.origen} / ${viaje.destino}`);
                console.log(`durante ${viaje.dias} días: EUR${viaje.precio}`);
        }
```

```
};
let oferta = viaje;
viaje = null;
oferta.mostrar();
```

```
▶Uncaught TypeError: Cannot read properties of null (reading 'origen')
    at Object.mostrar (poo.js:7:24)
    at poo.js:13:8
>
```

Figura 5.3. *Error lanzado por la consola al intentar acceder a una propiedad.*

En cambio, usando el objeto **this** en el método **mostrar()**, sí que puede acceder correctamente a sus propiedades:

```
let viaje={
        origen:"Granada",
        destino:"El Cairo",
        dias:8,
        precio:750,
        mostrar:function(){
                console.log(`${this.origen} / ${this.destino}`);
                console.log(`durante ${this.dias} días: EUR${this.precio}`);
        }
};
let oferta = viaje;
viaje = null;
oferta.mostrar();
```

```
Granada / El Cairo
durante 8 días: EUR750
>
```

Figura 5.4. *Salida correcta en consola.*

Actividad resuelta 5.1

Primeros objetos

Crea un objeto denominado **usuario** que permita autenticar a la persona que quiere iniciar sesión en el sistema.

Solución

```
const usuario = {
        nombre: 'Antonio García',
        nombreUsuario: 'agar007',
        contraseña: 'agar007_pass',
        login: function(nombreUsuario, contraseña) {
                if (nombreUsuario === this.nombreUsuario && contraseña === this.contraseña) {
                        console.log('Sesión iniciada con éxito');
                } else {
                        console.log('Credenciales no válidas');
                }
        },
};
usuario.login('agar007', 'agar007_pass');
usuario.login('agar007', 'agar007pass');
```

5.2.4. Operaciones sobre objetos

Ha llegado el momento de poder operar con objetos. En los siguientes apartados se explican algunas de las operaciones fundamentales que pueden realizarse con ellos.

Constructores

Un constructor es un método especial que se utiliza para crear e inicializar de forma personalizada un objeto a partir de una clase.

Nota técnica

Las clases de JavaScript, introducidas en ECMAScript 2015, son una mejora sintáctica sobre la herencia basada en prototipos de JavaScript, no introduce un nuevo modelo de herencia orientada a objetos.

Solo puede haber un método llamado **constructor** en cada clase. El constructor se ejecuta inicializando las propiedades del objeto cuando se utiliza el operador **new.** Además, si la clase hereda de otra, se puede ejecutar el constructor de la clase madre invocando a **super().**

```
class Viaje {
        origen = "Granada";
        destino = "El Cairo";
        dias = 8;
        precio = 750;
        constructor(or,des,di,pre) {
                this.origen = or;
                this.destino = des;
                this.dias = di;
                this.precio = pre;
        }
        mostrar(){
                console.log(`${this.origen} / ${this.destino}`);
                console.log(`durante ${this.dias} días: EUR${this.precio}`);
        }
}
let miViaje = new Viaje("Barcelona","Ibiza",2,112);
miViaje.mostrar();
```

```
Barcelona / Ibiza
durante 2 días: EUR112
>
```

Figura 5.5. *Constructor de la clase en funcionamiento.*

Actividad propuesta 5.1

Constructores

Crea una clase para modelar un objeto «teléfono móvil» que tenga al menos estas propiedades: CPU, RAM, Almacenamiento, Ancho, Alto y numCamaras. Añade también un método llamado **toString()** que muestre en pantalla la información del objeto creado. Crea cuatro objetos con distintos números de parámetros en la creación y muestra en pantalla la información de cada objeto.

Actividad resuelta 5.2

Herencia y polimorfismo

Crea una jerarquía de clases y úsalas en un programa para ejemplificar los conceptos de herencia y polimorfismo.

Solución

```
class Miembro {
        nombre = "nombre apellido1 apellido2";
        alta = "01/01/2022";
        estado = "vigente";
        constructor(nombre,alta,estado){
                this.nombre = nombre;
                this.alta = alta;
                this.estado = estado;
        }
        cobrar() {console.log(`El Miembro ${this.nombre} ha cobrado`);}
}
class Profesor extends Miembro {
        nAlumnos = 0;
        constructor(nombre,alta,estado,nAlumnos){
                super(nombre,alta,estado);
                this.nAlumnos = nAlumnos;
        }
        cobrar() {console.log(`El Profesor ${this.nombre} ha cobrado`);}
}
class Alumno extends Miembro {
        nAsignaturas = 0;
        constructor(nombre,alta,estado,nAsignaturas){
                super(nombre,alta,estado);
                this.nAsignaturas = nAsignaturas;
        }
        cobrar() {console.log(`El Alumno ${this.nombre} ha cobrado`);}
}
let unMiembro = new Miembro("Pepe Ruíz","12/02/2021","finalizado");
unMiembro.cobrar();
let unProfesor = new Profesor("Samuel Orta","25/06/2021","finalizado",30);
unProfesor.cobrar();
let unAlumno = new Alumno("Elena Sánchez","06/03/2022","finalizado",11);
unAlumno.cobrar();
```

Recorridos

Para recorrer un objeto se recomienda utilizar el bucle **for..in**, pero con cuidado porque se dan algunas circunstancias inesperadas, que se ven a continuación.

El bucle va a iterar sobre las propiedades del objeto:

```
let miViaje = new Viaje("Barcelona","Ibiza",2,112);
for (elemento in miViaje) {
        console.log(elemento);
}
```

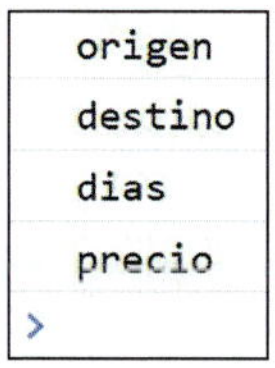

Figura 5.6. *Salida del recorrido sobre las propiedades del objeto.*

Pero también lo hará sobre las propiedades que herede en su cadena de prototipos, sacando primero las propiedades de los prototipos más cercanos. Si se quiere prevenir este comportamiento para que solo acceda a las propiedades del objeto en sí, y no de sus prototipos, puede utilizarse **getOwnPropertyNames**().

```
for (elemento of Object.getOwnPropertyNames(miViaje)) {
        console.log(elemento);
}
```

No obstante, la iteración entre propiedades se hace de forma arbitraria, por lo cual no se recomienda que se modifiquen las propiedades de un objeto al mismo tiempo que se itera sobre ellas. No hay garantía de que se visite una propiedad que se ha modificado, e incluso podría intentarse visitar una propiedad eliminada dentro del propio recorrido.

Actividad propuesta 5.2

Recorridos con herencia

Utilizando los recorridos que se acaban de estudiar muestra todas las propiedades de los tres objetos creados en la solución de la Actividad resuelta 5.2.

Borrados

La eliminación de propiedades sí que es una operación bastante simple que no trae sorpresas. Tan solo hay que usar el operador **delete** sobre una propiedad de un objeto concreto:

```
let miViaje = new Viaje("Barcelona","Ibiza",2,112);
for (elemento of Object.getOwnPropertyNames(miViaje)) {
        console.log(elemento);
```

```
}
delete miViaje.precio;
delete miViaje.dias;
console.log("Eliminadas las propiedades precio y dias");
for (elemento of Object.getOwnPropertyNames(miViaje)) {
        console.log(elemento);
}
```

```
origen
destino
dias
precio
Eliminadas las propiedades precio y dias
origen
destino
>
```

Figura 5.7. *Evidencias del funcionamiento del operador* delete.

5.2.5. JSON

JSON (*JavaScript Object Notation*) es un formato de representación basado en texto (ficheros .json) que utiliza la misma sintaxis de objetos literales de JavaScript, por lo que se utiliza con mucha frecuencia para el intercambio de datos en aplicaciones web.

No solo comparten sintaxis, sino que JavaScript incorpora un objeto llamado **JSON** que permite trabajar de forma muy eficiente con ese tipo de cadenas. Las cadenas de texto JSON deben ser convertidas previamente cuando se quiera acceder a sus datos a través de JavaScript.

Además, es importante saber que en JSON:

- Solo es posible definir propiedades, no métodos.
- Las propiedades deben ir entre comillas dobles.
- **stringify** convierte un objeto JavaScript a una cadena en formato JSON:

```
const receta={
        nombre:"Templada de Pulpo",
        tElaboración:30,
        formato: {
                tapa:"1 persona",
                media:"2 personas",
                racion:"4 personas"
        },
        ingredientes:['pulpo','patata','mayonesa','huevo','pimentón']
};
console.log(JSON.stringify(receta));
console.log(typeof(JSON.stringify(receta)));
```

```
{"nombre":"Templada de Pulpo","tElaboración":30,"formato":
{"tapa":"1 persona","media":"2 personas","racion":"4
personas"},"ingredientes":
["pulpo","patata","mayonesa","huevo","pimentón"]}
string
>
```

Figura 5.8. *Salida de la conversión a cadena de un objeto JSON.*

- **parse** devuelve el objeto equivalente en JavaScript desde una cadena JSON:

```
let cadena = new String('{"cancion":"Fuego","grupo":"Vetusta Morla"}');
console.log(JSON.parse(cadena));
let objeto = JSON.parse(cadena);
for (elemento in objeto) {
        console.log(elemento);
}
```

```
▾{cancion: 'Fuego', grupo: 'Vetusta Morla'}
   cancion: "Fuego"
   grupo: "Vetusta Morla"
  ▸[[Prototype]]: Object
cancion
grupo
>
```

Figura 5.9. *Salida de la conversión en objeto de una cadena JSON.*

Actividad propuesta 5.3

Trabajando con JSON

Busca en internet algún fichero JSON que forme parte de la API de algún servicio, cópialo en un *string*, luego conviértelo a un objeto de tipo JSON y realiza un recorrido para mostrar en la consola su contenido.

5.3. Prototipos

Repasando lo ya visto del modelo de objetos de JavaScript, se ha citado en varias ocasiones el concepto de prototipo. Hay que acudir al meollo de la cuestión para entender el verdadero ADN del lenguaje.

5.3.1. Una herencia especial

La gran mayoría de los lenguajes de programación orientados a objetos parte de la idea de clase, un modelo para crear objetos, que puede extenderse y, mediante especialización, ir construyendo una jerarquía de clases que van heredando unas de otras.

JavaScript, como ya se avanzó, no utiliza este esquema conceptual. En este lenguaje todos los objetos proceden de un prototipo (conjunto de propiedades y métodos comunes). Además, cuando en un esquema de clases puro se crean objetos, el código de los métodos se copia a los objetos de esa clase. En JavaScript, por el contrario, se enlaza con su prototipo. La ventaja de esta estrategia es que el prototipo se puede modificar al vuelo, y los objetos que lo enlazan estarán actualizados en tiempo real.

Los prototipos son, en definitiva, un mecanismo por el que los objetos de JavaScript heredan características entre sí.

5.3.2. Uso de prototipos

Todos los objetos en JavaScript se crean a partir de esas plantillas especiales llamadas prototipos. Para ser exactos, las propiedades y los métodos son definidos en la propiedad **prototype**, que reside en la función constructora del objeto, no en la instancia misma del objeto.

En JavaScript, por tanto, se crea un enlace entre la instancia del objeto y su prototipo (su propiedad **__proto__**, la cual es derivada de la propiedad **prototype** sobre el constructor), y las propiedades y los métodos son encontrados recorriendo la cadena de prototipos.

Con un ejemplo se verá un poco mejor cómo funciona el prototipo:

```
function Viaje(origen,destino,dias,precio) {
        this.origen = origen;
        this.destino = destino;
        this.dias = dias;
        this.precio = precio;
        this.mostrar = function(){
                console.log(`${this.origen} / ${this.destino}`);
                console.log(`durante ${this.dias} días: EUR${this.precio}`);
        };
};

let viaje1 = new Viaje("Barcelona","Ibiza",2,112);
console.log(viaje1);
```

Al acudir a la salida de la consola y desplegar el contenido del prototipo, se verán todas las propiedades y métodos que oferta (Figura 5.10).

El método **valueOf**, por ejemplo, retorna el valor del objeto sobre el que se llama. ¿Qué ocurriría si el objeto **Viaje** reescribiera el método **valueOf?**

- El navegador comprobará inicialmente si el objeto **viaje1** tiene un método **valueOf**() disponible en él.
- Si no lo tiene, el navegador comprobará si el objeto prototipo del objeto **viaje1** [es decir, el prototipo del constructor de **Viaje**()] tiene un método **valueOf**() disponible.
- Si tampoco lo tiene, entonces el navegador comprobará si **Object**() prototipo del objeto prototipo del constructor, tiene un método **valueOf**() disponible.

```
▼Viaje {origen: 'Barcelona', destino: 'Ibiza', dias: 2, precio: 112, mostrar: ƒ}
   destino: "Ibiza"
   dias: 2
  ▶mostrar: ƒ ()
   origen: "Barcelona"
   precio: 112
  ▼[[Prototype]]: Object
    ▶constructor: ƒ Viaje(origen,destino,dias,precio)
    ▼[[Prototype]]: Object
      ▶constructor: ƒ Object()
      ▶hasOwnProperty: ƒ hasOwnProperty()
      ▶isPrototypeOf: ƒ isPrototypeOf()
      ▶propertyIsEnumerable: ƒ propertyIsEnumerable()
      ▶toLocaleString: ƒ toLocaleString()
      ▶toString: ƒ toString()
      ▶valueOf: ƒ valueOf()
```

Figura 5.10. *Información que proporciona la consola sobre el objeto* viaje1.

Recuerda

Las propiedades y los métodos no se copian de un objeto a otro en la cadena del prototipo. Son accedidos subiendo por la cadena.

Además, se puede modificar cualquier prototipo operando con la propiedad **prototype** (evidentemente sobre el constructor). Si se hace sobre la conocida clase **Viaje**, se obtendría un prototipo estándar, puesto que nunca se ha modificado. Pero, se puede modificar y ver cómo dinámicamente asume la nueva situación:

```
let miViaje = new Viaje("Barcelona","Ibiza",2,112);
console.log(Viaje.prototype);
Viaje.prototype.costeDiario = function(){
        return this.precio/this.dias;
};
Viaje.prototype.descuento="20%";
console.log(Viaje.prototype);
```

```
▶{constructor: ƒ, mostrar: ƒ}
▶{descuento: '20%', costeDiario: ƒ, constructor: ƒ, mostrar: ƒ}
>
```

Figura 5.11. *Modificación dinámica del prototipo de* Viaje.

Finalmente, recalcar una vez más que las propiedades y los métodos no se copian de un objeto a otro en la cadena del prototipo, sino que son accedidos subiendo por la cadena. Quizás, acceder de forma encadenada a la propiedad **__proto__** ayude a entender cómo conocen los navegadores quién es el objeto prototipo constructor del objeto:

```
let viaje1 = new Viaje("Barcelona","Ibiza",2,112);
console.log(viaje1.__proto__);
console.log(viaje1.__proto__.__proto__);
```

```
                                                      poo.js:13
▼{constructor: f} ℹ
  ▶ constructor: f Viaje(origen,destino,dias,precio)
  ▶ [[Prototype]]: Object
                                                      poo.js:14
▼{constructor: f, __defineGetter__: f, __defineSetter__: f,
  hasOwnProperty: f, __lookupGetter__: f, …} ℹ
  ▶ constructor: f Object()
```

Figura 5.12. *Cadena de prototipos del objeto* viaje1.

Como se observa, existe una cadena de prototipos a la que hacer referencia y que podría modificarse según los intereses.

5.4. Objetos predefinidos del lenguaje

Los objetos predefinidos del lenguaje son aquellos objetos que ya incorpora el lenguaje y que se pueden utilizar libremente con cualquier intérprete de JavaScript. En realidad, no es un concepto que resulte novedoso, puesto que ya se ha trabajado intensamente con muchos de ellos, como **String** (parcialmente), **Array, Set** o **Map.**

Esta sección descubre algunos otros objetos predefinidos que resultan de enorme interés por ser de utilidad en una generalidad de casos.

5.4.1. String

En la Unidad 2, al repasar los tipos de datos de JavaScript, se avanzaron algunos usos básicos de las cadenas de caracteres. En aquella ocasión se crearon como primitivas. Ahora, en cambio, se crearán de forma alternativa como objetos usando el constructor **String()**. Tanto las cadenas primitivas como las cadenas desde objeto se pueden usar indistintamente en la mayoría de las situaciones.

Las cadenas se pueden especificar encerrándolas entre comillas simples, **'cadena'**, dobles, **"cadena"**, o invertidas, **`cadena`**, y su tratamiento será idéntico.

Las cadenas también se pueden comparar, tomando todas las precauciones (como se vio en la unidad anterior), teniendo en cuenta que el criterio por defecto de ordenación de los caracteres es el de Unicode.

En la Tabla 5.1 se recogen algunos de los métodos más frecuentemente utilizados con *strings.*

Tabla 5.1. Métodos útiles del objeto String

Método	Utilidad
charAt(*posición*)	Devuelve el carácter que ocupa esa ***posición.***
charCodeAt(*posición*)	Variante que devuelve el código Unicode.

Método	Utilidad
toUpperCase()	Devuelve la cadena en mayúsculas.
toLowerCase()	Devuelve la cadena en minúsculas.
indexOf(*texto*)	Devuelve la posición del texto buscado.
lastIndexOf(*texto*)	Devuelve la posición de la última ocurrencia del texto.
endsWith(*textoABuscar*)	Devuelve **true** si el texto finaliza con lo buscado.
startsWith(*textoABuscar*)	Devuelve true si el texto empieza con lo buscado.
replace(*txtAnt,txtNuevo*)	Reemplaza el texto buscado por un nuevo texto.
trim()	Elimina los espacios en blanco del inicio y del final.
slice(*inicio,fin*)	Extrae la cadena desde la posición ***inicio*** hasta la posición ***fin***, sin incluir ***fin.***
substr(*inicio,n*)	Extrae *n* caracteres desde la posición ***inicio.***
split(*delimitador*)	Rompe un *string* usando un carácter ***delimitador*** y construye un *array* con las piezas generadas.

Además, el objeto también dispone de tres métodos estáticos, como se muestra en la Tabla 5.2.

Tabla 5.2. Métodos estáticos del objeto String

Método	Utilidad
String.fromCharCode(*num1*[,...])	Crea una cadena usando una secuencia de valores Unicode.
String.fromCodePoint(*num1* [,...])	Crea una cadena utilizando la secuencia de puntos de código especificada.
String.raw()	Crea una cadena a partir de una plantilla literal sin formato: no escapa caracteres.

```
let cadena = " Bolonia ";
console.log("1." + cadena.charAt(1));
console.log("2." + cadena.toUpperCase());
console.log("3." + cadena.toLowerCase());
console.log("4." + cadena.indexOf("n"));
console.log("5." + cadena.lastIndexOf("o"));
console.log("6." + cadena.replace("B","C"));
console.log("7." + cadena.trim());
console.log("8." + cadena.slice(1,3));
console.log("9." + cadena.substr(1,3));
console.log("10." + cadena.split("o"));
```

```
1.B
2. BOLONIA
3. bolonia
4.5
5.4
6. Colonia
7.Bolonia
8.Bo
9.Bol
10. B,l,nia
>
```

Figura 5.13. *Resultado de aplicar algunos de los métodos más comunes.*

Nota técnica

Los **métodos estáticos** son aquellos que deben ser llamados sin instanciar su clase. Por ejemplo, para usar un método estático del prototipo **String()** no puede crearse un ***objeto* = new String()** y hacer luego ***objeto*.metodo(),** sino que hay que invocarlo directamente como **String.*metodo*().**

5.4.2. Date

Los objetos **Date** representan un momento fijo en el tiempo que puede representarse en numerosos formatos. Una fecha en JavaScript se especifica como el número en milisegundos que han transcurrido desde el 1 de enero de 1970, UTC.

Importante

Es importante destacar que mientras el valor de la hora en el núcleo del objeto **Date** está en UTC, los métodos básicos para recibir la fecha y la hora o sus derivados trabajan todos en la zona horaria local.

Un objeto **Date** puede crearse sin parámetros, pero también indicando su lista completa (año, mes, día, hora, minutos, segundos, milisegundos) o un número parcial de ellos. Si se especifica uno solo, se interpreta que es el número de milisegundos transcurridos desde el 1 de enero de 1970. Lo mejor es ver algunos ejemplos:

```
let fechaSinParametros = new Date();
let fechaTodosParametros = new Date(2022,8,17,13,59,49,0);
let fechaTresParametros = new Date(2022,8,17);
let fechaUnParametro = new Date(1000);
```

```
Sun Jul 17 2022 19:30:37 GMT+0200 (hora de verano de Europa central)
Sat Sep 17 2022 13:59:49 GMT+0200 (hora de verano de Europa central)
Sat Sep 17 2022 00:00:00 GMT+0200 (hora de verano de Europa central)
Thu Jan 01 1970 01:00:01 GMT+0100 (hora estándar de Europa central)
>
```

Figura 5.14. *Salidas en consola tras variar el número de parámetros del constructor de* Date.

El número de parámetros del constructor es un aspecto útil del objeto, pero sin duda la gran cantidad de métodos disponibles permite hacer cualquier cálculo imaginable con fechas. Se repasan algunos de los más utilizados en la Tabla 5.3.

También existen algunas versiones de estos métodos, que se han obviado por claridad, pero que trabajan con UTC o GMT.

Por último, el objeto **Date** también dispone de un conjunto de métodos estáticos (Tabla 5.4).

Tabla 5.3. Métodos más usados del objeto `Date`

Método	Utilidad
getDate()	Devuelve el día del mes de la fecha (de 1 a 31).
getDay()	Obtiene el día de la semana de la fecha (de 0 a 6).
getFullYear()	Obtiene el año (con cuatro dígitos).
getHours()	Obtiene la hora de la fecha (número de 0 a 23).
getMilliseconds()	Obtiene los milisegundos en la fecha actual.
getMinutes()	Obtiene los minutos de la fecha.
getMonth()	Obtiene el número del mes sabiendo que enero es 0.
getSeconds()	Obtiene los segundos de la fecha.
getTime()	Obtiene el valor en milisegundos de la fecha.
setDate(*día*)	Modifica el día de la fecha.
setFullYear(*año*)	Modifica el año de la fecha.
setHours(*hora*)	Modifica la hora de la fecha.
setMilliseconds(*milisegundos*)	Modifica los milisegundos de la fecha.
setMinutes(*minutos*)	Modifica los minutos de la fecha.
setMonth(*mes*)	Modifica el mes de la fecha.
setSeconds(*segundos*)	Modifica los segundos de la fecha.
setTime(*milisegundos*)	Establece la fecha a partir de un valor en milisegundos.
toDateString()	Convierte la fecha a un formato más amigable.
toLocaleString([*params*])	Muestra la fecha en texto en formato local.
toLocaleDateString()	Muestra la fecha sin la hora en formato local.
toTimeString()	Muestra la hora sin la fecha en formato local.
toString()	Muestra la fecha en texto al estilo JavaScript.
toJSON()	Muestra la fecha en formato JSON.

Tabla 5.4. Métodos estáticos del objeto `Date`

Método	Utilidad
Date.now()	Devuelve el valor numérico correspondiente al actual número de milisegundos transcurridos desde el 1 de enero de 1970, 00:00:00 UTC, ignorando los segundos intercalares.
Date.parse(*objeto*)	Transforma la cadena que representa una fecha y retorna el número de milisegundos transcurridos desde el 1 de enero de 1970, 00:00:00 UTC, ignorando los segundos intercalares.
Date.UTC(*año, mes, día, horas, minutos, segundos, milisegundos*)	Acepta los mismos parámetros de la forma extendida del constructor (por ejemplo, del 2 al 7) y retorna el número de milisegundos transcurridos desde el 1 de enero de 1970, 00:00:00 UTC, ignorando los segundos intercalares.

Actividad resuelta 5.3

Fecha española

Haciendo uso de un objeto **Date**, crea un objeto de una clase que construyas para saludar al usuario tras iniciar sesión y que indique la fecha y la hora actuales.

Solución

```
class saludoHorario{
	usuario = "usuario";
	constructor(usuario) {
		this.usuario = usuario;
	}
	muestraSaludo() {
		let fecha = new Date();
		let dia = fecha.getDate() + "/" + fecha.getMonth() + "/" + fecha.getFullYear();
		let hora = fecha.getHours() + ":" + fecha.getMinutes() + ":" + fecha.getSeconds();
		console.log(`Bienvenido de nuevo ${this.usuario}.`);
		console.log(`Login registrado el ${dia} a las ${hora}.`);
	}
}
const saludar = new saludoHorario("David");
saludar.muestraSaludo();
```

5.4.3. Math

El objeto predefinido **Math** es otro que goza de mucha popularidad por la cantidad de operaciones matemáticas de cierta complejidad que resuelve. No es un objeto de función, no se puede editar y, además, todas sus propiedades y métodos son estáticos.

Incluye algunas constantes matemáticas de uso común como las recogidas en la Tabla 5.5.

Tabla 5.5. Constantes matemáticas definidas en el objeto Math

Constante	Utilidad
Math.E	Constante de Euler, aproximadamente 2,718.
Math.LN10	Logaritmo natural de 10, aproximadamente 2,303.
Math.LN2	Logaritmo natural de 2, aproximadamente 0,693
Math.LOG10E	Logaritmo de E con base 10, aproximadamente 0,434
Math.LOG2E	Logaritmo de E con base 2, aproximadamente 1,443.
Math.PI	Ratio de la circunferencia con respecto a su diámetro, aproximadamente 3,14159.
Math.SQRT1_2	Raíz cuadrada de ½, aproximadamente 0,707.
Math.SQRT_2	Raíz cuadrada de 2, aproximadamente 1,414.

Recuerda

Mucha de la funcionalidad matemática que se aporta en esta sección tiene una precisión que depende de la implementación. Diferentes navegadores pueden dar un resultado distinto, e incluso el mismo motor de JavaScript en un sistema operativo o arquitectura diferente puede dar resultados distintos.

En la Tabla 5.6 se recogen algunos de los métodos más usados por la comunidad de programadores.

Tabla 5.6. Métodos más usados del objeto Math

Método	Utilidad
Math.abs(*n*)	Valor absoluto de *n*.
Math.acos(*n*)	Arcocoseno de *n*.
Math.asin(*n*)	Arcoseno de *n*.
Math.atan(*n*)	Arcotangente de *n*.
Math.ceil(*n*)	Redondea *n* (decimal) a su entero superior.
Math.cos(*n*)	Coseno de *n*.
Math.exp(*n*)	e^n.
Math.floor(*n*)	Redondea *n* (decimal) a su entero inferior.
Math.log(*n*)	Logaritmo decimal de *n*.
Math.max(*a,b*)	Devuelve el mayor de dos números, *a* y *b*.
Math.min(*a,b*)	Devuelve el menor de dos números, *a* y *b*.
Math.pow(*a,b*)	a^b.
Math.random()	Devuelve un número aleatorio entre 0 y 1.
Math.round(*n*)	Redondea *n* a su entero más próximo.
Math.sin(*n*)	Seno de *n*.
Math.sqrt(*n*)	Raíz cuadrada de *n*.
Math.tan(*n*)	Tangente de *n*.
Math.trunc(*n*)	Devuelve la parte entera de *n*, eliminando los decimales.

Importante

Se ha de tener en cuenta que las funciones trigonométricas devuelven los ángulos en radianes. La conversión de radianes a grados se puede hacer con **Math.PI / 180.** Y a la inversa, de grados a radianes: **Math.PI * 180.**

Actividad propuesta 5.4

Trabajando con métodos matemáticos

Crea una clase llamada **Trigonometría** y encapsula en su interior los métodos relacionados con esta área de las Matemáticas, de manera que puedas usar los métodos en español: **sin** por seno, **cos** por coseno, **tan** por tangente, **asin** por arcoseno, **acos** por arcocoseno y **atan** por arcotangente. Finalmente, instancia un objeto de la clase y utiliza cada método sacando resultados por consola.

5.4.4. Boolean

El objeto **Boolean** es un objeto contenedor para un valor booleano, un valor lógico **true** o **false.** Por tanto, no se deben confundir los valores booleanos primitivos **true** y **false,** con los valores **true** y **false** del objeto **Boolean.**

El valor pasado a **Boolean** como primer parámetro se convierte en un valor booleano, si es necesario. Si el valor se omite o tiene uno de estos valores: **0, -0, null, false, NaN, undefined, "",** el objeto tiene un valor inicial de **false.** Para todos los demás valores se obtendrá inicialmente un valor de **true.**

```
let b1 = new Boolean(NaN);
let b2 = new Boolean(undefined);
let b3 = new Boolean("");
let b4 = new Boolean([]);
let b5 = new Boolean("false");
```

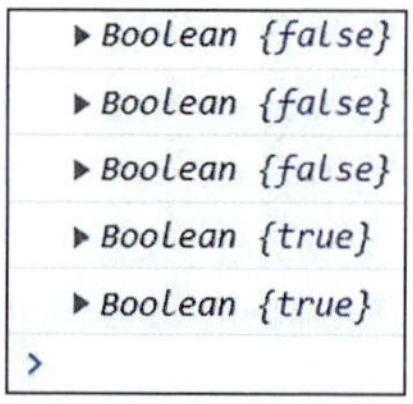

Figura 5.15. *Resultados tras ejecutar el constructor de* Boolean *con diferentes valores.*

Cuidado también al considerar estas dos expresiones porque no devuelven lo mismo y es un error común pensar lo contrario:

```
let logico1 = false;
let logico2 = new Boolean(false);
console.log(logico1);
console.log(logico2);
if (logico1)
        console.log("logico1 entra");
if (logico2)
        console.log("logico2 entra");
```

```
false
▸ Boolean {false}
logico2 entra
>
```

Figura 5.16. *Un valor aparentemente* false *evaluándose como* true.

La salida en la consola revela un comportamiento inesperado: aunque inicialmente ambas definiciones de las variables se muestran como **false**, no se evalúan como tal cuando se utilizan en expresiones condicionales. El objeto creado a partir de **Boolean** se ha evaluado como **true**.

La mejor regla que debe recordarse en relación con este objeto es no utilizar un objeto **Boolean** como sinónimo de un booleano primitivo.

5.4.5. Expresiones regulares

Las expresiones regulares, una utilidad que está presente en la mayoría de los lenguajes de programación, también cuentan con un objeto predefinido en JavaScript.

Conceptualmente una expresión regular es un patrón que se utiliza para buscar coincidencias en las cadenas de texto, de manera que puedan resolverse tareas frecuentes como la validación de datos.

Se pueden construir expresiones regulares de dos formas distintas:

1. Usando una expresión regular literal (las barras delimitan la expresión):
   ```
   let erLiteral = /[0-9]/;
   ```
2. Llamando a la función constructora del objeto **RegExp:**
   ```
   let erObjeto = new RegExp('[0-9]');
   ```

Por ejemplo, con las expresiones regulares anteriores serán validadas todas aquellas cadenas que contengan algún número, como por ejemplo "101 Dálmatas" o "875", pero no cadenas como "Faro" o "xMssT_pol#xhN".

La manera de comprobar si una cadena cumple con los criterios del patrón establecido en la expresión regular es a través del método **test()**, que recibe como parámetro la cadena a comprobar y devuelve **true** en caso de superar la validación, o **false** en caso contrario:

```
let erObjeto = new RegExp('[0-9]');
console.log(erObjeto.test("a"));
console.log(erObjeto.test("almamia"));
console.log(erObjeto.test("alma66Mia"));
console.log(erObjeto.test("987"));
```

Naturalmente, la salida de la pieza de código anterior será **false false true true.**

Debido a la altísima variabilidad de expresiones que se pueden indicar en una cadena de caracteres y las estrategias para validarlas, JavaScript ha desarrollado toda una sintaxis que facilita mucho su uso. A continuación se ven algunos de los elementos más comunes.

Modificador i

El símbolo **i** se indica cuando al validar letras del alfabeto no se desea distinguir entre mayúsculas y minúsculas:

```
let er = /a/;
console.log(er.test("pizza")); // Escribe true
console.log(er.test("TACO")); // Escribe false
let er2 = /a/i;
console.log(er2.test("pizza")); // Escribe true
console.log(er2.test("TACO")); // Escribe true
```

Modificador ^

El símbolo circunflejo, **^**, fuerza que la cadena empiece por el carácter inmediatamente posterior:

```
let er = /^a/;
console.log(er.test("pizza")); // Escribe false
console.log(er.test("TACO")); // Escribe false
console.log(er.test("armario")); // Escribe true
```

Modificador $

El símbolo del dólar, **$**, fuerza a que la cadena termine por el carácter inmediatamente anterior:

```
let er = /pon$/;
console.log(er.test("ponderado")); // Escribe false
console.log(er.test("posicion")); // Escribe false
console.log(er.test("tapon")); // Escribe true
```

Modificador .

El símbolo del punto representa un carácter cualquiera:

```
let er = /ar.on/;
console.log(er.test("arcon")); // Escribe true
console.log(er.test("arpon")); // Escribe true
console.log(er.test("Aaron")); // Escribe false
```

Modificador []

Los símbolos de los corchetes establecen caracteres opcionales. La expresión la cumpliría cualquier cadena que contenga alguno de los elementos indicados entre corchetes:

```
let er = /[aeiou]/;
console.log(er.test("SOS")); // Escribe false
console.log(er.test("col")); // Escribe true
console.log(er.test("Pfff!")); // Escribe false
```

Modificador [^*expresión*]

El carácter circunflejo como primer elemento de unos corchetes indica un carácter no permitido. Por ejemplo, la siguiente expresión significa que solo se validarán las cadenas que no sean completamente numéricas:

```
let er = /[^0-9]/;
console.log(er.test("cabo")); // Escribe true
console.log(er.test("526")); // Escribe false
console.log(er.test("bueno")); // Escribe true
console.log(er.test("p4ssw0rd")); // Escribe true
```

Modificadores de cardinalidad

Se trata de símbolos que permiten configurar repeticiones de expresiones (Tabla 5.7).

Tabla 5.7. Símbolos usados para modificar la cardinalidad en una expresión regular

Método	Utilidad
exp?	Halla ninguna o una vez el elemento *exp*. Por ejemplo, **/a?sa?/** coincide con «as» en «pecas» y «asa» en «casados». Si se usa inmediatamente después de cualquiera de los cuantificadores ***, +, ?,** o **{}**, hace que el cuantificador no sea maximalista (es decir, que coincida con el mínimo número de veces), a diferencia del predeterminado, que es maximalista (coincide con el máximo número de veces).
exp*	Concuerda cero o más veces con el elemento *exp*. Por ejemplo, **/ho*/** coincide con «muchoooo» en «Hace muchoooo calor» y «h» en «El vehículo está ardiendo», pero nada en «Para de ladrar».
exp+	Encuentra una o más veces el elemento *exp*, equivalente a **{1,}.** Por ejemplo, **/r+/** coincide con la letra «r» en «Brody» y con todas las letras «r» en «Brrrrrr! ».
exp{n}	Donde *n* es un número entero positivo, concuerda exactamente con *n* apariciones del elemento *exp*. Por ejemplo, **/r{2}/** no coincide con la «r» de «Brody», pero coincide con todas las «r» de «carro» y las dos primeras «r» en «Brrrrrr! ».
exp{n,}	Donde *n* es un número entero positivo, concuerda con al menos *n* apariciones del elemento *exp*. Por ejemplo, **/a{2,}/** no coincide con las «a» en «maracaná», pero coincide con todas las «a» en «maamaa» y en «caaaaaaaraaaamelo».
exp{m,n}	Donde *n* es 0 o un número entero positivo, *m* es un número entero positivo y *m* > *n* coincide con al menos *n* y como máximo *m* apariciones del elemento *exp*. Por ejemplo, **/e{1,3}/** no coincide con nada en «castaña», la «e» en «mesa», las dos «e» en «peero» y las tres primeras «e» en «seeeeeguro».

Actividad propuesta 5.5

Validación de etiquetas

Un conocido comercio para el que estás realizando su nuevo sitio web, te ha encargado que realices una primera validación de las referencias que aparecen en las etiquetas de sus productos. La etiqueta es de la forma 2022–xrFdS/25_9. Es decir, los 4 primeros caracteres deben ser numéricos, el siguiente debe ser un – los cinco siguientes serán combinaciones de letras minúsculas y mayúsculas, el siguiente carácter será la barra inclinada, los dos siguientes dos números, después un _ y por último un número.

Crea una clase llamada **Etiqueta,** que de momento tenga solo dos propiedades, nombre del artículo y referencia del artículo; y dos métodos, mostrar artículo y validar etiqueta. Luego crea un objeto y comprueba que se validan correctamente las etiquetas.

Modificador ()

Los símbolos de los paréntesis permiten agrupar expresiones, aumentando la complejidad del patrón. Por ejemplo, para validar una cadena del tipo «maria#5jorge#9», habría que indicarle que el patrón buscado es una cadena de cinco letras de la «a» a la «z», después el símbolo «#», después un número de «0» a «9», y después repetir lo anterior. Toda la expresión que va entre paréntesis es lo que debería repetirse:

```
let er = /([a-z]{5}#[0-9]){2}/;
console.log(er.test("maria#5jorge#9")); // Escribe true
console.log(er.test("maria#5jorge#")); // Escribe false
```

Modificador |

El símbolo de la barra vertical indica una opción, es decir, valida lo que está a su izquierda o lo que está a su derecha. Por ejemplo, para validar un teléfono móvil en España (nueve dígitos que deben comenzar por 6, 7 u 8) se puede recurrir a este código:

```
let er = /(6|7|8)([0-9]{8})/;
console.log(er.test("615833678")); // Escribe true
console.log(er.test("715833678")); // Escribe true
console.log(er.test("815833678")); // Escribe true
console.log(er.test("515833678")); // Escribe false
console.log(er.test("915833678")); // Escribe false
console.log(er.test("61583678")); // Escribe false
```

Modificadores abreviados

Se trata de un conjunto de símbolos a los que precede la barra invertida, que funcionan muy bien con Unicode y permiten escribir expresiones de una forma más ágil (Tabla 5.8).

Tabla 5.8. Símbolos usados para simplificar expresiones regulares

Símbolo	Utilidad
\d	Cualquier dígito numérico.
\D	Cualquier carácter salvo los dígitos numéricos.
\s	Espacio en blanco.
\S	Cualquier carácter salvo el espacio en blanco.
\w	Cualquier carácter alfanumérico: [a-zA-Z0-9].
\W	Cualquier carácter que no sea alfanumérico: [^a-zA-Z0-9].
\0	Carácter nulo.
\n	Carácter de nueva línea.
\t	Carácter tabulador.
****	El símbolo \\.
\\"	Comillas dobles.
\\'	Comillas simples.
c	Escapa el carácter *c*.
\ooo	Carácter Unicode empleando la notación octal.
\xff	Carácter ASCII empleando la notación hexadecimal.
\uffff	Carácter Unicode empleando la notación hexadecimal.

Actividad resuelta 5.4

Validación de correos electrónicos

Crea una función que haciendo uso de las expresiones regulares permita validar el formato de una dirección de correo electrónico. Recuerda que estas son las normas que validan un correo electrónico:

- El carácter @ es obligatorio; separa la primera parte (izquierda) de la segunda (derecha).
- La primera parte:
  - Acepta letras minúsculas y mayúsculas, caracteres numéricos y los caracteres especiales # * + & ' ! % @ ? { ^ } ".
  - Acepta todos los caracteres punto (.) que se deseen, pero no puede ser ni el primer ni el último carácter, y tampoco pueden ir seguidos.
- La segunda parte acepta puntos, dígitos, guiones y letras.

Por ejemplo, hola@tu.casa.net es válido, pero mi.email.140dominio.com no lo es.

Solución

```
function validaEmail(email) {
        var regExp = /^\w+([\.-]?\w+)*@\w+([\.-]?\w+)*(\.\w{2,3})+$/;
        if (regExp.test(email)) {
                console.log("Formato de email correcto");
        }
        else {
                console.log("Formato de email incorrecto");
        }
}
validaEmail("hola@tu.casa.net");
validaEmail("mi.email.140dominio.com");
```

Método exec()

El método **exec**() se utiliza para realizar una búsqueda sobre las coincidencias de una expresión regular en una cadena específica, devolviendo un *array* en caso de éxito o **null** en caso contrario. Básicamente, se trata de una alternativa más potente a **test**() y que muestra más información de las coincidencias.

La siguiente expresión:

```
let exreg = /sendero\s(arenoso).+?noche/ig;
let res = exreg.exec('El sendero arenoso de noche puede ser peligroso');
```

busca «sendero arenoso» seguido de «noche», ignorando los caracteres que encuentre en medio y, además, ignora mayúsculas y minúsculas. La información que contiene el objeto devuelto se observa en la Figura 5.17.

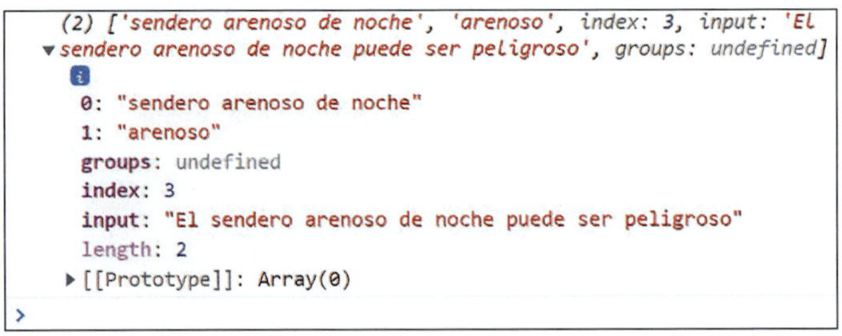

Figura 5.17. *Toda la información proporcionada por la salida de* exec().

La salida se interpreta de este modo:

- El elemento con índice cero es el primer texto encontrado que cumple la expresión regular.
- La propiedad **index** es un número que indica la primera posición en la que se encontró el texto.
- La propiedad **input** almacena el texto original donde se realizó la búsqueda.
- Los índices mayores que cero indican las coincidencias con las subcadenas buscadas en agrupaciones con paréntesis.

MAPA CONCEPTUAL

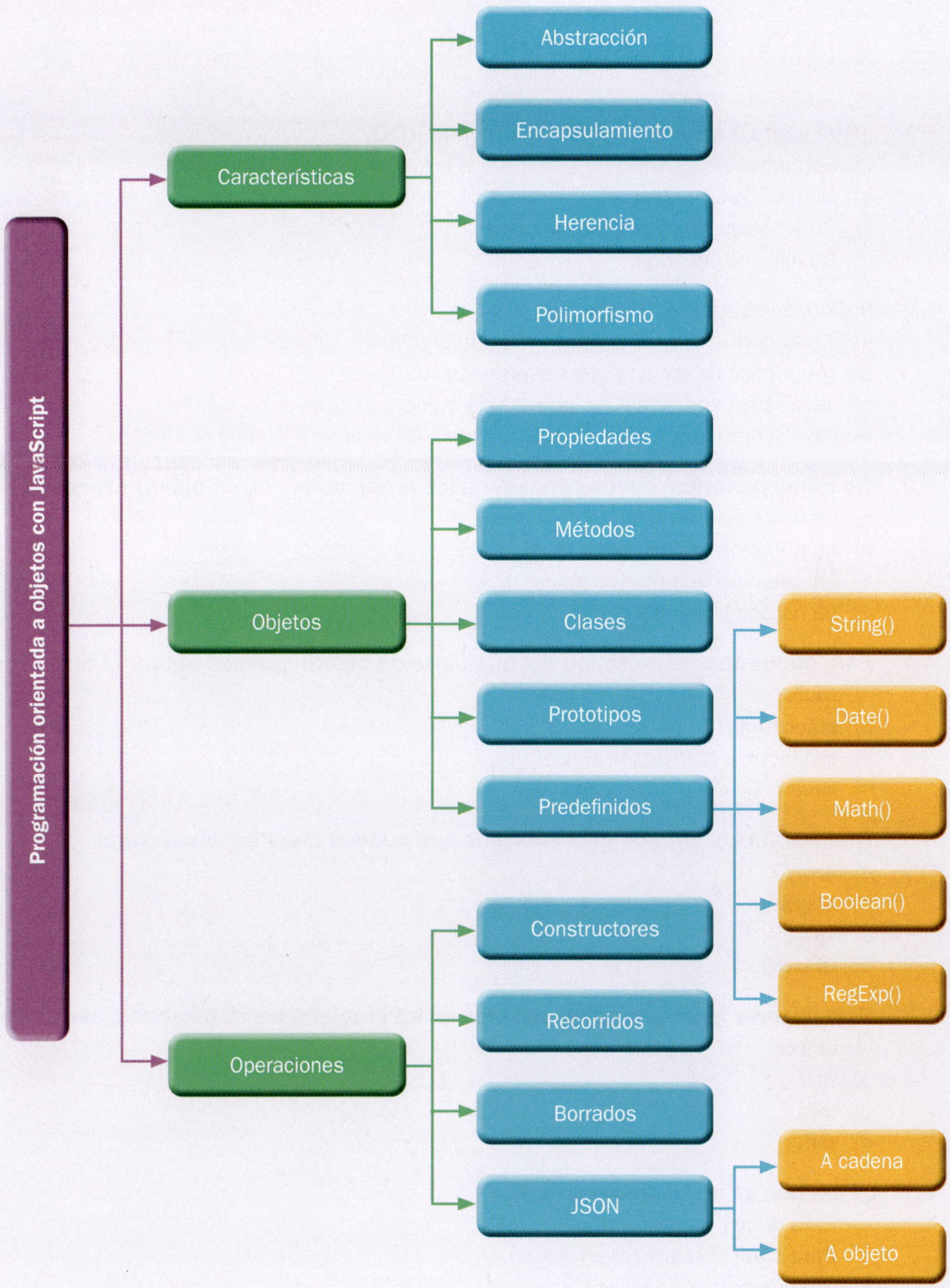

Actividades de comprobación

5.1. ¿Qué ventaja aporta la abstracción en la POO?

a) Seguridad.
b) Reducir la complejidad.
c) Poder crear una jerarquía de clases.
d) Reutilizar funciones.

5.2. Indica la respuesta incorrecta:

a) JavaScript no es un lenguaje basado en clases.
b) JavaScript es un lenguaje basado en prototipos.
c) JavaScript no trabaja los objetos de manera distinta a Java o C++.
d) JavaScript usa objetos y basa su lógica en las interacciones entre ellos.

5.3. De forma genérica, puedes acceder a las propiedades de un objeto utilizando:

a) La notación punto (**.**).
b) La notación flecha (**->**).
c) La notación dos puntos (**:**).
d) La notación guion (**-**).

5.4. Para comprobar el prototipo del que parte un objeto, puedes utilizar el operador:

a) **source**.
b) **objectfrom**.
c) **instanceof**.
d) **kindof**.

5.5. Representa los objetos más sencillos que puedes crear en JavaScript:

a) **Array()**.
b) **Map()**.
c) **String()**.
d) **Object()**.

5.6. Para acceder a los datos almacenados en las propiedades de un objeto, puedes usar:

a) **object**.
b) **that**.
c) **this**.
d) **self**.

5.7. ¿Para qué se utiliza un constructor?

a) Para definir un prototipo.
b) Para crear e inicializar un objeto.
c) Para declarar una clase.
d) Para liberar la memoria de un objeto.

5.8. ¿Qué tipo de bucle se recomienda para recorrer un objeto?

a) **for..in**.
b) **for..of**.
c) **for**.
d) **while**.

5.9. ¿Qué operador se utiliza para eliminar propiedades de un objeto?

a) erase.
b) drop.
c) eliminate.
d) delete.

5.10. ¿Con qué método conviertes una cadena JSON a un objeto JavaScript?

a) stringify.
b) convert.
c) match.
d) parse.

5.11. ¿Qué ocurre cuando en un esquema de prototipos se crea un objeto?

a) El código de los métodos del prototipo se copia en el objeto nuevo.
b) El código de los métodos del nuevo objeto se enlaza con su prototipo.
c) Se crea un *array* con el contenido del prototipo accesible desde el objeto.
d) Se crea un objeto por cada prototipo de la cadena jerárquica.

5.12. ¿Qué diferencia existe entre usar comillas dobles y simples en el objeto String()?

a) Las dobles se usan para cadenas de más de un carácter.
b) Las simples se usan para cadenas de un solo carácter.
c) Las simples se pueden escapar, pero las dobles no.
d) Ninguna.

5.13. ¿Qué es un método estático?

a) Un método que se debe invocar sin instanciar su clase.
b) Un método que recuerda su valor devuelto en la llamada anterior.
c) Un método cuyas instrucciones no se pueden modificar.
d) Un método que no se puede cambiar de sitio.

5.14. ¿Qué fecha en milisegundos toma el objeto Date() como referencia inicial para realizar sus cálculos?

a) 31 de diciembre de 1999.
b) 1 de enero de 1900.
c) 6 de junio de 1944.
d) 1 de enero de 1970.

5.15. ¿Qué es una expresión regular?

a) Una instrucción que se usa con frecuencia en todos los programas.
b) Una expresión que sin ser correcta no lanza errores.
c) Un bloque de código genérico usado para explicar patrones de diseño.
d) Un patrón que se utiliza para buscar coincidencias en cadenas de texto.

5.16. Si quieres validar una cadena que empiece por «T», le siga un carácter cualquiera, termine en «os» y no distinga entre mayúsculas y minúsculas, debes escribir el patrón:

a) /{Tt}*os/
b) /t[]os$/
c) /T.os/i
d) /+t?os/W

5.17. **La expresión /^#?([a-f0-9]{6}|[a-f0-9]{3})$/ valida:**
   a) Un tamaño en píxeles.
   b) Un color hexadecimal.
   c) Un *hashtag* de Twitter.
   d) Una malla tridimensional.

Actividades de aplicación

5.18. Crea una clase con dos propiedades y dos métodos donde se evidencien los conceptos de abstracción y encapsulamiento de la programación orientada a objetos.

5.19. Escribe un programa con herencia de clases que permita modelar los objetos **Teléfono, Fijo** y **Móvil,** de manera que **Teléfono** sea la clase madre y **Fijo** y **Móvil,** clases derivadas.

5.20. Diseña una jerarquía de clases donde **Música** y **Tecnología** sean clases derivadas de **Aula,** para modelar las instalaciones de un instituto de enseñanza secundaria. Elige un método con el que evidenciar el concepto del polimorfismo.

5.21. Construye un objeto partiendo de **Object** y modifícalo al vuelo para modelar una matriz. Sus propiedades serán **nFilas, nColumnas** y **contenido,** y sus métodos **inicializarMatriz(valor),** que rellena toda la matriz con el mismo valor, **aleatoriaMatriz(),** que rellena la matriz con enteros aleatorios entre 1 y 100, y **verMatriz()** que la muestra por consola.

5.22. Crea una clase donde demuestres la utilidad del objeto **this.**

5.23. Escribe un programa que haga uso de la clase **Club,** para modelar un club de fútbol que contenga las propiedades **añoFundación, numSocios, nombreEstadio, ciudad** y **palmarés** (de cada título debe almacenar su nombre y año de consecución). Elige los tipos de datos que consideres más útiles en cada caso. Debe contener un único método, **verClub(),** que muestre toda la información contenida en sus propiedades. Crea seis objetos, de manera que el primero ejecute el constructor sin parámetros, el segundo con un parámetro, el tercero con dos parámetros, y así sucesivamente hasta el sexto con cinco parámetros. Realiza un recorrido de cada objeto asegurándote de que en cada recorrido modificas el contenido de alguna propiedad. ¿Son coherentes los datos que se muestran de cada objeto? Razona tu respuesta.

5.24. Crea una clase **Película** que permita gestionar esta información: nombre de la película, año de estreno, duración, género, los seis actores o actrices más importantes, la URL de su cartel promocional y su director; y una acción que permita mostrar en consola toda la información. El constructor recibirá los datos en una cadena JSON de la que deberá sacar los valores de cada propiedad. Crea un objeto de la clase y ponla a prueba.

5.25. Crea un objeto que disponga de métodos para operar con fechas, concretamente:
- **difFechas:** calcula los días que hay de diferencia entre dos fechas.
- **maxFecha:** devuelve la fecha más reciente de dos fechas dadas.
- **testFecha:** comprueba si el formato de una fecha es correcto.
- **ayerFecha:** devuelve el día anterior a una fecha dada.
- **mañanaFecha:** devuelve el día posterior a una fecha dada.

ACTIVIDADES FINALES

5.26. Escribe una expresión regular que valide solo las letras del castellano: debe incluir mayúsculas, minúsculas y caracteres con tilde, pero no espacios en blanco.

5.27. Diseña una expresión regular que valide un precio en € con dos decimales. Debe permitir utilizar como carácter separador tanto el punto como la coma, y debe haber un espacio en blanco entre el precio y el carácter €.

5.28. Crea una expresión regular que valide una hora en formato HH:MM de 24 horas, donde HH representa las horas y MM los minutos.

5.29. Escribe una expresión regular que permita validar URL de sitios web, cuyos requisitos son que empiece por **https://,** termine en **.es** y en medio no haya ninguna «ñ».

5.30. Reescribe la siguiente función de reemplazo de caracteres utilizando expresiones regulares:

```
function escapeHTML(text) {
        var replacements = [["&", "&amp;"], ["\"", "&quot;"], ["<", "&lt;"], [">", "&gt;"]];
        forEach(replacements, function(replace) {
                text = text.replace(replace[0], replace[1]);
        });
        return text;
}
```

Actividades de ampliación

5.31. Reflexiona sobre la utilidad de la programación orientada a objetos y escribe tres problemas que tendrían difícil solución aplicando este modelo. Razona tu respuesta.

5.32. ¿Qué otros operadores, aparte de **instanceof,** ayudan a obtener información de los tipos de los objetos?

5.33. Crea dos objetos y realiza las operaciones aritméticas de suma, resta, multiplicación y división con ellos. ¿Qué resultados obtienes? Investiga por qué y modifica las definiciones de los objetos para que el resultado sea coherente.

5.34. Acude a la documentación oficial de JavaScript y profundiza sobre el conocimiento de los prototipos.

5.35. ¿Qué otros objetos predefinidos del lenguaje existen? Selecciona un conjunto de ellos y explica brevemente cuáles son las principales ventajas que aportan.

5.36. ¿Existen más métodos disponibles para validar cadenas usando expresiones regulares? Recopílalos y elabora una tabla donde se pueda ver su sintaxis, qué mejora aportan y cuándo es recomendable utilizarlos.

5.37. Investiga si existen diferencias significativas de rendimiento en programas desarrollados con la programación orientada a objetos en comparación con otros paradigmas.

5.38. Escribe las principales diferencias que existen entre el modelo de objetos que implementan JavaScript y C++.

Enlaces web de interés

- **Mozilla Developers** - https://developer.mozilla.org/en-US/docs/Learn/JavaScript/Objects/Object-oriented_programming (*website* para desarrolladores)
- **freeCodeCamp** - https://www.freecodecamp.org/ (sitio web dedicado al aprendizaje de lenguajes de programación)
- **W3Schools** - https://www.w3schools.com/ (sitio web dedicado a la programación)
- **Stackoverflow** - https://stackoverflow.com/ (la mayor comunidad de programadores de internet)
- **ECMAScript 2022** - https://262.ecma-international.org/13.0/ (última actualización de la especificación del lenguaje)
- **W3Resource** - https://www.w3resource.com/ (recursos libres para programadores *front-end)*
- **Jslib.dev** - https://jslib.dev/ (sitio web especializado en el desarrollo con JavaScript)
- **JavaScript en Microsoft** - https://docs.microsoft.com/es-es/javascript/ (comunidad para el aprendizaje de JavaScript en Microsoft)

UNIDAD 6

Modelo de objetos del cliente

Objetivos

- Entender la estructura del modelo de objetos del cliente.
- Analizar la relación que existe entre los diferentes objetos.
- Reconocer las diferencias entre el BOM y el DOM.
- Utilizar las propiedades y los métodos de los principales objetos del BOM.
- Crear y gestionar temporizadores.
- Aprender a seleccionar, obtener y modificar elementos del DOM.
- Describir las posibilidades que ofrece la manipulación del DOM.
- Gestionar *cookies*.

Contenidos

- 6.1. Un modelo, dos enfoques
- 6.2. Modelo de objetos del navegador
- 6.3. Modelo de objetos del documento

Introducción

Durante las unidades precedentes se ha invertido una cantidad importante de tiempo en aprender cómo funciona el lenguaje de referencia de la web. Era una tarea muy necesaria para conseguir el primer objetivo, alcanzar cierta destreza creando y manipulando distintas estructuras de datos. Sin embargo, todo lo anterior no tendría sentido si no se aplicara sobre el espacio de desarrollo correcto.

De la misma forma que un deportista necesita conocer su físico, saber sus límites y entender hasta dónde puede llegar, para poder sacar el mayor rendimiento sobre el terreno de juego, los programadores necesitan conocer el lugar sobre el que van a desplegar todo su potencial de programación. Ese lugar tan especial es el documento en el que se representan las aplicaciones web.

En esta unidad se estudia ese espacio, su estructura, cómo está configurado y qué elementos ofrece JavaScript para modelarlo.

6.1. Un modelo, dos enfoques

En muchas ocasiones, cuando se hace referencia al modelo de objetos del cliente, se generaliza con el DOM (modelo de objetos del documento), como si todos los objetos disponibles formaran parte del mismo modelo. Se trata de un error común que no proporciona una comprensión completa de cómo funcionan todos los elementos del cliente.

El DOM no lo es todo, mucho más sabiendo que técnicamente **el DOM no es más que una parte del BOM (modelo de objetos del navegador)**; al fin y al cabo, el navegador es toda la interfaz que tienen los usuarios a mano para usar una aplicación web.

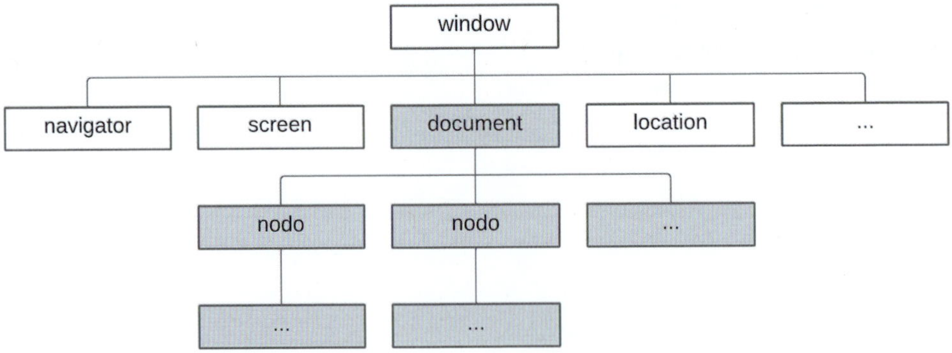

Figura 6.1. *Jerarquía de objetos del modelo.*

Dicho lo anterior, es importante aclarar que en esta obra se separarán porque, desde el punto de vista funcional, el DOM es la parte más importante a la hora de trabajar con JavaScript y es deseable dejar muy bien delimitadas las funciones de cada modelo.

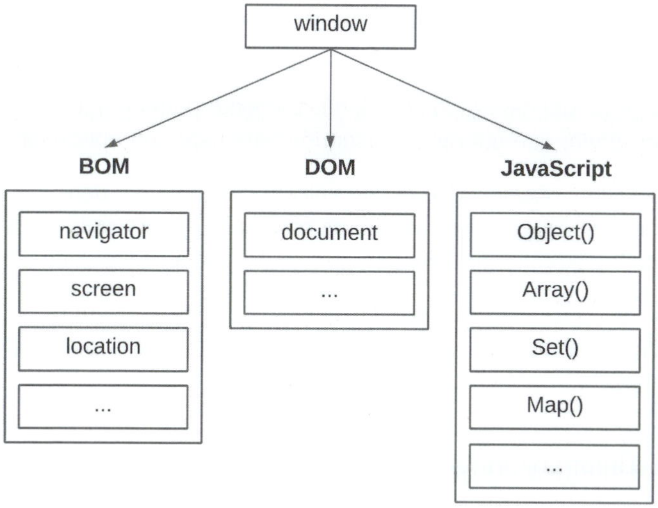

Figura 6.2. *División conceptual para facilitar el estudio de JavaScript.*

Por decirlo de una manera entendible por todos, el BOM da acceso a todo lo que tiene que ver con el navegador, y el DOM con el sitio web que en cada momento se representa en el navegador.

Figura 6.3. *Identificación visual sencilla de entender de cada modelo.*

En las siguientes páginas de esta unidad se repasa al detalle cada uno de los elementos de ambos modelos.

6.2. Modelo de objetos del navegador

El modelo de objetos del navegador, BOM, básicamente permite que JavaScript se comunique con el navegador que utilizan los usuarios para usar una aplicación web.

No existen estándares oficiales que lo normalicen; sin embargo, debido a que una extensa generalidad de los navegadores modernos ha implementado casi todos los métodos y propiedades con las que trabaja JavaScript, con frecuencia se los denomina propiedades y métodos del BOM.

En los siguientes apartados se verán cuáles son y cómo funcionan los objetos más importantes del modelo.

6.2.1. Objeto window

El objeto **window** representa la ventana del navegador. Todos los objetos, funciones y variables globales de JavaScript se convierten automáticamente en miembros de este objeto, de manera que las variables serán las propiedades, y las funciones los métodos. Tal y como se ha avanzado, hasta el DOM es una propiedad del objeto **window.**

Una de las principales utilidades que ofrece este objeto padre es poder obtener el tamaño de la ventana del navegador:

```
let ancho = window.innerWidth;
let alto = window.innerHeight;
console.log(`Ancho x Alto (en píxeles): ${ancho} x ${alto}`);
```

```
Ancho x Alto (en píxeles): 1186 x 151
>
```

Figura 6.4. *Valores devueltos por la consola del navegador.*

Las propiedades disponibles no se quedan aquí; existen muchas otras, pero su funcionamiento desde el punto de vista del código es idéntico. Se anima al lector a que acuda a la documentación oficial del objeto para descubrirlas. Aquí, por cuestiones de espacio, no pueden cubrirse todas.

Para saber más

Con el siguiente enlace o código QR se accede a la lista de propiedades del objeto **window:**

https://developer.mozilla.org/es/docs/Web/API/Window#propiedades

Además, también tiene una lista muy útil de métodos a disposición del programador. En la Tabla 6.1 se recogen algunos de los más importantes.

Tabla 6.1. Métodos más útiles del objeto window

Método	Utilidad
alert()	Abre una ventana de alerta con un mensaje y un botón para aceptar.
blur()	Retira el foco de una ventana.
close()	Cierra la ventana.
confirm()	Abre una ventana de diálogo con dos botones: **Aceptar** y **Cancelar.** Devuelve **true** si se pulsa **Aceptar,** y **false** en caso contrario.
focus()	Asigna el foco a una ventana.
moveBy()	Mueve la ventana la cantidad de píxeles que se indique desde su posición actual.
moveTo()	Mueve la ventana a las coordenadas en píxeles que se le indiquen.
open()	Abre una URL en una nueva pestaña.
print()	Abre el cuadro de diálogo de impresión para imprimir una ventana.
prompt()	Abre un cuadro de diálogo para que el usuario introduzca datos y dos botones: **Aceptar** y **Cancelar.** Devuelve el valor introducido por el usuario si se pulsa en **Aceptar,** y **null** en otro caso.
resizeBy()	Redimensiona la ventana usando los incrementos o decrementos que se indican en píxeles.
resizeTo()	Redimensiona la ventana al tamaño indicado.
scrollBy()	Desplaza el contenido de la ventana el número de píxeles que se le indique.
scrollTo()	Desplaza el contenido de la ventana hasta la posición en píxeles que se indica.
stop()	Cancela la carga de la página.

Nota técnica

En el contexto de las aplicaciones web cuando se habla de foco se hace referencia al elemento que en cada momento tiene la capacidad de ser modificado o con el que se puede interactuar. Que una ventana reciba el foco, quiere decir que esa es la ventana activa en ese momento. Si desde un programa se pone el foco en un elemento de la página, las operaciones que se realicen en ese momento se realizarán sobre ese elemento activo.

Actividad resuelta 6.1

Métodos del objeto window

Escribe un programa que le pida al usuario qué porcentaje quiere aplicar para redimensionar la ventana. El programa debe pedir confirmación y solo en caso de que se acepte, se redimensionará la ventana el porcentaje indicado. Es necesario, igualmente, ir mostrando por la consola qué va ocurriendo en cada momento:

Solución

```
let prmpt = window.prompt("Indica una cantidad en píxeles, por favor:");
if (prmpt !== null) {
        console.log("El usuario pulsó Aceptar en la introducción de datos");
        let cnfrm = window.confirm(`¿Estás seguro de aplicar ${prmpt}px?`);
        if (cnfrm === false) {
                console.log("El usuario no estaba seguro");
        }
        else {
                console.log("El usuario estaba seguro");
                window.resizeBy(prmpt,prmpt);
                console.log(`Ventana redimensionada ${prmpt}x${prmpt}px`);
        }
}
else {
        console.log("El usuario canceló la introducción de datos");
}
```

6.2.2. Objeto navigator

Se trata del objeto de **window** que contiene la información sobre el navegador que está utilizando el usuario para interactuar con la aplicación web. Puede utilizarse directamente sin utilizar el prefijo **window.** En la Tabla 6.2 se muestran algunas de las propiedades más interesantes de este objeto.

Tabla 6.2. Propiedades más útiles del objeto navigator

Propiedad	Utilidad
clipboard	Devuelve un objeto para trabajar con el portapapeles.
cookieEnabled	Devuelve **true** si las *cookies* están habilitadas.
geolocation	Devuelve un objeto con la localización del usuario.
language	Devuelve el idioma del navegador.
onLine	Devuelve **true** si el navegador está *online.*
plugins	Devuelve información sobre los *plugins* instalados.
storage	Devuelve un objeto que permite trabajar con la API de almacenamiento de datos persistentes.
userAgent	Devuelve información sobre el navegador del usuario.

```
let infoNavegador="clipboard: "+navigator.clipboard+"\n";
infoNavegador+="cookieEnabled: "+navigator.cookieEnabled+"\n";
infoNavegador+="geolocation: "+navigator.geolocation+"\n";
infoNavegador+="language: "+navigator.language+"\n";
infoNavegador+="onLine: "+navigator.onLine+"\n";
```

```
infoNavegador+="plugins: "+navigator.plugins+"\n";
infoNavegador+="storage: "+navigator.storage+"\n";
infoNavegador+="userAgent: "+navigator.userAgent+"\n";
console.log(infoNavegador);
```

```
clipboard: [object Clipboard]                                   modelo.js:9
cookieEnabled: true
geolocation: [object Geolocation]
language: es-ES
onLine: true
plugins: [object PluginArray]
storage: [object StorageManager]
userAgent: Mozilla/5.0 (Windows NT 10.0; Win64; x64) AppleWebKit/537.36
(KHTML, like Gecko) Chrome/103.0.0.0 Safari/537.36
>
```

Figura 6.5. *Resultado en consola de la consulta de propiedades del objeto* navigator.

También proporciona algunos métodos, como **javaEnabled**(), para comprobar si el *plugin* de Java está activado, o **vibrate**(), para hacer vibrar al dispositivo en el que se ejecuta. Además, algunos navegadores extienden este objeto aportando otros métodos muy útiles.

6.2.3. Objeto screen

El objeto **window.screen** contiene información sobre la pantalla del usuario. Hay que tener en cuenta que los navegadores determinan cuál es la pantalla actual detectando qué pantalla tiene el navegador centrado. En la Tabla 6.3 se pueden ver algunas propiedades interesantes.

Tabla 6.3. Propiedades más útiles del objeto screen

Propiedad	Utilidad
availHeight	Especifica la altura de la pantalla, en píxeles.
availWidth	Especifica la anchura de la pantalla, en píxeles.
colorDepth	Devuelve la profundidad de color de la pantalla.
height	Altura completa de la pantalla del usuario.
orientation	Devuelve un objeto con información sobre la orientación de la pantalla. Es una propiedad experimental que continuará, pero podría modificar su funcionamiento en el futuro próximo.
pixelDepth	Devuelve la profundidad de bits de la pantalla.
width	Anchura completa de la pantalla del usuario.

```
let infoPantalla="availHeight: "+screen.availHeight+"\n";
infoPantalla+="availwidth: "+screen.availwidth+"\n";
infoPantalla+="height: "+screen.height+"\n";
infoPantalla+="width: "+screen.width+"\n";
```

```
infoPantalla+="colorDepth: "+screen.colorDepth+"\n";
infoPantalla+="pixelDepth: "+screen.pixelDepth+"\n";
infoPantalla+="orientation: "+screen.orientation+"\n";
infoPantalla+="orientation.type: "+screen.orientation.type+"\n";
console.log(infoPantalla);
```

```
availHeight: 875
availwidth: undefined
height: 875
width: 1400
colorDepth: 24
pixelDepth: 24
orientation: [object ScreenOrientation]
orientation.type: landscape-primary
>
```

Figura 6.6. *Resultado en consola de la consulta de propiedades del objeto* screen.

Dispone también de otras propiedades que no se incluyen por estar obsoletas, en vías de eliminación, o por no ser compatibles con todos los navegadores, como, por ejemplo, **availLeft, availTop, left, top.**

Tampoco aporta métodos propios que sean estándares. Lo que sí hace es implementar métodos heredados de otras clases, que se verán al repasar estas últimas.

6.2.4. Objeto location

Es otro de los objetos interesantes de **window.** En este caso representa la localización (URL) del objeto al que está vinculado, es decir, la URL de la aplicación web. A esta propiedad se puede acceder desde el objeto **window** y desde el objeto **document,** ya que ambas son referencias al mismo objeto.

La propiedad más interesante de este objeto es **href,** que devuelve la URL de la aplicación. Pero también redirecciona a la URL indicada simplemente asignándole una nueva dirección:

```
console.log(location.href); // Devuelve la URL de la aplicación
location.href = "https://www.google.es"; // Carga google.es
```

Adicionalmente, se puede obtener y manipular otra información parcial de la localización de la aplicación (Tabla 6.4).

Tabla 6.4. Propiedades más útiles del objeto location

Propiedad	Utilidad
hash	Obtiene **#** seguido del marcador indicado en la URL. Por ejemplo, si la URL es https://paraninfo.es/libros/tecnicos#javascript devolvería **#javascript.**
host	Una cadena que contiene *nombrehost:puerto* de la URL. Por ejemplo: **paraninfo.es:886.**

Propiedad	Utilidad
hostname	El dominio de una URL: por ejemplo, **paraninfo.es.**
origin	Contiene la forma canónica del origen de una URL: protocolo, puerto y nombre de *host.*
password	Almacena la contraseña que vaya en la URL, si la hay.
pathname	Saca la ruta de ficheros a partir del *host* en la URL: por ejemplo, **/libro/html/modelo.html.**
port	Obtiene el número del puerto de la URL.
protocol	Captura el esquema del protocolo de la URL, incluyendo los dos puntos: por ejemplo, **http:.**
search	Contiene la cadena de consulta de una URL. Por ejemplo: si la URL es https://paraninfo.es/buscar.php?autor=Gonzalez&keyword=js, almacenaría **?autor=Gonzalez&keyword=js.**
username	Almacena el nombre de usuario que vaya en la URL, si lo hay.

También ofrece algunos métodos interesantes, como **reload**(), que recarga la página. Recibe un parámetro que cuando es **true** hace que la página siempre sea recargada desde el servidor. Si es **false**, o no se especifica, la página se puede recargar desde la caché.

6.2.5. Objeto history

Es el objeto destinado a almacenar el historial de páginas visitadas. Su utilidad más interesante reside en el método **go**(), que permite moverse por el historial. De esta manera, **go**(**-1**) sería equivalente a **back**() y llevaría a la página anterior; y **go**(**1**) sería equivalente a **forward**() y llevaría a la página siguiente.

6.2.6. Temporizadores

El objeto **window** también ofrece algunos métodos que permiten gestionar el tiempo en el navegador, una utilidad muy interesante que resuelve muchas tareas de forma sencilla.

En concreto son cuatro métodos: **setTimeout**() y **setInterval**() y sus correspondientes **clearTimeout**() y **clearInterval**(). La funcionalidad que se busca cubrir es tener la capacidad de ejecutar código cuando pase cierto tiempo. En los siguientes apartados se estudia su utilización.

setTimeout()

Este método acepta dos parámetros, el primero es el *callback* que se ejecutará y el segundo el tiempo en milisegundos que hay que esperar antes de que se ejecute:

```
let t1 = new Date();
console.log(t1.getHours()+":"+t1.getMinutes()+":"+t1.getSeconds());
```

```
window.setTimeout(()=>{
        let t2 = new Date();
        console.log(t2.getHours()+":"+t2.getMinutes()+":"+t2.getSeconds());
},5000);
```

Con la pieza de código anterior se saca en pantalla la hora a la que se inicia la ejecución del *script*, y luego se crea un temporizador que deberá ejecutarse tras una espera de cinco segundos. El *callback* del temporizador simplemente muestra en pantalla la hora que es. La salida en consola permite comprobar que efectivamente ha ocurrido lo que se esperaba (Figura 6.7).

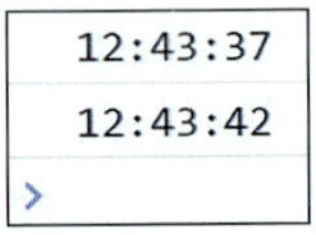

Figura 6.7. *El* callback *ejecutándose cinco segundos después.*

En los programas se pueden tener todos los temporizadores que se desee, pero ¿cómo se identifican en caso de realizar alguna acción posterior sobre alguno de ellos? Capturando el valor devuelto por **window.setTimeout()**, que es precisamente su identificador. De esta manera, puede ejecutarse **clearTimeout(*identificador*)** y el *callback* de **setTimeout()** nunca se ejecutará.

```
let t1 = new Date();
console.log(t1.getHours()+":"+t1.getMinutes()+":"+t1.getSeconds());
identificador = window.setTimeout(()=>{
        let t2 = new Date();
        console.log(t2.getHours()+":"+t2.getMinutes()+":"+t2.getSeconds());
},5000);
clearTimeout(identificador);
console.log("Programa terminado");
```

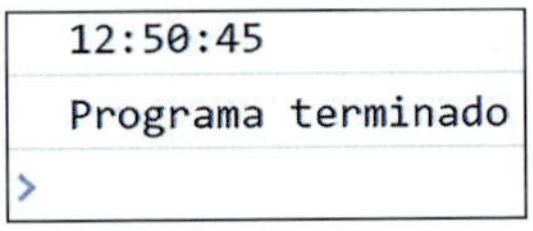

Figura 6.8. *El* callback *cancelado antes de finalizar la cuenta del temporizador.*

Como se puede ver, el *callback* nunca se ha llegado a ejecutar, porque la cancelación del temporizador llegó antes de que transcurrieran los cinco segundos.

Actividad propuesta 6.1

Tiempo de vida de un enlace

Crea un fragmento de HTML con las etiquetas que desees, pero que contenga dos enlaces. A continuación, crea un temporizador que elimine el primer enlace tras haber transcurrido cinco segundos. Tras la eliminación del primer enlace debes crear otro temporizador que se activará a los diez segundos y que eliminará el segundo enlace.

setInterval()

Este método es idéntico al anterior, pero con un único matiz adicional: el *callback* se ejecuta cada vez que transcurra el tiempo indicado, no una sola vez como en el caso de **setTimeout.**

Es posible estar pensando en lo siguiente: si no se captura su identificador y nunca se invoca a **clearInterval()**, el *callback* se ejecutará indefinidamente cada vez que transcurra el tiempo que se le haya indicado. Efectivamente, hasta que no se cancele seguirá haciendo su trabajo una y otra vez.

```
let t1 = new Date();
console.log(t1.getHours()+":"+t1.getMinutes()+":"+t1.getSeconds());
identificador = window.setInterval(()=>{
        let t2 = new Date();
        console.log(t2.getHours()+":"+t2.getMinutes()+":"+t2.getSeconds());
},3000);
console.log("Programa terminado");
```

```
13:1:50
Programa terminado
13:1:53
13:1:56
>
```

Figura 6.9. *El* callback *ejecutándose indefinidamente cada tres segundos.*

Al observar la salida de este programa (que se ha abortado manualmente), queda patente una cuestión importante que a veces se pasa por alto. Cuando se establece el temporizador, la ejecución del programa no se detiene en ese punto, sino que continúa con independencia de que el temporizador ejecute su *callback* indefinidamente tantas veces como la lógica del programa permita.

Actividad resuelta 6.2

Hasta el infinito, solo si tú quieres

Escribe un programa que le muestre un recordatorio al usuario cada cinco segundos. Mientras el usuario pulse en **Aceptar**, el recordatorio continuará. Cuando el usuario pulse en **Cancelar**, el recordatorio se anulará.

Solución

```
let identificador = window.setInterval(()=>{
        let respuesta = window.confirm("Tienes cita con el dentista. ¿Te lo sigo recordando?");
        if (respuesta === false){
                window.clearInterval(identificador);
                console.log("Programa terminado.");
        }
        else {
                console.log("Seguir recordando.");
        }
},5000);
```

6.3. Modelo de objetos del documento

El modelo de objetos de un documento (DOM) es un estándar del W3C (*World Wide Web Consortium*) que permite que los programas accedan y actualicen dinámicamente el contenido, la estructura y el estilo de un documento.

En el contexto de una aplicación web del lado cliente, los documentos a los que se refiere serán principalmente HTML (aunque son aplicables a otros, como XML). Por ello, con JavaScript es posible:

- Cambiar todos los elementos HTML de la página.
- Cambiar todos los atributos HTML de la página.
- Cambiar todos los estilos CSS de la página.
- Eliminar elementos y atributos HTML existentes.
- Agregar nuevos elementos y atributos HTML.
- Reaccionar a todos los eventos HTML existentes en la página.
- Crear nuevos eventos HTML en la página.

Un segundo concepto muy importante que se debe asimilar es la naturaleza arbórea del documento. HTML se comporta estructuralmente como un árbol. Cada elemento es un nodo y según el nivel de profundidad se establecen relaciones de parentesco, de manera que, si un nodo cuelga de otro, el más profundo es hijo, el inmediatamente superior es el padre y los que están al mismo nivel y comparten padre, son, evidentemente, hermanos.

```
<!DOCTYPE html>
<html lang="es">
      <head>
                  <meta charset="UTF-8">
                  <script src="DOM.js"></script>
                  <title>Analizando el DOM</title>
      </head>
      <body>
                  <nav>
                              <a href="#">Enlace 1</a>
                  </nav>
                  <section>
                              <h1>Primeros pasos</h1>
                              <p>Lorem ipsum dolor sit amet...</p>
                  </section>
      </body>
</html>
```

En el código HTML anterior se ve un documento típico que contiene un **head** con tres elementos (**meta, script** y **title**) y un **body** del que cuelgan dos elementos (**nav** y **section**), cada uno de ellos con otros elementos descendientes. Teniendo esto presente, su árbol asociado es el que se muestra en la Figura 6.10.

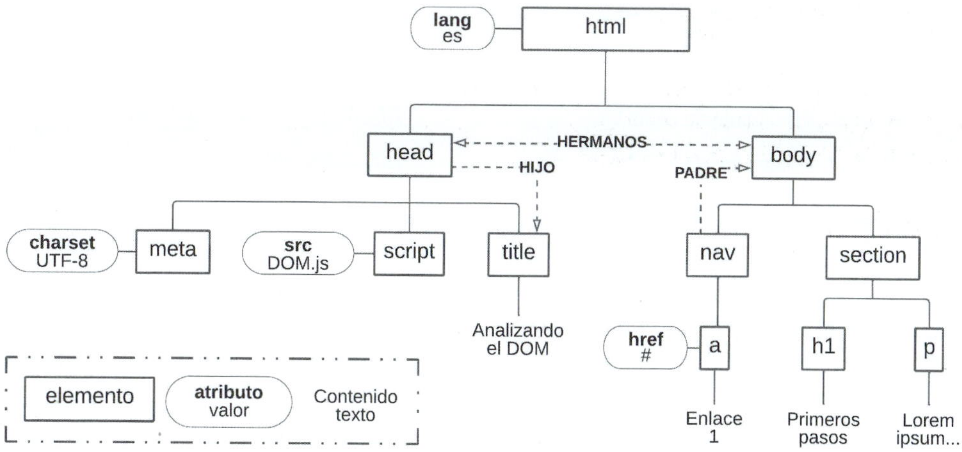

Figura 6.10. *Árbol con relaciones de parentesco entre sus nodos.*

Sabiendo que el DOM se construye de esta forma, el objeto que contiene toda esta información es **document** (hay que recordar que **document** también es una propiedad de **window**), que será siempre el punto de partida para seleccionar y modificar elementos de las páginas.

Pero antes de eso, y tomando como referencia la Figura 6.10, se observa que existen distintos **tipos de nodos** (y ahí no están todos). Por eso, se necesita alguna herramienta que permita conocer con qué tipo de nodo se está tratando. La propiedad **nodeType** se encarga de ese trabajo. Al consultar esa propiedad sobre un nodo seleccionado, se verá de qué tipo es:

```
console.log(document.nodeType); // Escribe 9
```

La lista de posibles valores de **nodeType** se recoge en la Tabla 6.5.

Tabla 6.5. Tipos de nodos y su valor y constante asociados

Valor	Nodo	Constante asociada
1	Elemento	**ELEMENT_NODE**
2	Atributo*	**ATTRIBUTE_NODE**
3	Texto	**TEXT_NODE**
4	CDATA*	**CDATA_SECTION_NODE**
5	Referencia a entidad*	**ENTITY_REFERENCE_NODE**
6	Entidad*	**ENTITY_NODE**
7	Instrucción de procesado	**PROCESSING_INSTRUCTION_NODE**
8	Comentario	**COMMENT_NODE**
9	Documento	**DOCUMENT_NODE**

Valor	Nodo	Constante asociada
10	Tipo de documento	**DOCUMENT_TYPE_NODE**
11	Fragmento de código	**DOCUMENT_FRAGMENT_NODE**
12	Anotación*	**NOTATION_NODE**

*Actualmente obsoletos, no se recomienda su uso en sitios web nuevos.

Asociadas a **nodeType** están las propiedades **nodeName** (el nombre del nodo) y **nodeValue**, que es el valor del nodo (devuelve **null** cuando el nodo es el documento entero, un fragmento, el tipo del documento, un elemento, una referencia a entidad o una anotación).

El siguiente paso, tras conocer los tipos de nodos disponibles en el DOM, es saber cómo seleccionarlos para poder trabajar con ellos.

6.3.1. Selección de elementos

El objeto **document** ofrece múltiples vías para seleccionar nodos del DOM. Las cuatro opciones más interesantes son las que se estudian a continuación.

Identificadores

getElementById permite **seleccionar nodos por medio del atributo id** de sus elementos. Devuelve el nodo si lo encuentra, o **null** en caso contrario. El siguiente fragmento HTML muestra cómo funciona:

```
<span id="CEO">Joaquín Luque.</span>
<span id="CTO">Lucía Valdivia.</span>
<span id="CIO">Marisa Pons.</span>
```

En esta pieza de código HTML hay tres elementos **span**, cada uno de ellos identificado con un **id** y cuyo contenido es el nombre de una persona.

```
let ceo = document.getElementById("CEO");
console.info(ceo);
console.log(ceo.nodeType);
console.log(ceo.nodeName);
console.log(ceo.nodeValue);
```

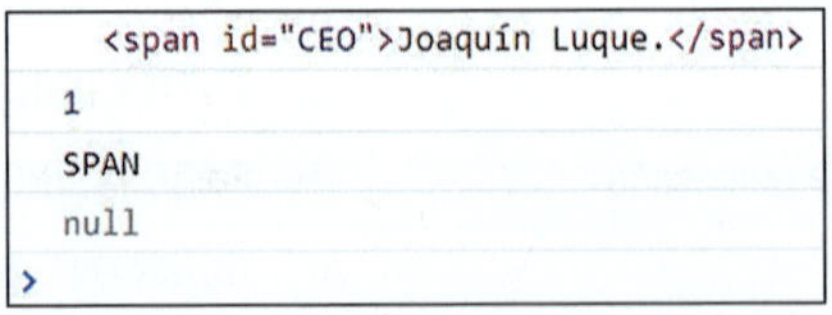

Figura 6.11. Salida de la selección con identificador e información del nodo.

Etiquetas

getElementsByTagName permite **seleccionar nodos por medio del nombre de su etiqueta.** A diferencia del anterior, no devolverá un solo nodo, sino un **NodeList** o lista de nodos.

```
let equipo = document.getElementsByTagName("span");
console.info(equipo);
console.log(equipo.length);
console.log(equipo[1]);
```

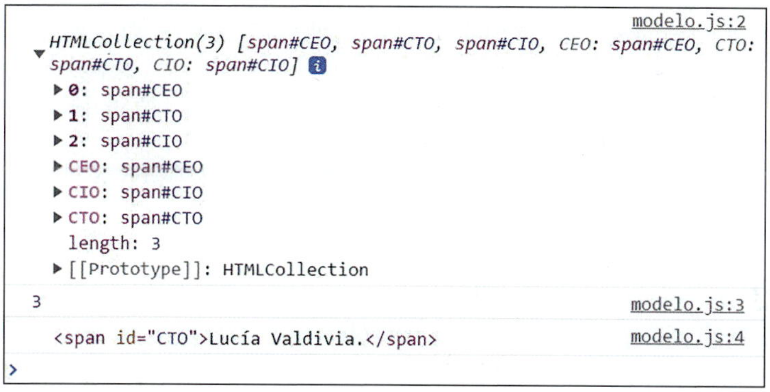

Figura 6.12. *Contenido de un objeto* NodeList.

Observando la salida, se puede ver el contenido de un **NodeList,** al que se le pueden aplicar algunas utilidades de los *arrays,* como conocer la cantidad de elementos (**equipo.length**) o acceder a ellos por medio del operador corchetes (**equipo[1]**). También pueden usarse todos los bucles **for** vistos para recorrer *arrays.* Este concepto debe aplicarse con cuidado, porque no son aplicables todos los métodos disponibles en *arrays,* como por ejemplo **slice, join** o **sort.** Para ello, siempre puede convertirse un **NodeList** en un *array* puro usando el operador de propagación (**...**).

Actividad propuesta 6.2

El penúltimo párrafo

Crea un fragmento de HTML que contenga cinco párrafos y cuyas etiquetas no tengan ningún atributo. A continuación, muestra en la consola el contenido del penúltimo párrafo.

Clases

getElementsByClassName es idéntico en su funcionamiento al anterior, pero en este caso **selecciona los elementos por el valor de su atributo class.**

```
<span id="CEO" class="jefatura">Joaquín Luque.</span>
<span id="CTO" class="direccion">Lucía Valdivia.</span>
<span id="CIO" class="direccion">Marisa Pons.</span>
```

Se ha modificado el fragmento HTML de partida para alterar sus identificadores y añadir un nuevo atributo **class** que permite aplicarles distintos estilos y que también puede utilizarse como selectores CSS.

```
let directores = document.getElementsByClassName("direccion");
// devuelve el segundo y tercer span
```

Selectores CSS

Existen varias alternativas para **seleccionar nodos usando selectores CSS**, pero el más importante y el que cubre toda la funcionalidad es **querySelectorAll.** Hay que indicarle un selector CSS como parámetro y siempre devolverá una lista de nodos que cumplen con los criterios de la selección. Es importante escribir correctamente la cadena de consulta para evitar que se produzcan errores.

```
<span id="CEO" class="jefatura">
        <a class="god_link" href="#">Joaquín Luque.</a>
</span>
<span id="CTO" class="direccion">
        <a class="top_link" href="#">Lucía Valdivia.</a>
</span>
<span id="CIO" class="direccion">
        <a class="top_link" href="#">Marisa Pons.</a>
</span>
```

Ahora, el fragmento HTML se ha extendido para incorporar dentro de cada **span** un enlace con dos atributos, **class** y **href.**

```
let enlaces = document.querySelectorAll("span > a");
let primerDirector = document.querySelectorAll("a.top_link")[0];
let errorInducido = document.querySelectorAll("span > p");
console.info(enlaces);
console.info(primerDirector);
console.info(errorInducido);
```

```
▸NodeList(3) [a.god_link, a.top_link, a.top_link]
  <a class="top_link" href="#">Lucía Valdivia.</a>
▸NodeList []
>
```

Figura 6.13. *Distintos formatos de la salida al usar* querySelectorAll.

Actividad propuesta 6.3

El HTML perdido

Crea una jerarquía de etiquetas HTML que consiga devolver un nodo para la siguiente instrucción JavaScript: **document.querySelectorAll("p.pp > span.lt")[3];.**

6.3.2. Manipulación del DOM

De nada serviría adquirir gran destreza seleccionando nodos del DOM, de no ser capaces de obtener los valores que almacenan ni modificarlos según unos intereses. En primer lugar se verá cómo moverse por el DOM, para así conocer al detalle cómo seleccionar aquello que más interese. A continuación se analizarán todas las operaciones que pueden realizarse con los elementos y, finalmente, se estudiarán las posibilidades que ofrecen los atributos.

Moverse por el DOM

El DOM, como se dijo al inicio de la unidad, no es más que un árbol de nodos por el que es posible moverse con total libertad. Conocer las estrategias de acceso a sus distintos nodos es fundamental para escribir programas eficientes. Una de las tareas más comunes trata sobre **cómo obtener los hijos de un elemento.**

```
<ul id="indiceSeccion">
        <li class="menuSeccion">
                <a href="#">Moverse por el DOM</a>
        </li>
        <li class="menuSeccion">
                <a href="#">Manipular elementos</a>
        </li>
        <li class="menuSeccion">
                <a href="#">Manipular atributos</a>
        </li>
</ul>
```

El fragmento de código HTML representa una lista desordenada (con un identificador) formada por tres elementos. Cada elemento tiene aplicada una clase, y contiene un enlace con un único atributo.

Todos los elementos del DOM tienen asociada una propiedad (**childNodes**) que permite acceder a la lista de sus nodos hijos. Así, puede obtenerse esa lista del elemento **<ul>** y luego, por medio de un recorrido, acceder a sus hijos:

```
let indice = document.getElementById("indiceSeccion");
for (let i=0; i<indice.childNodes.length; i++) {
        console.log(indice.childNodes[i].nodeName);
}
```

Observando la salida de este programa, se ve que para cada hijo muestra lo que se observa en la Figura 6.14.

#text
LI

Figura 6.14. *Nodos que forman parte de cada elemento.*

Esto quiere decir que, para el DOM, el texto que contiene un elemento también es un nodo. Si solo se quieren obtener los elementos, se puede usar **children** en lugar de **childNodes.** Esta misma diferenciación se hace con el resto de las propiedades útiles que se tienen a mano para navegar por el DOM (Tabla 6.6).

Tabla 6.6. Propiedades más interesantes para navegar por el DOM

Propiedad	Utilidad
parentNode	Selecciona el nodo padre.
childElementCount	Devuelve el número de elementos hijos.
firstChild	Selecciona el primer nodo hijo.
firstElementChild	Selecciona el primer elemento hijo.
lastChild	Selecciona el último nodo hijo.
lastElementChild	Selecciona el último elemento hijo.
previousSibling	Selecciona el nodo hermano anterior.
previousElementSibling	Selecciona el elemento hermano anterior.
nextSibling	Selecciona el nodo hermano siguiente.
nextElementSibling	Selecciona el elemento hermano siguiente.

Actividad resuelta 6.3

Hermanos

Crea una lista ordenada de tres elementos, selecciona el elemento del medio y muestra en consola su hermano anterior y el siguiente.

Solución

HTML

```
<ol>
        <li>Hermano anterior.</li>
        <li>Elemento central.</li>
        <li>Hermano siguiente.</li>
</ol>
```

JAVASCRIPT

```
let mediano = document.getElementsByTagName("li")[1];
console.log(mediano.previousElementSibling);
console.log(mediano.nextElementSibling);
```

Manipulación de elementos

Cuando se comienza a **obtener el contenido de los elementos** existe un error común que consiste en no diferenciar las propiedades **textContent** e **innerHTML.** La primera de ellas obtiene el texto sin tener en cuenta las otras posibles etiquetas que contiene, de hecho ni siquiera las muestra. Sin embargo, la segunda sí que mostrará el contenido completo, incluyendo las posibles etiquetas que contenga. A continuación se muestra un ejemplo:

```
<section>
        Manipular elementos <i>parece</i> sencillo<br />
        pero <strike>debe</strike> puede complicarse bastante.
</section>
```

En esta ocasión la pieza de HTML representa una sección de una web que contiene texto que, a su vez, incorpora algunas etiquetas HTML para darle cierto formato (es una práctica desaconsejable, puesto que los estilos deberían ir en las hojas de estilo CSS, pero se usa en este punto solo con fines pedagógicos).

```
console.log(document.getElementsByTagName("section")[0].textContent);
console.log(document.getElementsByTagName("section")[0].innerHTML);
```

```
        Manipular elementos parece sencillo
        pero debe puede complicarse bastante.

        Manipular elementos <i>parece</i> sencillo<br>
        pero <strike>debe</strike> puede complicarse bastante.
>
```

Figura 6.15. *Diferencias entre* textContent *e* innerHTML.

Esta misma distinción es necesaria tenerla en mente al modificar el contenido. Para hacerlo simplemente se asigna un contenido nuevo a la selección:

```
document.getElementsByTagName("section")[0].textContent = "el <u>nuevo</u> contenido";
document.getElementsByTagName("section")[0].innerHTML = "el <u>nuevo</u> contenido";
```

Pero siempre sabiendo que las etiquetas que se incluyan en **textContent** no serán «entendidas» como HTML, algo que sí ocurrirá con **innerHTML.**

Se ha visto cómo seleccionar, obtener elementos y modificarlos, pero falta saber cómo crearlos. Los métodos que permiten **crear elementos** nuevos son **createElement**, para crear nodos de tipo elemento, y **createTextNode**, para crear nodos de texto nuevos. En ambos casos, su existencia no implica que sean visibles en el DOM, puesto que falta indicar en qué posición del árbol colocarlos:

```
let elementoNuevo = document.createElement("p");
let nodoTextoNuevo = document.createTextNode("Texto del nodo");
```

Para conseguir **insertar un nodo nuevo** en el árbol, una primera aproximación es hacerlo con **appendChild**, añadiendo el nodo al final de los hijos:

```
<ul id="lista">
        <li>Primer elemento hijo</li>
        <li>Segundo elemento hijo</li>
</ul>
```

El código HTML representa una lista desordenada identificada como **lista**, que contiene dos elementos.

```
let nuevoElemento = document.createElement("li");
nuevoElemento.innerHTML = "Tercer elemento";
document.getElementById("lista").appendChild(nuevoElemento);
```

- Primer elemento hijo
- Segundo elemento hijo
- Tercer elemento

Figura 6.16. *Aspecto de la lista tras insertar al final.*

Sin embargo, no siempre es deseable que el nuevo nodo ocupe la última posición. Para todos esos casos, se puede recurrir a **insertBefore.** Este nuevo método funciona con dos parámetros, el primero es el nodo que se va a añadir, y el segundo el nodo hijo que quedaría por debajo.

Partiendo del mismo código HTML anterior, ahora se inserta un nodo en la segunda posición:

```
// crear el nodo
let nuevoElemento = document.createElement("li");
nuevoElemento.innerHTML = "Último elemento insertado";
// obtener referencia a la posición
let nodoReferencia = document.querySelectorAll("li:nth-of-type(2)")[0];
// obtener el nodo padre
let nodoPadre = nodoReferencia.parentNode;
// insertar el elemento
nodoPadre.insertBefore(nuevoElemento,nodoReferencia);
```

- Primer elemento hijo
- Último elemento insertado
- Segundo elemento hijo

Figura 6.17. *Aspecto de la lista tras insertar en la posición indicada.*

También cabe la posibilidad de insertar un nodo, pero **reemplazando al que ocupaba esa posición:**

```
nodoPadre.replaceChild(nuevoElemento,nodoReferencia);
```

- Primer elemento hijo
- Último elemento insertado

Figura 6.18. *Aspecto de la lista tras el reemplazo.*

Por último, para **eliminar un nodo** se utiliza **removeChild** indicándole el nodo a eliminar:

```
nodoPadre.removeChild(nodoReferencia);
```

Finalizadas las operaciones que pueden realizarse para manipular los elementos del DOM, existen muchas otras propiedades y métodos que permiten realizar tareas interesantes con los nodos de tipo **Element.** Desafortunadamente la lista es demasiado larga y cambiante como para cubrirlos aquí.

Para saber más

Con este enlace o con el código QR se accede a la lista completa, y actualizada al día, de todas las propiedades y métodos vigentes del tipo de nodo **Element:**

https://developer.mozilla.org/es/docs/Web/API/Element

Manipulación de atributos

Para manipular los atributos de un elemento, lo primero es **comprobar si existe el atributo** para el elemento indicado. **hasAttibute** realiza esta comprobación y devuelve **true** si el elemento lo tiene o **false** en caso contrario.

```
document.getElementsByTagName("ul")[0].hasAtribute("id"); // true
document.getElementsByTagName("ul")[0].hasAtribute("class"); // false
```

Si lo que se pretende es conocer la **lista completa de atributos de un elemento**, se debe recurrir a **attributes.** Es una propiedad que devuelve un mapa de nodos con nombre, **NamedNodeMap,** donde cada elemento del mapa contiene el nombre y el valor del atributo; no es un *array,* pero es posible recorrerlo como si lo fuera.

```
<img src="#" alt="texto alternativo" title="titulo" />
```

Esta línea de código HTML representa la incorporación de una imagen por medio de la etiqueta **img** y tres de sus atributos típicos: **src, alt** y **title.**

```
let atributos = document.getElementsByTagName("img")[0].attributes;
for (let atributo of atributos) {
	console.log(`[Nombre,Valor]:[${atributo.name},${atributo.value}]`);
}
```

```
[Nombre,Valor]:[src,#]
[Nombre,Valor]:[alt,texto alternativo]
[Nombre,Valor]:[title,titulo]
>
```

Figura 6.19. *Salida en consola de los pares clave-valor de cada atributo.*

Otra forma de **acceder al valor de un atributo** es a través de su nombre y del método **getAttribute:**

```
document.getElementsByTagName("img")[0].getAttribute("title");
// devuelve título
```

También puede **modificarse el valor de un atributo** con **setAttribute**, simplemente indicando el nombre del atributo y su nuevo valor:

```
document.getElementsByTagName("img")[0].setAttribute("title","nuevo título");
```

Otra de las operaciones comunes, la **eliminación de un atributo**, se consigue invocando a **removeAttribute** pasándole el nombre del atributo.

```
document.getElementsByTagName("img")[0].removeAttribute("title");
```

A veces, por la naturaleza de ciertos atributos, interesa eliminar un atributo, añadirlo más tarde, volver a eliminarlo, y así sucesivamente en función de las acciones que realice el usuario en la aplicación web. Esto se consigue con **toggleAttribute.** Si por ejemplo se hace **input.toggleAttribute("disabled")** se ocultará el atributo **disabled** si está presente, o lo insertará si no lo está.

El conocimiento de la manipulación de atributos visto hasta ahora es útil, pero cobra una nueva dimensión al aplicarlo a la gestión de los estilos de una aplicación web.

Es verdad que con los métodos usados se podrían modificar los atributos relacionados con el código CSS de una página. Sin embargo, JavaScript ofrece otras posibilidades cuyo manejo es todavía más sencillo. Para ello, se asocia a cada elemento la propiedad **style**, que **contiene todas las propiedades CSS del elemento:**

```
let ul = document.getElementById("lista");
ul.style.border = "1px solid lightblue";
```

De esta manera pueden modificarse los estilos de cualquier elemento HTML.

Es importante tener en cuenta que la propiedad **style** no permite obtener las propiedades CSS que se aplican a un elemento desde hojas de estilo externas. Para ello, se debe usar el método **getComputedStyle**, que permite ver qué estilos se están aplicando a un elemento, pero no modificarlos.

```
console.log(window.getComputedStyle(ul).border);
// escribe: 1px solid rgb(173, 216, 230)
```

En cualquier caso, la modificación de propiedades CSS debe usarse de forma discreta puesto que genera un código difícilmente mantenible. Siempre es buena idea mantener las recomendaciones de desarrollo de hojas de estilo y su aplicación a elementos HTML mediante clases e identificadores. Por ello, JavaScript también ofrece la posibilidad de **asignar clases CSS a un elemento** con **className:**

```
let ul = document.getElementById("lista");
ul.className = "bordeCeleste";
```

Así mismo, puede obtenerse una **lista de todas las clases que se aplican a un elemento** con **classList**, un objeto que se puede recorrer como un *array*, pero no lo es:

```
let ul = document.getElementById("lista");
ul.className = "bordeCeleste letraBlanca fondoGris";
for (let clase of ul.classList)
        console.log(clase);
```

Además, **classList** tiene la ventaja de que aporta métodos típicos para manipular la lista de forma sencilla como **add, remove, toggle, contains** o **replace,** cuyo uso es trivial.

Actividad propuesta 6.4

Bloques con estilo

Crea una caja HTML (**div**) a la que apliques el siguiente CSS:

```
div {
        width: 50%;
        height: 100px;
        border-top: 1px solid #FF0000;
        padding-left: 20px;
        margin-bottom: 10px;
}
```

Y solo usando JavaScript modifica el estilo para que los valores sean respectivamente: 30%, 250px, 5px dashed #00FF00, 15px y 25px.

Junto con los estilos, la otra aplicación de la gestión de atributos mediante JavaScript, que proporciona importantes ventajas, es la **manipulación de atributos data.** Son atributos que los programadores pueden crear en un elemento para almacenar cualquier dato que deba utilizarse con JavaScript. Por ejemplo:

```
<ul id="precios" data-divisa="euro" data-iva="21">
        <li>14.95</li>
        <li>95.99</li>
</ul>
```

En este ejemplo, se aprovechan los atributos **data** para mejorar la presentación de los datos de forma programática, ya que con JavaScript se puede recoger no solo el contenido de los elementos **li,** sino también el porcentaje de IVA que se aplica y en qué moneda están expresados los precios.

Aunque se trate de atributos personalizados por los programadores, es posible recogerlos, recorrerlos y conocer sus valores exactamente igual que se hacía con la propiedad **attributes.** No obstante, la gestión de atributos **data** tiene a **dataset** como homólogo de **style,** ya que contiene una lista de propiedades con los nombres de cada atributo **data** y su valor (internamente es un mapa):

```
let ul = document.getElementById("precios");
console.info(ul.dataset);
console.log(ul.dataset.divisa);
console.log(ul.dataset.iva);
ul.dataset.iva = 10;
console.log(ul.dataset.iva);
```

```
▸ DOMStringMap {divisa: 'euro', iva: '21'}
euro
21
10
>
```

Figura 6.20. *Estructura de un* dataset *y resultado del acceso a sus elementos.*

En la Figura 6.20 puede verse la estructura interna del **dataset**, el resultado de cómo se accede a sus atributos **data** y, por último, el resultado de cómo se puede modificar su valor.

Actividad resuelta 6.4

Enlaces con estilo

Crea un menú básico de navegación con cinco enlaces. Asigna a dos de ellos el atributo **class="enlace"**. Luego recorre todo el menú y comprueba si existe el atributo **class**. Si existe, debes cambiar el valor del atributo a **"nuevoEnlace"**. Si no existe debes ponerle el valor **"enlace"**.

Solución

HTML

```
<nav>
	<a href="#">Enlace 1.</a>
	<a class="enlace" href="#">Enlace 2.</a>
	<a class="enlace" href="#">Enlace 3.</a>
	<a href="#">Enlace 4.</a>
	<a href="#">Enlace 5.</a>
</nav>
```

JAVASCRIPT

```
let enlaces = document.getElementsByTagName("a");
for (enlace of enlaces) {
	if (enlace.hasAttribute("class")) {
			enlace.setAttribute("class","nuevoEnlace");
	}
	else {
			enlace.setAttribute("class","enlace");
	}
}
```

6.3.3. *Cookies*

Las *cookies* son unos pequeños (≤ 4 kB) ficheros de texto que las aplicaciones web almacenan en el navegador del usuario con el objetivo de recuperar en futuras sesiones los datos que almacenan. ¿Por qué es esto necesario? Por la propia naturaleza del protocolo que se utiliza para acceder a internet.

Se dice que http es un protocolo sin estado, es decir, no conserva información entre peticiones. Con lo cual, si no se utilizan *cookies* hay cierta información de utilidad para la usabilidad de la aplicación que habría que solicitar al usuario constantemente, como, por ejemplo, el idioma de la web, su esquema de color preferido o la fecha de su última visita.

Si bien es cierto que esta posibilidad ha abierto la puerta a numerosos usos abusivos e incluso maliciosos de las *cookies* (algo que les granjeó muy mala fama), ya existe una fuerte regulación europea que trata de evitarlos.

El objeto que proporciona JavaScript para trabajar con *cookies* es **document.cookie,** con el que pueden definirse y obtenerse *cookies* propias (un máximo de 20 por dominio).

Para crear una *cookie* y guardarla en el navegador del usuario simplemente hay que asignar al objeto **document.cookie** una cadena de caracteres con la forma ***clave=valor***. Por ejemplo:

```
document.cookie = "idioma=es";
document.cookie = "esquemaColor=dark";
document.cookie = "haVotadoEncuesta=si";
```

Para conocer todas las *cookies* hay que obtenerlas por medio de **document.cookie** en una única cadena en la que cada par *clave=valor* estará separado del siguiente por un punto y coma (;).

Otra interesante utilidad de las *cookies* es que se les puede indicar un horizonte de vida, es decir, una fecha a partir de la cual la *cookie* se destruye. Técnicamente, cada vez que el usuario cierra el navegador, las *cookies* se liberan, pero si se desea que una *cookie* persista hasta una fecha indicada, hay que indicárselo incluyendo un valor. Para expresar este valor se puede utilizar **max-age** con un número de segundos (la cuenta de segundos comienza en el momento en el que se crea la *cookie)*, o **expires** con una fecha en formato GMT:

```
let limiteEnSegundos = 60*60*24*365; //dentro de un año
document.cookie = `esquemaColor=dark;max-age=${limiteEnSegundos}`;
```

Actividad propuesta 6.5

***Cookies* con efeméride**

Crea una *cookie* que almacene cualquier dato y que expire la fecha de tu próximo cumpleaños.

También es importante destacar que las *cookies* solo son accesibles por aplicaciones del mismo dominio donde se crearon y siempre que estén en el mismo directorio. Si la página que grabó la *cookie* estaba en paraninfo.es/libros, cualquier página fuera de esa ruta no podrá leerla. No obstante, se puede indicar desde qué ruta del dominio se quiere que se pueda acceder a la *cookie,* expresando la ruta como valor de la clave **path:**

```
document.cookie = "esquemaColor=dark;path=/";
```

Así, aunque la *cookie* haya sido creada desde /libros, es posible leerla desde cualquier localización bajo paraninfo.es.

Por último, para borrar una *cookie* es suficiente con indicar como fecha de expiración cualquier momento del pasado.

MAPA CONCEPTUAL

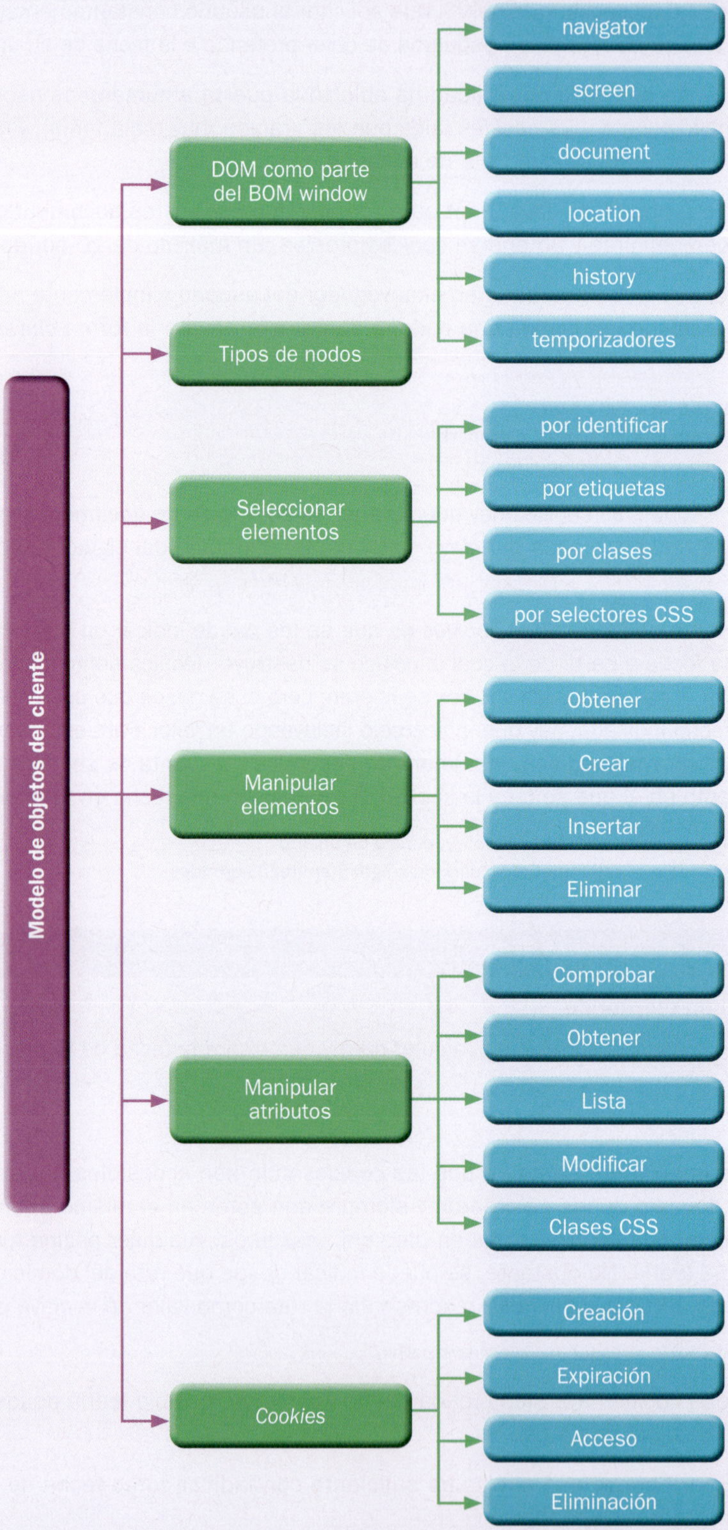

Actividades de comprobación

6.1. Desde el punto de vista de la jerarquía de objetos de JavaScript, ¿qué objeto es el padre de document?

a) window.

b) navigator.

c) location.

d) document no tiene padre, es la raíz del modelo de objetos.

6.2. ¿Qué modelo de objetos otorga acceso a todo lo que tiene que ver con el navegador?

a) DOM.

b) BOM.

c) COM.

d) FOM.

6.3. ¿Qué método de window permite que el usuario introduzca datos por teclado?

a) confirm().

b) print().

c) alert().

d) prompt().

6.4. ¿Qué objeto contiene una propiedad que da acceso a la geolocalización del usuario?

a) user-agent.

b) location.

c) navigator.

d) screen.

6.5. Para redireccionar al usuario a otra URL, ¿qué instrucción puedes usar?

a) window.newURL.

b) location.href.

c) navigator.destination.

d) document.landing.

6.6. ¿Cómo navegas hacia la página anterior visitada por el usuario?

a) path(-1).

b) previousSibling.

c) pass(previous).

d) go(-1).

6.7. ¿Qué ocurre si no cancelas un temporizador definido con setInterval()?

a) Nada, el temporizador se ejecuta y el programa finaliza.

b) Depende del intervalo.

c) El *callback* se ejecuta indefinidamente cada vez que se cumpla la cuenta.

d) El programa genera un error.

6.8. ¿Quién es el padre del elemento body en cualquier documento HTML?

a) html.
b) head.
c) meta.
d) doctype.

6.9. ¿Qué propiedad de document almacena el tipo de nodo seleccionado?

a) nodeClass.
b) nodeType.
c) kindOfNode.
d) nodeFlavour.

6.10. ¿Cómo puedes saber cuántos elementos ha devuelto una selección realizada con getElementsByTagName?

a) Con numberOfElements.
b) Con size.
c) Solo puede hacerse creando un contador a partir de un recorrido.
d) Con length.

6.11. ¿Qué debes especificarle a querySelectorAll para seleccionar elementos?

a) Cualquier selector que funcione en CSS.
b) El nombre del atributo.
c) El nombre de la etiqueta.
d) Nada, es un método que no recibe parámetros.

6.12. ¿Qué devuelve la propiedad lastChild?

a) El último atributo en la lista de atributos de un elemento.
b) El último elemento hijo del elemento sobre el que se aplica.
c) La última propiedad CSS modificada.
d) El último nodo hijo del elemento sobre el que se aplica.

6.13. El método createElement():

a) Inserta un elemento nuevo en el DOM.
b) Crea un elemento nuevo pero no lo inserta en el DOM.
c) Modifica la jerarquía de elementos del DOM.
d) Comprueba si un elemento está repetido en el DOM.

6.14. ¿Cómo obtienes la lista de propiedades CSS que se aplican sobre un elemento?

a) Con la propiedad style.
b) Con el método getCSSProperties().
c) Con el método getComputedStyle().
d) Con la propiedad CSS.

6.15. ¿Qué devuelve la instrucción document.getElementById("as").dataset?

a) Un *array* con todos los elementos que tienen como id="as".
b) La lista de atributos data, y sus valores, del elemento con id="as".
c) Una estructura de datos de tipo Set cuyo identificador es "as".
d) Los elementos con id="as" que representan valores numéricos operables.

Actividades de aplicación

6.16. Escribe un programa que permita modificar el estilo de un párrafo cuyo identificador es **"párrafo".**

6.17. Crea un programa que, partiendo de un código HTML con una lista ordenada de personas, devuelva los nombres de la primera y de la última de la lista.

6.18. Elabora un programa que permita añadir filas a una tabla HTML.

6.19. Crea un programa que muestre en consola cuántos elementos **p, a** y **span** hay en una pieza de código HTML.

6.20. Escribe un programa que vaya interrogando al usuario sobre una lista de ingredientes. Por cada ingrediente se debe añadir un elemento a una lista desordenada. La petición de ingredientes finalizará cuando el usuario pulse el botón **Cancelar.**

6.21. Crea un programa que, partiendo del siguiente código HTML, pregunte al usuario el ancho, el alto y el color del borde de la caja. Debes ir rellenando cada atributo **data** con su valor. Finalmente, debes recoger los valores de los atributos **data** y aplicar los estilos correspondientes a la caja:

```
<div data-width="" data-height="" data-bordercolor="">caja</div>
```

6.22. Crea una *cookie* que almacene dos datos solicitados al usuario: su nombre y su edad. La *cookie* debe caducar en 30 minutos.

6.23. Escribe un programa que compruebe cada 10 segundos si existen *cookies* y las borre.

6.24. Elabora un programa que le solicite al usuario el número de filas y columnas, y genere esa tabla rellena con números aleatorios. Finalmente, el programa debe recorrer la tabla y mostrar en consola cuántas filas y columnas ha detectado.

6.25. Crea una página HTML con mucho contenido de prueba, y un programa que tras la carga de la página espere 10 segundos y haga *scroll* hasta el final de la misma.

6.26. Crea una lista desordenada con diez elementos. Luego pregunta al usuario si la quiere ordenar. Si pulsa **Aceptar** la lista debe ordenarse alfabéticamente. Si pulsa **Cancelar** la lista debe desordenarse aleatoriamente.

Actividades de ampliación

6.27. Acude a la referencia del lenguaje JavaScript y repasa toda la lista de propiedades y métodos disponibles del objeto **window.** Selecciona uno de cada tipo, que no se haya cubierto en esta unidad, y explica su funcionamiento.

6.28. Crea una pequeña aplicación donde evidencies la utilidad del método **focus().**

6.29. Elabora un programa en el que hagas uso del portapapeles de tu sistema operativo a través de JavaScript.

6.30. Profundiza en la clasificación de nodos del DOM por tipo y escribe un programa en el que los identifiques por medio de sus constantes asociadas.

6.31. Investiga cuáles son los métodos disponibles del objeto **HTMLCollection** (tipo de dato devuelto al hacer **getElementsByTagName)**, elige uno, y escribe un programa donde pruebes su funcionamiento.

6.32. ¿Qué otras propiedades, que no se hayan visto, consideras de utilidad para navegar por el DOM?

6.33. Escribe un pequeño ensayo sobre los peligros y las vulnerabilidades que podría tener un cliente cuyo navegador tiene las *cookies* habilitadas. ¿Cómo propondrías solucionarlas sin desactivar las *cookies?*

6.34. Busca información sobre el concepto *cross-site scripting* y explica con tus palabras qué es y cómo se puede evitar.

Enlaces web de interés

- **Mozilla Developers** - https://developer.mozilla.org/es/docs/Web/API/Document_Object_Model (*website* para desarrolladores)
- **Uniwebsidad** - https://uniwebsidad.com/ (recursos para el aprendizaje de la programación)
- **W3Schools** - https://www.w3schools.com/ (sitio web dedicado a la programación)
- **Stackoverflow** - https://stackoverflow.com/ (la mayor comunidad de programadores de internet)
- **ECMAScript 2022** - https://262.ecma-international.org/13.0/ (última actualización de la especificación del lenguaje)
- **W3Resource** - https://www.w3resource.com/ (recursos libres para programadores *front-end)*
- **Ayuda Ley** - https://ayudaleyprotecciondatos.es/ (todo lo necesario para conocer la Ley de Protección de Datos y Garantía de Derechos Digitales, en relación con las *cookies)*
- **La web del Programador** - https://www.lawebdelprogramador.com/ (comunidad de programadores)

UNIDAD 7

Interacción con el usuario: eventos

Objetivos

- Entender la importancia de los eventos y su gestión en las aplicaciones web.
- Interiorizar los caminos bidireccionales de comunicación entre el usuario y la aplicación.
- Conocer la forma en la que se capturan, crean, lanzan y cancelan eventos.
- Comprender el funcionamiento de la propagación de eventos.
- Profundizar en la estructura del objeto evento.
- Estudiar cómo modificar el comportamiento predeterminado de los eventos asociados a algunos elementos.
- Detallar las particularidades de los formularios como parte imprescindible de la comunicación con el usuario.
- Repasar los tipos de eventos disponibles.
- Asumir las consecuencias de la naturaleza dinámica del DOM al gestionar eventos.

Contenidos

- 7.1. Introducción a los eventos
- 7.2. Captura de eventos
- 7.3. Objeto del evento
- 7.4. Propagación de eventos
- 7.5. Cancelación de eventos
- 7.6. Lanzar eventos
- 7.7. Tipos de eventos

Introducción

Cuando se ha interaccionado con el usuario se tenía la limitación del uso de ciertos cuadros de diálogo ofrecidos por objetos como **window** o **document**, en los que ya estaba predefinido el comportamiento de sus botones. Pero en las aplicaciones web, esos métodos rara vez se utilizan. JavaScript proporciona una vía muy amplia mucho más potente, personalizable y atractiva de interactuar con el usuario: la gestión de eventos.

En esta unidad se aprende a capturar las acciones del usuario, darles respuesta, definir acciones propias y modificar el comportamiento predeterminado de los distintos elementos que el DOM pone a disposición del programador. Además, se descubren las posibilidades que ofrece el auténtico canal de interacción con los usuarios en las aplicaciones de hoy, el formulario.

Tras finalizar esta unidad se habrá cubierto ya todo lo imprescindible para crear aplicaciones web del lado cliente.

7.1. Introducción a los eventos

Los eventos son el idioma en el que JavaScript entiende las acciones del usuario. Es decir, son el mecanismo por el que se consigue establecer una comunicación bidireccional y en tiempo real entre la aplicación y los usuarios.

Tal y como su nombre indica, un evento no es más que un suceso que se ha producido en la página, normalmente provocado por la acción del usuario.

Lo más interesante de este mecanismo es que es asíncrono, por tanto, no hay que esperar por él. Simplemente se prepara el código para que cuando se produzca el evento el programa lo capture y ejecute la lógica que interese.

Los eventos se asocian a elementos concretos del DOM. En el argot de los programadores se dice que «escuchamos» a ese elemento, o lo que es lo mismo, tenemos un programa preparado para capturar el evento que lanza ese elemento.

7.2. Captura de eventos

Para capturar eventos se puede definir un **listener** (con **addEventListener**) sobre el elemento que interese y, por medio de un *callback* y del nombre del evento a capturar, ejecutar las acciones deseadas.

```
<p>
    Así se capturan eventos asociados
    a un <span id="miSpan">elemento</span> HTML.
</p>
```

A modo de ejemplo el siguiente párrafo contiene un **span** y se desea mostrar en consola cuántas veces el usuario hace clic sobre ese **span**:

```
let miSpan = document.getElementById("miSpan");
let veces = 0;
miSpan.addEventListener("click",()=>{
        veces++;
        console.log(`El usuario ha hecho ${veces} clic en el span.`);
});
```

La salida de este programa se muestra en la Figura 7.1.

```
El usuario ha hecho 1 clic en el span.
El usuario ha hecho 2 clic en el span.
El usuario ha hecho 3 clic en el span.
>
```

Figura 7.1. *Captura del evento* click *sobre un* span.

Los eventos, como se ve, sirven para notificar sucesos interesantes que han ocurrido y que pueden capturarse para darles algún tipo de lógica programada. Cada evento tiene asociado un objeto, basado en la interfaz **Event**, que contiene propiedades y métodos para obtener más información sobre lo sucedido.

7.3. Objeto del evento

Para utilizar este objeto, que está asociado a cualquier evento, simplemente hay que indicarlo como parámetro del *callback* que gestiona el evento. Así, puede reescribirse el **listener** anterior para hacer uso de él:

```
miSpan.addEventListener("click",(objetoEvento)=>{
        console.info(objetoEvento);
});
```

Si se observa la salida en la consola puede verse el contenido del objeto.

```
▾PointerEvent {isTrusted: true, pointerId: 1, width: 1, height: 1, pressure: 0, …} ℹ
    isTrusted: true
    altKey: false
    altitudeAngle: 1.5707963267948966
    azimuthAngle: 0
    bubbles: true
    button: 0
    buttons: 0
    cancelBubble: false
    cancelable: true
    clientX: 310
    clientY: 28
```

Figura 7.2. *Contenido parcial del objeto de evento.*

En la Tabla 7.1 se repasan algunas de sus propiedades más interesantes.

Tabla 7.1. Propiedades del objeto evento

Propiedad	Utilidad
altKey	Devuelve si la tecla [Alt] fue pulsada durante el evento.
button	Devuelve el botón del ratón que activó el evento: ■ 0: botón principal. ■ 1: botón central. ■ 2: botón secundario. ■ 3 y 4: cuarto y quinto botones (si los hubiera).
charCode	Contiene el valor Unicode de la tecla que se pulsó (evento **keypress**).
clientX	Coordenada X del ratón con respecto a la ventana.
clientY	Coordenada Y del ratón con respecto a la ventana.
ctrlKey	Devuelve si la tecla [Ctrl] fue pulsada durante el evento.
pageX	Coordenada X del evento, relativa al documento completo.
pageY	Coordenada Y del evento, relativa al documento completo.
screenX	Coordenada X del evento con respecto a la pantalla.
screenY	Coordenada Y del evento con respecto a la pantalla.
shiftKey	Devuelve si la tecla [Mayús] fue pulsada durante el evento.
target	Referencia al elemento que lanzó el evento.
timeStamp	Devuelve el momento en el que se creó el evento.
type	Nombre del evento.

Actividad propuesta 7.1

Contenido del objeto evento

Escribe un pequeño programa donde captures el evento **click** sobre un elemento y tengas acceso al objeto del evento. Muestra la estructura del objeto en la consola usando **console.info()** y repasa todas las propiedades y métodos que ofrece para que tengas una comprensión completa de todo aquello que contiene.

Dispone además de algunos métodos interesantes, pero es preciso avanzar en la gestión de eventos antes de abordarlos.

Para saber más

Con el siguiente enlace o con el código QR se accede a una lista de propiedades y métodos del objeto **evento:**

https://developer.mozilla.org/es/docs/Web/API/Event

Actividad resuelta 7.1

Tras la pista del ratón

Escribe un programa que permita conocer la posición que ocupa el ratón en la pantalla cada vez que se hace clic.

Solución

```
let cuerpo = document.getElementsByTagName("body")[0];
cuerpo.addEventListener("click",(evento)=>{
        console.log(`(${evento.screenX},${evento.screenY})`);
});
```

7.4. Propagación de eventos

El concepto de propagación de eventos es muy importante para entender todo el ecosistema de utilidades que rodean a la gestión de eventos.

La propagación hace referencia a que los eventos pueden gestionarse desde un elemento más profundo hasta la superficie, por eso se denomina **comportamiento de burbuja.** Dicho de otra forma, en una jerarquía de elementos, pueden capturarse eventos desde el nivel más profundo hasta el nivel más superficial, cuando se activa el evento más profundo.

```
<section>
        <p>
                Así se capturan eventos asociados
                a un <span id="miSpan">elemento</span> HTML.
        </p>
</section>
```

Se ha modificado el fragmento HTML con el que se venía trabajando para incluirlo todo dentro de un elemento **section.** Ahora, el elemento que lanza el evento, **<span>**, tiene como padre a **<p>** y como abuelo a **<section>.** Tanto **<span>** como **<p>** y también **<section>**, pueden gestionar sus eventos, aunque lo haya lanzado **<span>**, como consecuencia del efecto de propagación:

```
let miSection = document.getElementsByTagName("section")[0];
let miP = document.getElementsByTagName("p")[0];
let miSpan = document.getElementById("miSpan");
miSection.addEventListener("click",()=>{
        console.log("<section>: Capturado el evento.");
});
miP.addEventListener("click",()=>{
        console.log("<p>: Capturado el evento.");
});
miSpan.addEventListener("click",()=>{
        console.log("<span>: Capturado el evento.");
});
```

Observando la salida mostrada en la Figura 7.3 se puede entender una cuestión muy importante.

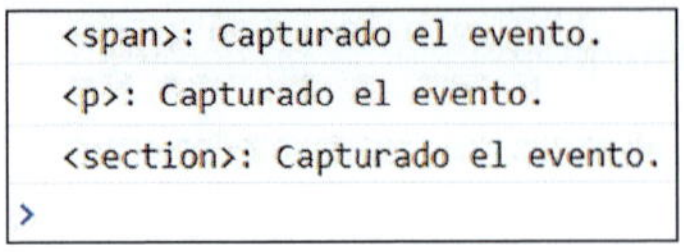

Figura 7.3. *Gestión del evento de abajo hacia arriba.*

A pesar de que se han definido los eventos de fuera hacia dentro (**section, p** y **span**), los eventos se han ejecutado en orden inverso, de dentro hacia fuera (**span, p** y **section**). Esto ocurre porque ese es precisamente el comportamiento predeterminado de la propagación.

No obstante, puede forzarse el cambio de este comportamiento y hacer que la gestión de eventos se haga de fuera hacia dentro. Para ello, solo hay que recurrir al tercer parámetro de **addEventListener**, un valor booleano que establecido a **false** respeta el comportamiento por defecto, pero establecido a **true** invierte la lógica de ejecución:

```
miSection.addEventListener("click",()=>{
	console.log("<section>: Capturado el evento.");
},true);
miP.addEventListener("click",()=>{
	console.log("<p>: Capturado el evento.");
}, true);
miSpan.addEventListener("click",()=>{
	console.log("<span>: Capturado el evento.");
},true);
```

El resultado obtenido en esta ocasión es completamente el inverso (Figura 7.4).

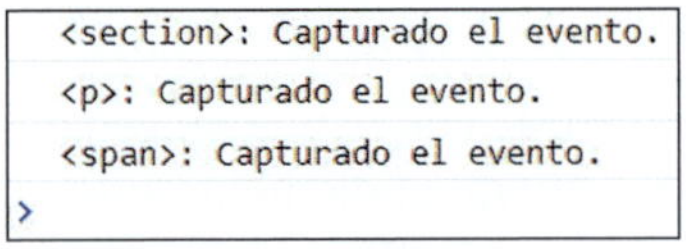

Figura 7.4. *Gestión del evento de arriba hacia abajo.*

Esta inversión de la lógica de propagación puede resultar útil en algunas ocasiones, pero en otras se hace necesario establecer criterios en los que la propagación se produzca o deje de hacerlo para un mismo evento. Para ello, se aplica el método **stopPropagation()** sobre el objeto del evento. El programa reescrito queda de este modo:

```
let veces = 0;
miSection.addEventListener("click",(evento)=>{
	console.log(`<section>: Capturado el evento ${veces} veces.`);
});
miP.addEventListener("click",(evento)=>{
	console.log(`<p>: Capturado el evento ${veces} veces.`);
});
miSpan.addEventListener("click",(evento)=>{
```

```
            veces++;
            console.log(`<span>: Capturado el evento ${veces} veces.`);
            if (veces > 1)
                    evento.stopPropagation();
    });
```

Ahora, la propagación se producirá solo la primera vez que se clica sobre el elemento. La segunda vez se ejecutará el método **stopPropagation**() y la propagación se cancelará en los elementos más superficiales del **span** (Figura 7.5).

```
<span>: Capturado el evento 1 veces.
<p>: Capturado el evento 1 veces.
<section>: Capturado el evento 1 veces.
<span>: Capturado el evento 2 veces.
<span>: Capturado el evento 3 veces.
>
```

Figura 7.5. *Evidencias de la cancelación de la propagación.*

7.5. Cancelación de eventos

Para cancelar un evento se debe diferenciar entre dos escenarios: eventos predeterminados y eventos personalizados.

Existen algunos elementos que tienen asignado por defecto un evento de forma predeterminada. Por ejemplo, un elemento **<a>** (un enlace) tiene asociado por defecto el evento **click**, para navegar hasta donde indique cada vez que se haga clic sobre él. Para evitar que se comporte de esta manera, se puede capturar el evento y anular su comportamiento predeterminado, que es abrir la URL destino:

```
let miEnlace = document.getElementsByTagName("a")[0];
miEnlace.addEventListener("click",(evento)=>{
        evento.preventDefault();
});
```

Como puede verse, se invoca a **preventDefault**() sobre el objeto asociado al evento, de manera que no realiza la acción que tiene definida de forma predeterminada, aunque es posible indicarle que realice otras acciones. Al ejecutar el código anterior, por mucho que se haga clic sobre el enlace, no se cargará la URL de destino, porque ese es su comportamiento predeterminado y se acaba de anular.

Sin embargo, lo que se ha hecho es cancelar el comportamiento por defecto, no el evento en sí. Para anular completamente un evento se recurre a **removeEventListener**(). Además, hay que tener en cuenta que la anulación no puede hacerse cuando la definición del evento se hace con una función anónima, solo es posible cuando se utilizan funciones con identificador. A continuación se presenta un ejemplo:

```
function miCallback(){
        console.log("Evento anulado tras su primera ejecución");
        miSpan.removeEventListener("click", miCallback);
```

```
}
let miSpan = document.getElementById("miSpan");
miSpan.addEventListener("click",miCallback);
```

En esta ocasión, tras el primer clic aparecerá el mensaje en la consola, se ejecutará **removeEventListener**() y retirará el evento al **span** seleccionado. De esta forma, a partir del segundo clic (incluido) no se ejecutará ningún gestor de eventos.

7.6. Lanzar eventos

Anteriormente se explicó que al desarrollar aplicaciones web se pueden capturar los eventos que, normalmente, lanzan los usuarios con sus acciones. Pero también, de forma programática, se pueden lanzar eventos propios. ¿Qué utilidad podría tener esta forma de proceder? Mucha, desde reutilizar gestores de eventos a simular acciones del usuario.

Para crear un evento y lanzarlo se utiliza **Event** y **dispatchEvent**, respectivamente. En el siguiente ejemplo se tienen dos elementos hermanos, un enlace y un **span:**

```
<a id="miEnlace" href="https://www.paraninfo.es">Enlace.</a>
<span id="miSpan">Ejecutar el evento del enlace.</span>
```

Y se desea definir un evento para cada elemento, de manera que el evento del **span** consiga lanzar el evento del enlace. Se haría lo siguiente:

```
let miSpan = document.getElementById("miSpan");
let miEnlace = document.getElementById("miEnlace");
miEnlace.addEventListener("click",(evento)=>{
        evento.preventDefault();
        console.log("Gestor del evento del enlace.");
});
miSpan.addEventListener("click",()=>{
        let miEvento = new Event("click");
        console.log("Lanzando evento.");
        miEnlace.dispatchEvent(miEvento);
});
```

La salida de la ejecución anterior es muy esclarecedora. Cuando se hace clic sobre el **span**, aparece su mensaje asociado, se dispara el evento creado sobre el enlace y se ejecuta el gestor de eventos del enlace (Figura 7.6).

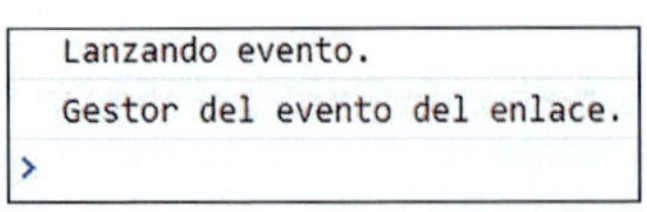

Figura 7.6. *Un elemento lanzando un evento sobre otro elemento.*

Llegados a este punto, se tiene el conocimiento necesario para poder trabajar con eventos en JavaScript. Lo que queda de unidad está dedicado a dar a conocer los tipos de eventos que pueden capturarse y cómo funcionan aquellos de más interés.

7.7. Tipos de eventos

Existe un amplio catálogo de eventos que pueden capturarse por medio de JavaScript. En esta sección se muestra una recopilación de los más comunes, aunque sería buena idea profundizar en su estudio a través de la documentación oficial del lenguaje.

7.7.1. Eventos de formulario

Los formularios representan las auténticas entradas de datos de las aplicaciones web. Más allá de capturar un clic en un elemento del DOM, existe todo un universo de controles para interactuar con el usuario.

Desde el punto de vista del DOM, todos los elementos de un formulario normalmente se encuentran anidados en el elemento **<form>**. Aun así, el objeto **document** incluye una propiedad especial, llamada **forms**, que contiene todos los formularios de un documento. De esta forma, el primer formulario que encuentra estará localizable en **forms[0]**, el segundo en **forms[1]** y así sucesivamente, por lo que no es necesario utilizar el habitual **document.getElementsByTagName("form")** para trabajar con ellos.

Recuerda

Los formularios contienen numerosos controles, cada uno con atributos, propiedades y comportamientos distintos. La sintaxis puede variar mucho de un control a otro, por lo que se recomienda repasar todo el código HTML relativo a ellos, así como las diferencias entre el envío por **GET** y por **POST.**

Cuando se invoca a **document.forms** se obtiene una colección de objetos **form**, el objeto de cada formulario. En la Tabla 7.2 se recopilan algunas de sus propiedades y métodos.

Tabla 7.2. Propiedades y métodos del objeto forms

Propiedad	Utilidad
action	Contiene la URL que recibirá los datos del formulario.
elements	Contiene todos los controles del formulario.
length	Número de controles del formulario.
method	{GET|POST} en función del método elegido para enviarlo.
enctype	Tipo de codificación de los datos del formulario.
acceptCharset	Conjunto de caracteres del formulario.
submit()	Envía los datos del formulario a la URL de **action** usando **method.**
reset()	Devuelve el formulario a su estado inicial.
on*X*	Todos los eventos asociados al formulario, siendo ***X*** el nombre del evento: **onAbort, onBlur, onCancel, onClick...**

Actividad propuesta 7.2

Enlaces como botones

Crea un formulario con un solo control, una dirección de correo electrónico. Además, incluye dos enlaces, uno para enviar el formulario y otro para reiniciarlo. Los enlaces no deben funcionar como enlaces, sino como botones que lancen los eventos **submit** y **reset.** Antes de permitir el envío del formulario es necesario comprobar que el correo electrónico introducido contiene una @.

Aparte de los formularios como conjunto, cabe la posibilidad de trabajar individualmente sobre sus controles.

Los controles de un formulario son elementos HTML, y como tales tienen una serie de características comunes. Por ejemplo, se puede trabajar sobre sus atributos como se haría con cualquier otro elemento usando **getAttibute("*valor*").** Sin embargo, es preciso tener en cuenta que los controles son dinámicos, por lo que usar un valor recogido antes de un cambio puede generar importantes errores en la lógica del programa. Por ello, siempre se recomienda utilizar las propiedades específicas de los controles de formulario, que sí asumen los cambios realizados. En la Tabla 7.3 se recogen algunas de las más comunes.

Tabla 7.3. Propiedades de los controles de un formulario

Propiedad	Utilidad
accept	Tipos de archivos que se permiten en un control de tipo **file.**
autocomplete	Si el valor del control puede ser autocompletado por el navegador.
name	Nombre del control.
type	Tipo de control.
value	Valor actual del control.
checked	**true** si el control está activado, **false** si no lo está.
defaultChecked	Valor predeterminado de la propiedad **checked.**
disabled	**true** si el control está deshabilitado, **false** si está habilitado.
hidden	El control es invisible para el usuario, pero no para el programador.
readonly	**true** si el control es de solo lectura (no modificable), **false** si no lo es.
required	**true** si proporcionarle un valor al control es obligatorio, **false** si no lo es.
maxLength	Anchura máxima del texto.
min	Valor mínimo para el control.
max	Valor máximo para el control.
pattern	Una expresión regular contra la que el valor del control es evaluado.

Propiedad	Utilidad
placeholder	Una pista para el usuario sobre lo que debe introducir en el control.
size	Tamaño inicial del control.
step	Tamaño del cambio en el valor de un control.
selectionStart	En una selección de texto la posición del primer carácter seleccionado.
selectionEnd	En una selección de texto, la posición del último carácter seleccionado.

Enviar el formulario

El evento más importante relacionado con los formularios, sin duda, es **submit**, que permite enviar los datos que contiene el formulario a su destino, es decir, la URL indicada en el atributo **action**.

Hay que tener cuidado en este punto con las validaciones de datos, pues hay que hacerlas antes de que se produzca el envío del formulario. Existen muchos *frameworks* de CSS que incorporan pequeñas utilidades JavaScript para realizar esto automáticamente, como Bootstrap, Materialize o Semantic UI. Pero si no se están usando, y los datos no se han validado, hay que cancelar el comportamiento predeterminado de **submit** para que los datos no se envíen. Por ejemplo, véase el siguiente formulario:

```
<form name="formulario" action="procesa.php" method="POST">
        Introduzca una edad mayor de 18 y menor de 65:
        <input type="text" name="edad" placeholder="Edad" value="" />
        <input type="submit" name="submit" value="Enviar >" />
</form>
<div id="errores"></div>
```

La idea es validar que la edad sea mayor que 18 y menor que 65 antes de que los datos se envíen a su destino. Para ello, puede capturarse el evento **submit**, realizar la comprobación y si **edad** no cumple con las restricciones, cancelar el envío y mostrar un mensaje de error:

```
let formularioEdad = document.forms[0];
let errores = document.getElementById("errores");
formularioEdad.addEventListener("submit",(evento)=>{
        let edad = parseInt(document.forms[0].elements["edad"].value);
        if (edad<=18 || edad>=65) {
                evento.preventDefault();
                errores.innerHTML="La edad debe ser > 18 y < 65";
        }
});
```

Para conocer el valor que ha introducido el usuario en el campo **edad** se recurre al contenido del objeto **document.forms[0]**, que contiene una propiedad llamada **elements** cuyo contenido es una entrada por cada control del formulario, y cada uno de estos, a su vez, otra lista de propiedades como **value.**

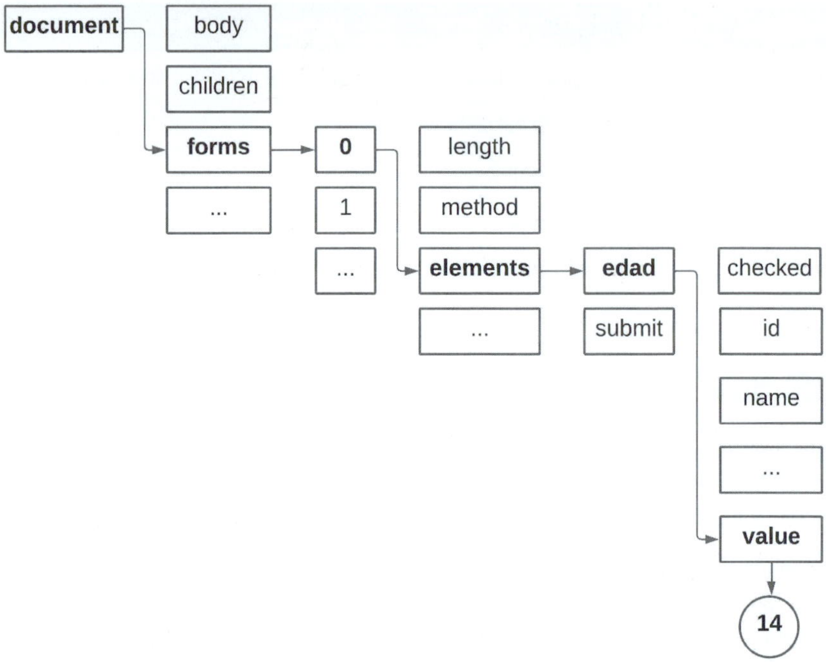

Figura 7.7. *Diagrama de la cadena jerárquica de propiedades del objeto* forms.

Nota técnica

Es posible que el lector se pregunte dónde es mejor hacer la validación de los datos proporcionados por el usuario, si en el cliente o en el servidor. Técnicamente puede hacerse en cualquiera de los dos lados; sin embargo, hacerlo en el lado cliente tiene muchas ventajas, como, por ejemplo, evitar problemas de seguridad al servidor, aligerar su carga de procesamiento, agilizar la respuesta al usuario, etc... Por tanto, siempre que se pueda, y salvo inconveniente muy específico del proyecto en cuestión, mejor validar en el cliente.

Reseteo del formulario

Resetear el formulario significa dejar el formulario en su estado de partida, con sus valores iniciales. Para lanzarlo o capturarlo debe invocarse al evento **reset.**

Cambiar un valor

Se trata de otro de los eventos de más utilidad. **change** se lanza cuando se realiza un cambio de valor en un control del formulario y, además, abandona el foco. Con esta coletilla hay que tener cuidado porque el evento no se lanza al cambiar el valor de un control, sino justo cuando el foco abandona el control que se ha cambiado.

Ganar y perder el foco

En el contexto de los formularios ganar el foco significa activar un control, bien a través del ratón, bien a través del teclado. Activar se refiere a poder interactuar directamente con el control. Una caja de texto, por ejemplo, gana el foco cuando a través del tabulador se llega a ella y está disponible para escribir dentro; o cuando al situarse sobre una casilla de verificación y se pulsa la barra espaciadora se selecciona o deselecciona el control. Igualmente, perder el foco significa todo lo contrario, abandonar la posibilidad de interactuar directamente con el control.

Cuando un control gana el foco se lanza el evento **focus**, y cuando lo pierde se lanza el evento **blur**.

Actividad resuelta 7.2

Campos obligatorios

Crea un formulario con tres controles, dos de ellos obligatorios, de manera que cuando cada control obligatorio gane el foco se muestre un mensaje indicando este hecho. Y cuando pierda el foco, elimine todos los mensajes mostrados al usuario.

Solución

HTML

```
<form name="formulario" action="procesa.php" method="POST">
	<input type="text" name="edad" placeholder="Edad" />
	<input type="text" name="email" placeholder="Email" required />
	<input type="text" name="tlf" placeholder="Teléfono" required />
	<input type="submit" name="submit" value="Enviar >" />
</form>
<div id="errores"></div>
<script src="eventos.js"></script>
```

JavaScript

```
let controles = document.forms[0].elements;
let numEltos = document.forms[0].length;
for (let i=0; i<numEltos; i++) {
	controles[i].addEventListener("focus",()=>{
			if (controles[i].hasAttribute("required")) {
					document.getElementById("errores").innerHTML = "Campo obligatorio";
			}
	});
	controles[i].addEventListener("blur",()=>{
			if (controles[i].hasAttribute("required")) {
					document.getElementById("errores").innerHTML = "";
			}
	});
}
```

7.7.2. Eventos de ratón

Los eventos de ratón son producidos no solo por el ratón, sino por cualquier dispositivo apuntador capaz de mover el cursor por la pantalla, como el dedo en una pantalla táctil. En la Tabla 7.4 se recogen todos los eventos disponibles.

Tabla 7.4. Eventos de ratón

Evento	Funcionamiento
click	Hacer clic sobre el botón principal del dispositivo.
dblclick	Hacer doble clic sobre el botón principal del dispositivo.
mousedown	Cuando se pulsa y justo antes de soltarlo, se lanza el evento.
mouseup	El evento se lanza cuando se suelta el botón.
mousenter	El evento se lanza cuando el puntero se sitúa sobre el elemento que captura el evento.
mouseleave	El evento se lanza cuando el puntero deja de situarse sobre el elemento que captura el evento.
mousemove	Mientras se está dentro del elemento, el evento se lanza cada vez que se mueve el puntero.
mouseover	El evento se lanza cuando el puntero se sitúa sobre el elemento que lo captura o sobre cualquiera de sus hijos.
mouseout	El evento se lanza cuando el puntero deja de situarse sobre el elemento que lo captura o sobre cualquiera de sus hijos.
contextmenu	El evento se lanza cuando se solicita un menú contextual.

Actividad resuelta 7.3

Elementos coloreados

Crea un programa que a partir de una nutrida variedad de elementos HTML los coloree con colores aleatorios cada vez que se coloque el ratón sobre ellos, y los vuelva a colorear de blanco cuando el ratón los abandone.

Solución

HTML

```
<p>
        Contenido de un párrafo con un <span>span</span>.
</p>
<ul>
        <li>Primer elemento</li>
        <li>Segundo elemento.</li>
```

```
    </ul>
    <a href="#">Enlace</a>
    <section>
        Nueva sección
    </section>
    <h2>Subtítulo h2 de la sección</h2>
    <script type="text/javascript" src="eventos.js"></script>
```

JavaScript

```
let elementos = document.getElementsByTagName("*");
for (let i=5; i<elementos.length; i++) {
    elementos[i].addEventListener("mouseenter",()=>{
            let r = Math.floor(Math.random()*255);
            let g = Math.floor(Math.random()*255);
            let b = Math.floor(Math.random()*255);
            elementos[i].style.backgroundColor=`rgb(${r},${g},${b})`;
    });
    elementos[i].addEventListener("mouseleave",()=>{
            elementos[i].style.backgroundColor="#FFFFFF";
    });
}
```

Hay que recordar también que la propiedad **button**, vista en el Apartado 7.3, recoge el botón del ratón que fue pulsado.

Actividad propuesta 7.3

Sin menú contextual

Crea un programa que no permita que se abra el menú contextual sobre ningún elemento de la web.

7.7.3. Eventos de teclado

Al trabajar con eventos de teclado, el objeto de evento contiene información que puede resultar de mucho interés. Por ejemplo, una de las propiedades disponibles en el objeto es **key**, que almacena información de la tecla pulsada, con independencia de si se pulsaron directamente, o en combinación con [Mayús], [AltGr], [Ctrl] o cualquier otra.

Para comprobar si se pulsó alguna de ellas, también puede revisarse el contenido de las propiedades **AltKey**, **CtrlKey**, **ShiftKey** o **MetaKey**, esta última dedicada a la tecla especial de los ordenadores Apple.

Además, también podría resultar de interés cuando existen varias teclas para la misma función (como [Mayús] o [Ctrl]) en distintas zonas del teclado, cuál de ellas se pulsó. Para ello, se puede recurrir a la propiedad **location**, cuyos valores pueden ser los que se muestran en la Tabla 7.5.

Tabla 7.5. Posibles valores de la propiedad location del teclado

Valor	Funcionamiento	Constante asociada
0	Teclado estándar	**DOM_KEY_LOCATION_STANDARD**
1	Parte izquierda	**DOM_KEY_LOCATION_LEFT**
2	Parte derecha	**DOM_KEY_LOCATION_RIGHT**
3	Teclado numérico	**DOM_KEY_LOCATION_NUMPAD**

En la Tabla 7.6 se recogen los tres eventos existentes para gestionar el comportamiento del usuario con respecto al teclado.

Tabla 7.6. Eventos lanzados tras la pulsación de una tecla

Evento	Funcionamiento
keypress	El evento se lanza tras pulsar y soltar una tecla.
keydown	El evento se lanza tras pulsar y antes de soltar la tecla.
keyup	El evento se lanza tras soltar la tecla.

El siguiente ejemplo muestra los eventos de la Tabla 7.6 en funcionamiento.

```
let todoBody = document.getElementsByTagName("body")[0];
todoBody.addEventListener("keypress",(evento)=>{
        console.log(`Lanzado KEYPRESS con la tecla ${evento.key}`);
});
todoBody.addEventListener("keydown",(evento)=>{
        console.log(`Lanzado KEYDOWN con la tecla ${evento.key}`);
});
todoBody.addEventListener("keyup",(evento)=>{
        console.log(`Lanzado KEYUP con la tecla ${evento.key}`);
});
```

Lo único que se ha hecho es asociar los tres eventos al elemento **body** para que estén disponibles en todo el cuerpo del documento. Cada vez que se pulse una tecla aparecerán en consola los mensajes lanzados por cada evento asociado:

```
Lanzado KEYDOWN con la tecla d
Lanzado KEYPRESS con la tecla d
Lanzado KEYUP con la tecla d
>
```

Figura 7.8. *Eventos lanzados tras la pulsación de la tecla [d].*

7.7.4. Eventos de arrastrar y soltar

Son eventos que se lanzan al utilizar elementos definidos como arrastrables, es decir, que tengan establecido a **true** el atributo **draggable.** Al tratarse de una acción con un origen y un posible destino, deben diferenciarse los dos conjuntos de eventos (Tabla 7.7).

Tabla 7.7. Eventos asociados a la acción *drag&drop*

Evento	Funcionamiento
Elemento que se arrastra	
drag	Cada vez que se arrastra una vez que se ha iniciado el arrastre.
dragstart	Al comenzar a arrastrar el elemento.
dragstop	Al finalizar el arrastre del elemento.
Elemento donde puede soltarse	
dragenter	Cuando el elemento que se arrastra entra en el elemento destino.
dragleave	Cuando el elemento que se arrastra sale del elemento destino.
dragover	Cada vez que continúa el arrastre sobre el elemento de destino.
drop	Cuando el elemento que se arrastra se suelta sobre el elemento destino.

El siguiente ejemplo muestra el uso de estos eventos:

```
<ul id="origen">
	<li draggable="true" id="origen1">Primer elemento</li>
	<li draggable="true" id="origen2">Segundo elemento</li>
	<li draggable="true" id="origen3">Tercer elemento</li>
</ul>
<div id="destino"></div>
<script src="eventos.js"></script>
```

Esta pieza de código HTML tiene una lista desordenada con tres elementos arrastrables. Lo que se pretende es que el usuario pueda arrastrar cada uno de los elementos a la caja (**<div>**) que está debajo. Cada vez que se arrastre un elemento y se suelte sobre la caja, se añadirá al final de la lista de elementos que contenga. Este es el código JavaScript necesario para conseguirlo:

```
let elementosOrigen = document.querySelectorAll("#origen > li");
let destino = document.getElementById("destino");
elementosOrigen.forEach(function(elemento){
	elemento.addEventListener("dragstart",(evento)=>iniciadoArrastre(evento));
});
destino.addEventListener("dragover",(evento)=>permitirSoltar(evento));
destino.addEventListener("drop",(evento)=>soltar(evento));

function iniciadoArrastre(evento) {
	evento.dataTransfer.setData("idElementoOrigen",evento.target.id);
}
function permitirSoltar(evento) {
	evento.preventDefault();
}
function soltar(evento) {
	evento.preventDefault();
	let elementoArrastrandose = evento.dataTransfer.getData("idElementoOrigen");
	destino.appendChild(document.getElementById(elementoArrastrandose));
}
```

Lo primero que se hace es guardar en variables todos los elementos que van a intervenir. Por un lado, se seleccionan todos los elementos de la lista (guardados en **elementosOrigen**) y, por otro, el elemento sobre el que se van a soltar (**destino**). A continuación, se asocia el evento **dragstart** a cada uno de los elementos de la lista y se guarda su **id** en un nuevo identificador «transitorio» denominado **idElementoOrigen**, que se utilizará cuando haya que soltarlo en el destino. Ahora, se asocia al elemento de **destino** el evento **dragover** para detectar cuándo el elemento que se está arrastrando entra en su área de influencia. Por último, se programa el evento **drop**, de manera que recupere el identificador transitorio del elemento que se está arrastrando y lo añada al final del contenido del elemento **destino.**

7.7.5. Eventos de reproducción multimedia

Son aquellos eventos que pueden capturarse cuando se reproducen contenidos multimedia, sean del tipo que sean. En la Tabla 7.8 se recogen los más útiles.

Tabla 7.8. Eventos asociados a la reproducción de contenidos multimedia

Evento	Momento en el que se activa
canplay	Cuando se detecta que el contenido se puede comenzar a reproducir.
canplaythrough	Cuando se estima que el contenido tiene cargados datos suficientes como para poder reproducirse.
durationchange	Cuando se modifica el atributo **duration** del medio.
emptied	Cuando se vacía de datos el medio.
ended	Cuando se detiene la reproducción, sin intervención del usuario.
loadeddata	Cuando se ha cargado la primera imagen de un vídeo.
loadedmetadata	Cuando se han cargado los metadatos del medio.
pause	Cuando se pausa el medio de reproducción.
play	Cuando se reanuda la reproducción tras una pausa.
playing	Cuando el medio está listo para reproducirse tras una parada.
ratechange	Cuando se modifica el **rate** del vídeo en reproducción.
seeked	Cuando finaliza la búsqueda en el medio.
seeking	Cuando se inicia la búsqueda en el medio.
stalled	Cuando se produce un fallo en la carga, pero la carga continúa.
suspend	Cuando se suspende la carga del medio.
timeupdate	Cuando se modifica el valor de **currentTime** del medio.
volumechange	Cuando se modifica el volumen.
waiting	Cuando la reproducción se detiene por falta de datos.

7.7.6. Otros eventos

Aquí se recopilan otros muchos eventos que podrían resultar de interés, pero que por su tamaño no merecen una sección propia.

Tabla 7.9. Otros eventos que pueden capturarse con JavaScript

Evento	Momento en el que se activa
Carga de elementos	
abort	Cuando se cancela la carga de un elemento.
DOMContentLoaded	Cuando se ha cargado el documento HTML.
error	Cuando se produce un error en la carga.
load	Cuando se ha cargado el documento y los elementos externos que incorpora: imágenes, hojas de estilo...
progress	Cuando se está produciendo la carga.
readystatechange	Cuando se modifica el valor del atributo **readystate.**
Historial de la sesión	
popstate	Cuando se cambia el historial.
pagehide	Cuando se esconde la página actual mientras se visualizan las distintas páginas de la sesión.
pageshow	Cuando el navegador muestra el documento en la ventana.
Ventana	
scroll	Cuando se desplaza la ventana por medio de las barras de desplazamiento.
resize	Cuando se modifica el tamaño de la ventana.
Animación	
animationend	Cuando finaliza la animación.
animationiteration	Cuando se repite la animación.
animationstart	Cuando comienza la animación.
Impresión	
afterprint	Cuando ha comenzado la impresión o se ha cerrado la previsualización de la impresión.
beforeprint	Cuando va a comenzar la impresión o se ha abierto la previsualización de la impresión.
Portapapeles	
copy	Cuando se va a copiar justo antes de ejecutar la acción.
cut	Cuando se va a cortar justo antes de ejecutar la acción.
paste	Cuando se va a pegar justo antes de ejecutar la acción.

Actividad resuelta 7.4

Prohibido pegar

Crea un programa que pida una dirección de correo electrónico y la repetición del correo electrónico, pero que no permita que la segunda dirección se pegue, sino que se escriba de nuevo.

Solución

HTML

```
<form name="formulario" action="procesa.php" method="POST">
        <input type="text" id="email" name="email" placeholder="Email" />
        <input type="text" id="repemail" name="emailconf" placeholder="Repite Email" />
        <input type="submit" name="submit" value="Enviar >" />
</form>
<script src="eventos.js"></script>
```

JavaScript

```
let elemento = document.getElementById("repemail");
        elemento.addEventListener("paste",(ev)=>{
        ev.preventDefault();
});
```

Estos son los eventos más comunes con los que se puede interactuar, aunque no son todos. Existen eventos relacionados con la batería del dispositivo, las llamadas telefónicas, las bases de datos, los menús, la red, las notificaciones, etc. Es recomendable repasar la documentación oficial y descubrir todas las posibilidades al alcance del programador.

Para saber más

Con el siguiente enlace o con el código QR se accede a una web que muestra una clasificación de todos los eventos disponibles para gestionar con JavaScript:

https://developer.mozilla.org/es/docs/Web/Events#categor%C3%ADas

Importante

Cuando se asocian gestores de eventos a elementos del DOM se está haciendo a los elementos que están presentes en ese instante. Pero el DOM es una estructura dinámica que puede cambiarse según las necesidades. Es preciso tener mucha precaución a la hora de definir eventos para una serie de elementos, porque si en ese conjunto de elementos se inserta uno de forma dinámica **no tendrá asociado el evento que se había definido.**

MAPA CONCEPTUAL

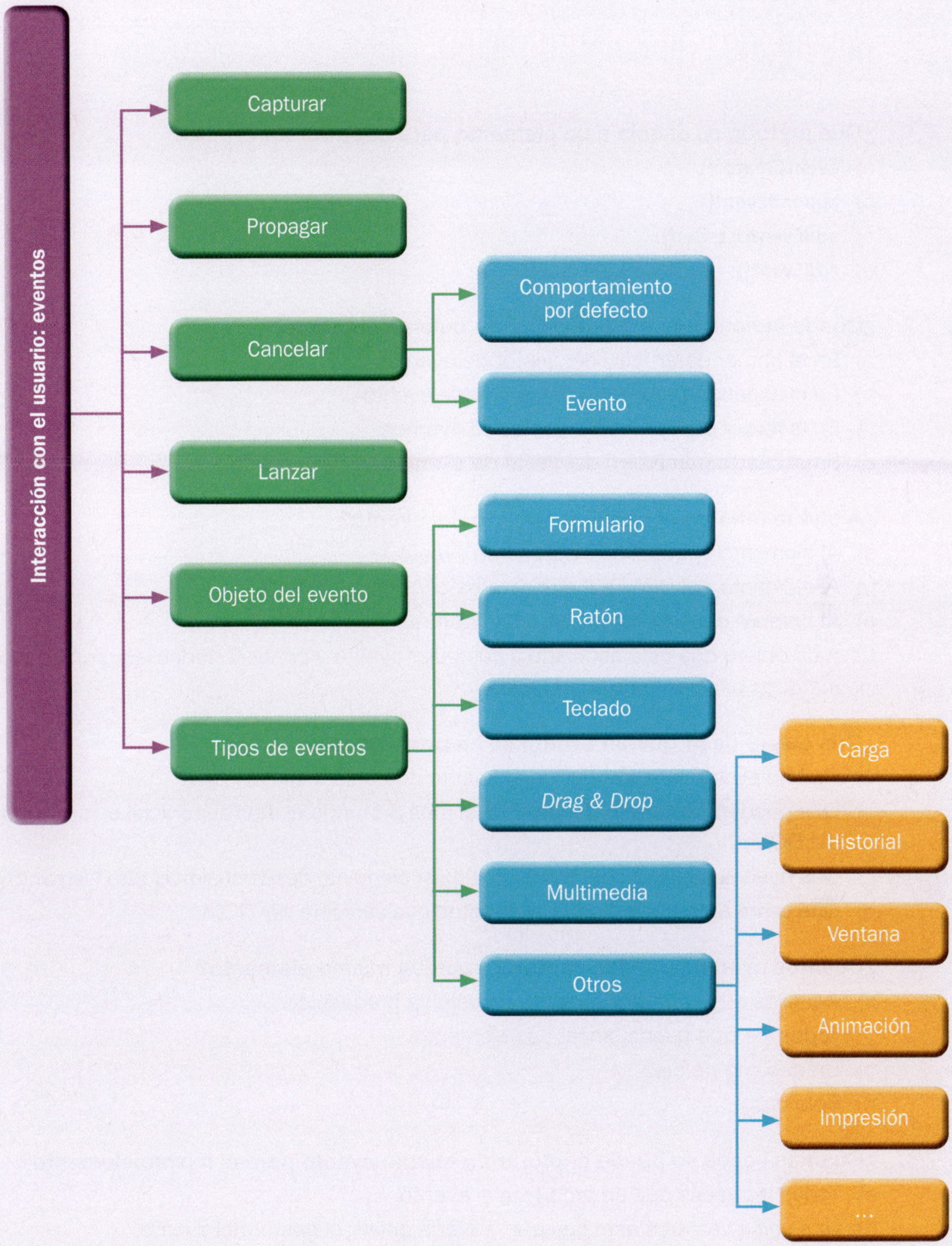

Actividades de comprobación

7.1. ¿Qué método se asocia a un elemento para capturar un evento?

a) **eventCreator().**
b) **appendEvent().**
c) **addEventListener().**
d) **addEvent().**

7.2. ¿Dónde indicas qué evento concreto quieres capturar?

a) En el primer parámetro del gestor de eventos.
b) En el segundo parámetro del gestor de eventos.
c) En el tercer parámetro del gestor de eventos.
d) En el cuarto parámetro del gesto de eventos.

7.3. ¿A qué te refieres al hablar de objeto del evento?

a) Al elemento sobre el que aplicas un evento.
b) Al elemento del DOM del que quieres capturar el evento.
c) Al nombre del evento que quieres capturar.
d) A un objeto que está asociado a cualquier evento y contiene todas las propiedades y métodos relacionados con el evento.

7.4. ¿Qué quiere decir que un evento se ha propagado?

a) Que un evento lanzado por un elemento contagia a su hermano.
b) Que puedes capturarlo desde el nivel más profundo al más superficial en su jerarquía del DOM.
c) Que puedes capturar eventos de cualquier elemento desde cualquier otro elemento.
d) Que se ha extendido a otros elementos cualesquiera del DOM.

7.5. ¿Cuántos eventos puedes capturar sobre el mismo elemento?

a) Aquellos cuyo comportamiento no esté ya predefinido.
b) Todos los que pueda lanzar ese elemento.
c) Un máximo de diez.
d) Solo uno.

7.6. ¿Cuántas veces se puede capturar un mismo evento para el mismo elemento?

a) Todas las veces que se produzca el evento.
b) Una única vez; tras esto hay que volver a definir el gestor del evento.
c) Un máximo de diez veces.
d) Depende del elemento.

7.7. preventDefault() es un método que se utiliza para:

a) Evitar que se lance un evento que elijas asociado a un elemento.
b) Cancelar el comportamiento predeterminado de un elemento.
c) Redefinir un gestor de eventos que ya habías definido.
d) Definir un gestor de eventos común para un conjunto de elementos.

7.8. Puedes lanzar manualmente eventos sobre:

a) El elemento que tienes seleccionado.
b) Cualquier elemento que desees, si es aplicable ese evento.
c) El último elemento al que se ha accedido.
d) El primer elemento disponible en el DOM.

7.9. ¿Cómo accederías al tercer formulario que aparece en una página?

a) **document.forms[1].**
b) **document.forms[2].**
c) **document.forms[3].**
d) **document.forms[4].**

7.10. ¿Con qué método devuelves el formulario a su estado inicial?

a) **undo().**
b) **rollback().**
c) **restart().**
d) **reset().**

7.11. ¿Qué método invocarías para enviar un formulario de manera programática?

a) **send().**
b) **submit().**
c) **go().**
d) **launch().**

7.12. ¿Qué contiene document.forms[0].elements["telefono"].value?

a) El nombre del primer formulario, llamado **telefono,** que aparece en el DOM.
b) El valor predeterminado que has dado al elemento HTML **telefono**.
c) El tamaño máximo del control **telefono** en un formulario oculto del DOM.
d) El valor introducido por el usuario en el campo **telefono** del primer formulario del documento.

7.13. ¿Dónde es recomendable realizar la validación de datos de un formulario?

a) En el servidor.
b) En el cliente.
c) Es indiferente.
d) No se pueden realizar validaciones de datos de formularios, debido a su carácter dinámico.

7.14. ¿Cuál de los siguientes eventos se lanza sobre un cuadro de entrada de texto (input) cuando lo abandonas para interactuar con otro control del formulario?

a) **keyup.**
b) **blur.**
c) **dragstop.**
d) **mousenter.**

7.15. ¿Cómo puedes saber si el usuario ha pulsado la tecla [Ctrl] de la derecha o de la izquierda del teclado?

a) No puedes saberlo.
b) Consultando el valor de la propiedad **location.**
c) Consultando el valor de la propiedad **keyboardZone.**
d) Invocando al método **getTheKey().**

7.16. Para indicar que un elemento se puede arrastrar debes:

a) Modificar su propiedad **style** para bajar la opacidad.

b) Establecer su atributo **class="droppable"**.

c) Incluir el elemento **draggable="true"** en el elemento.

d) No es necesario indicarlo, solo debes aplicar el gestor del evento sobre ese elemento y automáticamente cualquier elemento se puede arrastrar.

7.17. ¿Qué eventos del portapapeles tienes a tu disposición?

a) Ninguno, es una utilidad del sistema operativo y JavaScript no tiene acceso.

b) **copy**, **cut** y **paste**.

c) **flush**, **import** y **export**.

d) **grab**, **commit** y **grant**.

7.18. ¿Qué ocurre si añades un elemento a una lista en la que todos los elementos tienen asociado un evento?

a) Automáticamente el nuevo elemento hereda los gestores de eventos de sus hermanos.

b) La respuesta a) sería correcta si al nuevo elemento le añades el atributo **propagation="true"**.

c) El nuevo elemento no tendrá asociado ningún gestor de eventos que no estuviera predefinido por su propia naturaleza.

d) La operación no puede realizarse si previamente no has asociado los mismos eventos al nuevo elemento antes de añadirlo.

Actividades de aplicación

7.19. Crea una página HTML con un contenedor de una imagen. Debes tener preparadas diez imágenes y en función de la tecla numérica que se pulse (0, 1, 2, 3, 4, 5, 6, 7, 8, 9) debe aparecer esa imagen en el contenedor. Cuando se pulse otro número, debe vaciarse el contenedor y cargarse de nuevo su imagen correspondiente.

7.20. Crea una aplicación cuyo código HTML contenga únicamente una caja roja. Cada vez que el usuario pulse algunas de las teclas de los cursores (flecha arriba, flecha abajo, flecha a derecha, flecha a izquierda) la caja debe desplazarse 10 px en la dirección establecida por el cursor.

7.21. Escribe un programa que permita ordenar los elementos de una lista desordenada. Cada elemento debe tener un aspa en su extremo derecho para poder ser eliminado. Además, al final habrá un botón para añadir un elemento. El texto del nuevo elemento se le debe pedir al usuario por teclado.

7.22. Elabora un programa que vaya rellenando un párrafo de forma dinámica con todas las letras que vaya pulsando el usuario sobre cualquier elemento de la página. Al final del párrafo debes incluir un botón para limpiar el contenido del párrafo.

7.23. Crea una rutina que no permita que el ratón se coloque encima de una caja azul de 100 x 100 px. Cada vez que el ratón intente colocarse encima, la posición de la caja debe cambiar aleatoriamente por la página.

7.24. Crea una aplicación que contenga un párrafo con mucho texto. Debajo del párrafo debe aparecer un botón por cada vocal. Al pulsar sobre una vocal, esa vocal desaparecerá del texto.

7.25. Escribe un programa para simular la velocidad de pulsación de dos teclas. En pantalla aparecerán dos cajas, una verde y otra roja, una debajo de otra. El alto de cada caja será de 40 px y el ancho inicial de 10 px cada una. La primera caja incrementará su ancho 5 px cada vez que se pulse la tecla [a]. La segunda caja hará lo mismo cuando se pulse la tecla [ñ]. El juego termina cuando una de las cajas llega a 500 px de ancho. En ese momento deben desactivarse los eventos de ambas teclas y mostrarse un mensaje bajo las cajas que ponga «GANA VERDE» o «GANA ROJO». Se trata de calcular con qué mano eres capaz de realizar más pulsaciones.

7.26. Juguemos a adivinar las parejas. Debes distribuir en la página una cuadrícula de 6 x 5 cajas. De las 30 cajas habrá 15 distintas. Cada par de cajas será de un color distinto. Inicialmente todas las cajas aparecerán negras. Cuando el usuario pinche sobre una caja, se revelará su auténtico color. En ese momento debes arrastrar la caja al lugar donde creas que se encuentra su pareja. Si aciertas, ambas cajas permanecerán boca arriba y ya no se podrá interactuar con ellas. Si fallas, las dos cajas volverán a su estado inicial. El programa debe detectar cuándo están todas las cajas emparejadas y cuánto tiempo has tardado en resolverlo.

Actividades de ampliación

7.27. Profundiza en los eventos relacionados con arrastrar y soltar e intenta reescribir la actividad 7.26 para añadir más funcionalidad, como: retorno automático de la caja a su lugar de origen, animaciones al girar las cajas, establecer imágenes como fondo de las cajas, etcétera.

7.28. Acude a la documentación oficial de los eventos de JavaScript, analiza los eventos relacionados con la red y escribe un programa donde simules el funcionamiento de los mismos.

7.29. Investiga qué otros juegos populares pueden realizarse de forma sencilla con JavaScript e intenta realizar una versión mínima de alguno de ellos: tres en raya, buscaminas, solitario...

7.30. ¿Sabes que los navegadores también ofrecen eventos propios que mejoran mucho la experiencia del usuario? Visita la documentación relacionada con eventos JavaScript de tu navegador y explora las posibilidades de aplicación.

7.31. Investiga qué eventos relacionados con dispositivos móviles tienes a tu disposición en JavaScript e intenta crear un programa en los que se evidencie su funcionamiento.

7.32. Busca las novedades que ha incorporado JavaScript este último año y comprueba si existe alguna innovación interesante relacionada con la interacción con el usuario.

Enlaces web de interés

- **Mozilla Developers** - https://developer.mozilla.org/es/docs/Web/Events
(*website* para desarrolladores)

- **Lenguaje JS** - https://lenguajejs.com/javascript/
(documentación sobre JavaScript y su evolución)

- **JavaScript Info** - https://es.javascript.info/
(aprendizaje de JavaScript a través de tutoriales)

- **freeCodeCamp** - https://www.freecodecamp.org/
(comunidad para el aprendizaje de la programación)

- **ECMAScript 2022** - https://262.ecma-international.org/13.0/
(última actualización de la especificación del lenguaje)

- **W3Resource** - https://www.w3resource.com/
(recursos libres para programadores *front-end*)

- **DEV Community** - https://dev.to/
(comunidad de programadores)

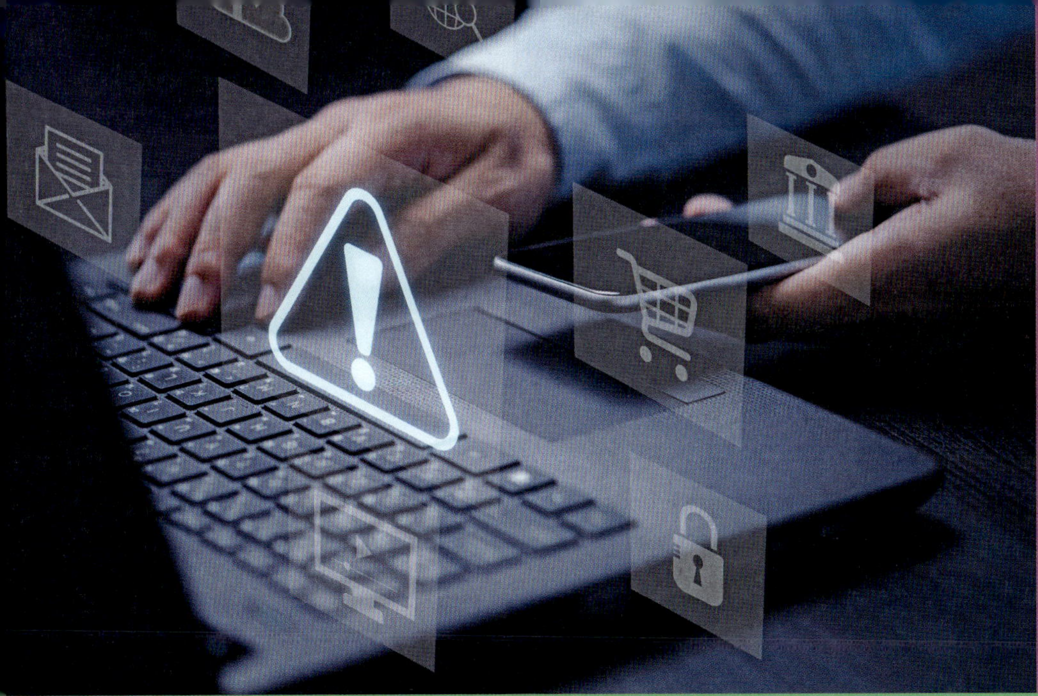

UNIDAD 8

Errores, módulos y API

Objetivos

- Reconocer la importancia de establecer un sistema de gestión de errores.
- Distinguir los diferentes tipos de errores que puede lanzar una aplicación.
- Conocer cómo preparar y lanzar errores.
- Aprender las estructuras que permiten capturar y gestionar errores.
- Descubrir las ventajas de reutilizar código mediante módulos.
- Identificar los problemas de la importación de módulos de terceros.
- Dominar la creación, exportación e importación de módulos propios.
- Asimilar la utilidad de las API.
- Entender el funcionamiento general de una API.
- Estudiar el catálogo de API propias de JavaScript.
- Utilizar algunas API importantes para interiorizar mecánicas de uso.

Contenidos

- 8.1. Errores
- 8.2. Módulos
- 8.3. API

Introducción

Alrededor del proceso de desarrollo de aplicaciones web existe todo un ecosistema de utilidades, más allá del funcionamiento básico de JavaScript, que resultan de gran interés para alcanzar un producto de calidad.

Tener controlados los posibles errores que puede lanzar el programa mediante eficientes gestores de errores puede marcar la diferencia entre una aplicación usable y otra que esté constantemente rompiéndose. Los errores se van a producir siempre, porque entran en juego múltiples factores externos que escapan al control del programador. La clave no está tanto en evitarlos, que también, como en recuperar el sistema correctamente cuando se producen.

Otro elemento que ayuda mucho en el desarrollo de aplicaciones web es el concepto de la reutilización. Trabajar con módulos que se programan una vez y se utilizan en muchos proyectos tiene grandes beneficios, como acortar los tiempos de desarrollo, abaratar el coste del producto o reducir la cantidad de errores.

Por último, conocer y saber utilizar las docenas de API disponibles tanto en el propio lenguaje como en servicios externos aportan a las aplicaciones una funcionalidad de extrema utilidad que muchos desconocen.

Por todo lo anterior, se anima al lector a conocer en esta unidad estos tres ámbitos del desarrollo de aplicaciones web, a practicarlos y a incorporarlos a su catálogo de habilidades porque a buen seguro le reportarán importantes ventajas.

8.1. Errores

Al desarrollar aplicaciones web debe tenerse siempre en mente que el objetivo es alcanzar un producto de calidad. Esto implica que la ejecución sea eficiente, que los tiempos de espera sean cortos, que la aplicación sea usable y amigable, y una larga lista de otras características deseables. Una de estas características, que no siempre se trata con esmero, es la tolerancia a fallos. Es verdad que el trabajo debe realizarse tratando de evitar todos los posibles errores que se puedan generar, pero también es muy importante gestionar correctamente la recuperación de un error cuando este se produce. En otras palabras, preparar el programa para que sea capaz de recuperarse de ciertos errores que no van a poder evitarse.

8.1.1. Qué se entiende por error

Cuando se habla de errores, se está haciendo referencia a todos aquellos comportamientos anómalos de la aplicación que no estaban previstos. Siguiendo con este marco conceptual, un error no es solo el típico mensaje en rojo que suele aparecer en muchas aplicaciones cuando se produce un fallo.

Figura 8.1. *Los errores no siempre tienen el aspecto que todos imaginan.*

Un error también es que la aplicación realice una operación de una forma no esperada, aunque los resultados aparentemente no sean incorrectos. Estos, como se podrá entender, son los más difíciles de detectar, por eso hay que ser muy cuidadoso y escribir los programas siguiendo una disciplina de comprobación de errores regular.

Todos los desarrolladores invertimos una cantidad enorme de tiempo tratando de encontrar errores. Sin embargo, cuando ya se adquiere cierta experiencia, los programadores desarrollamos un sentido especial para «intuir» en qué partes del código se podría estar produciendo un error. Pero esto no se puede enseñar, simplemente ocurre tras desarrollar un buen número de proyectos.

8.1.2. Tipos de errores

A grandes rasgos, y atendiendo al momento en el que se producen, los errores se pueden clasificar en dos grandes tipos:

- **Errores en tiempo de desarrollo:** son los que se cometen por escribir mal una instrucción. Normalmente el editor de código los detecta y proporciona información sobre qué podría estar ocurriendo. En otras ocasiones, es más complicado porque los errores se encadenan y aquello que muestra el editor es un error heredado del auténtico origen.
- **Errores en tiempo de ejecución:** son los que se producen una vez que la aplicación se está ejecutando. Podría deberse a identificadores no definidos previamente, operaciones aritméticas incorrectas, conexiones no disponibles, interbloqueos, etcétera.

Pensándolo bien, casi todos los errores anteriores son fruto de una mala práctica o de un descuido por parte del programador. Sin embargo, no siempre es así, a veces los errores son inducidos por fallos en el sistema (no hay conexión de red, por ejemplo) o por un mal uso de la aplicación por parte de los usuarios (escribir un DNI en el campo donde se le pide su correo electrónico, por ejemplo). Pero hasta en esos casos, el programador es responsable de tener preparada su aplicación para tolerar esos fallos. Es fundamental que el impacto en el funcionamiento de la aplicación sea mínimo.

Además, no todos los comportamientos anómalos de la aplicación tienen las mismas consecuencias. En unos casos la aplicación deja de funcionar y, en otros, la ejecución continúa, pero con datos inconsistentes. Por eso, se diferencian tres tipos de errores que podrían darse en las aplicaciones web:

- ***Error:*** son los errores que provocan que la aplicación deje de funcionar. Se considera que este tipo es un error no controlado, que desencadena una serie de fallos que se van acumulando hasta que la aplicación no puede más y, finalmente, se detiene.
- ***Exception:*** una excepción es un error para el que se ha preparado un gestor que lo administra. Se sabe que puede darse en ciertas situaciones y, en vez de evitarla, se prepara su gestión para que el impacto esté controlado y no afecte significativamente a la ejecución de la aplicación.
- ***Warning:*** los avisos son los errores menos importantes. No provocan que la aplicación deje de funcionar, pero notifican que se están produciendo situaciones preocupantes que podrían terminar generando un error fatal. A pesar de no ser de gran importancia, deben tenerse en cuenta e interesarse por saber qué está ocurriendo para intervenir y que la situación no empeore.

8.1.3. Creación y lanzamiento de errores

JavaScript dispone de toda una jerarquía de objetos para gestionar de forma automática la información que proporciona sobre ellos y también para que los programadores puedan desarrollar sus propias estrategias de control de errores.

Los errores en tiempo de ejecución dan como resultado la creación y lanzamiento automático de objetos **Error.** Pero también se puede usar esta infraestructura de objetos para crear y lanzar errores propios:

```
let error = new Error("Formato de fecha incorrecto");
```

La instrucción anterior en realidad no lanza ningún error, sino que simplemente crea el objeto que se usará para almacenar toda la información sobre él. Para lanzar un error se utiliza **throw:**

```
let error = new Error("Formato de fecha incorrecto");
throw error;
```

Ahora sí que se obtiene un llamativo aviso de que algo no ha ido bien (Figura 8.2).

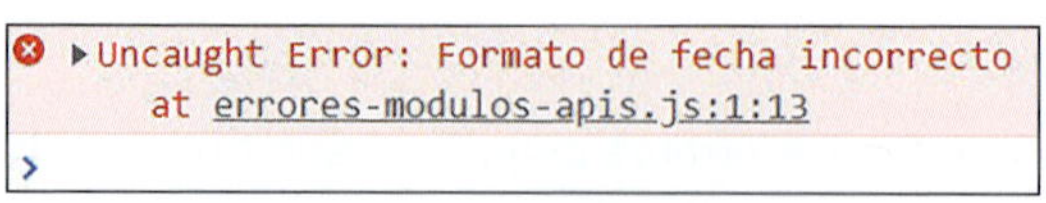

Figura 8.2. *La consola muestra un error personalizado por el programador.*

El error creado es un error genérico, pero pueden definirse errores de tipos mucho más específicos, tal y como permite JavaScript con los siete constructores que se recogen en la Tabla 8.1.

Tabla 8.1. Constructores específicos para tipos de errores concretos

Constructor	Utilidad
EvalError	Error lanzado al utilizar la función **eval()**, que evalúa una expresión y retorna su valor.
InternalError*	Error interno en el motor de JavaScript, por ejemplo: demasiada recursividad, demasiados paréntesis en una expresión regular, demasiadas opciones en un **switch**...
RangeError	Error lanzado cuando una variable numérica o parámetro toma un valor que está fuera de sus valores establecidos.
ReferenceError	Error que se produce cuando se realiza una referencia a objeto no válida.
SyntaxError	Error producido cuando JavaScript intenta interpretar código que no es válido sintácticamente.
TypeError	Error lanzado cuando el tipo de una variable o parámetro no es válido.
URIError	Error que se produce al codificar **encodeURI()** o al decodificar **decodeURI()** un URI.

* Es un constructor no estándar. No se debe usar en sitios web en producción porque no funcionará a todos los usuarios.

Existen también dos propiedades estándar (ciertos desarrolladores de navegadores como Mozilla o Microsoft proporcionan muchas otras) para acceder a información concreta del error, como el mensaje del error (**message**) y su nombre (**name**):

```
let error = new Error("Formato de fecha incorrecto");
console.log(`Mensaje del error: ${error.message}`);
console.log(`Nombre del error: ${error.name}`);
```

8.1.4. Gestión de excepciones

JavaScript proporciona un mecanismo muy útil para definir aquellos bloques de instrucciones sospechosos de poder generar errores y capturarlos con facilidad. Se trata de la declaración **try...catch.**

En el bloque **try** se colocan las instrucciones que podrían generar un error, y en el bloque **catch** las declaraciones que especifican qué hacer si se llega a producir. A continuación se muestra un ejemplo sencillo de su uso:

```
try {
	throw "Error inducido";
} catch (error) {
	console.log(error);
}
```

Si alguna instrucción dentro del bloque **try** lanza una excepción, el control del programa salta automáticamente al bloque **catch.** Cuando termine la ejecución del bloque **catch,** no se seguirán ejecutando las instrucciones que quedaron pendientes del bloque **try.**

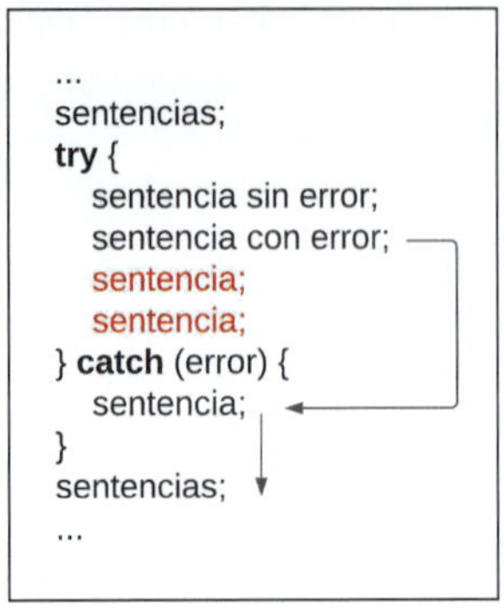

Figura 8.3. *Lógica de ejecución de un bloque* try...catch.

Actividad resuelta 8.1

Fuera de rango

Escribe un programa que compruebe el valor de una variable numérica entera llamada **nota** y lance un error si su valor no se encuentra entre 0 y 10.

Solución

```
function compruebaNota(n) {
        if (n<0 || n>10) {
                throw new RangeError("Valor incorrecto para la nota.");
        }
}
try {
        compruebaNota(21);
} catch (error) {
        if (error instanceof RangeError) {
                console.log(`${error.name}: ${error.message}`);
                console.log("Por favor, vuelve a introducir un valor para la nota.");
        }
}
```

Existe otra variante a esta declaración que es la estructura **try...catch...finally.** En este caso, el bloque **finally** contiene instrucciones que se ejecutarán después de que se ejecuten los bloques **try** y **catch.** Es crucial entender que el bloque **finally** se ejecutará siempre, tanto si se ha lanzado un error como si no. Incluso, si se lanza un error, el bloque **finally** se ejecutará, aunque el bloque **catch** no haya capturado el error concreto que se lanzó.

Otro detalle muy importante de **finally** es que su valor devuelto es el de referencia para todo el bloque **try...catch...finally.** Esto quiere decir que, si tanto el bloque **try** como el bloque **catch** contienen instrucciones **return,** estas quedarán invalidadas mientras no se termine de ejecutar el bloque **finally,** cuyo **return** será el único que retorne el auténtico valor de toda la estructura, puesto que sobrescribe a los anteriores. De la misma manera, esta sobreescritura también se aplica a las excepciones lanzadas o relanzadas en el bloque **catch.**

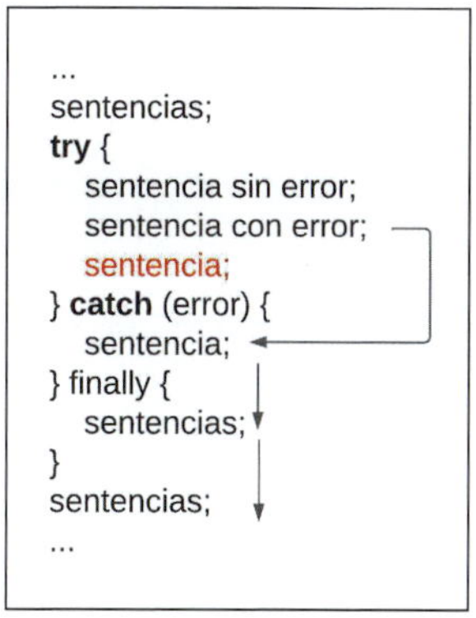

Figura 8.4. *Lógica de ejecución de un bloque* try... catch...finally *con error en el bloque* try.

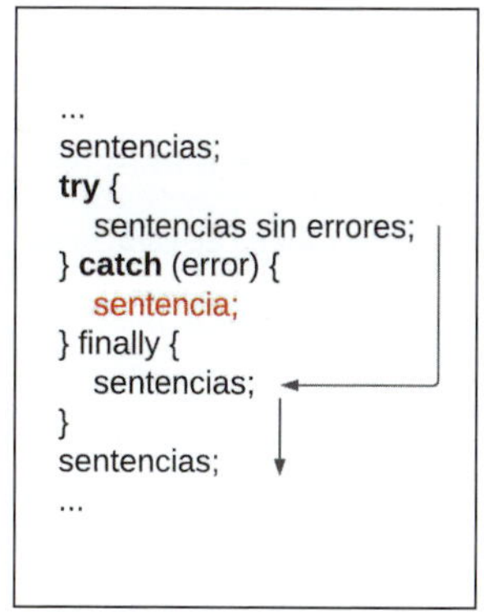

Figura 8.5. *Lógica de ejecución de un bloque* try... catch...finally *sin error en el bloque* try.

¿Qué utilidad tiene entonces el bloque **finally?** Mucha; por ejemplo, liberar un recurso que el programa haya bloqueado: puede tratarse de una aplicación que abre un archivo y realiza una serie de operaciones con él. Si se produce un error, se podría usar **finally** para cerrar el archivo y que esté disponible para el resto de la aplicación. De esta manera, se evita que el programa se detenga.

Actividad propuesta 8.1

Errores múltiples

Crea un fragmento de código que lance al menos tres tipos de errores distintos. Se pide capturar y gestionar los tres tipos de errores (mostrándolos en la consola) con una sola declaración **try...catch.**

8.1.5. El modo estricto

Siempre se ha hecho referencia a JavaScript como un lenguaje que dispone de una sintaxis muy flexible. Su naturaleza de lenguaje débilmente tipado hace que no necesite conocer al detalle con qué tipo de dato se está trabajando en cada momento, tal y como se estudió en la Unidad 2. Sin embargo, estas características no son del agrado de muchos programadores, que prefieren un entorno más estricto que puedan controlar y no dejar en manos del intérprete ciertas libertades que podrían causar inconsistencias. Esta circunstancia, unida al auge del desarrollo de aplicaciones con JavaScript cada vez más grandes, con más consumo de recursos y también incorporando el lado servidor, hace que el control de errores cada vez sea más importante y, en ocasiones, sea más seguro utilizar lo que se conoce como el modo estricto. Se trata de un modo más exigente de tratar los errores que fue incorporado en la versión ES5 del estándar.

Para activar el modo estricto se escribe **'use strict'**; (comillas incluidas) en la primera línea del fichero de código JavaScript. Si no se desea activar para todo el fichero puede hacerse de forma selectiva, ya que también es posible circunscribirlo al ámbito de una función, de manera que solo se aplicarán las normas que incorpora en el interior de la función. A continuación se presenta un ejemplo muy simple.

Si el programa contiene esta única instrucción:

```
cadena = "una cadena de caracteres";
```

no ocurrirá nada, porque JavaScript automáticamente habrá asignado el tipo a la variable de forma dinámica. Sin embargo, si se escribe:

```
'use strict';
cadena = "una cadena de caracteres";
```

el navegador mostrará un mensaje de error indicando que la variable no está definida (Figura 8.6).

```
▸Uncaught ReferenceError: cadena is not defined
    at errores-modulos-apis.js:2:8
>
```

Figura 8.6. *El modo estricto detectando errores de tipos.*

8.2. Módulos

Un módulo en JavaScript es un conjunto de objetos, funciones, constantes, etc., que puede usarse como **una librería** y que puede reutilizarse para agilizar el desarrollo de aplicaciones.

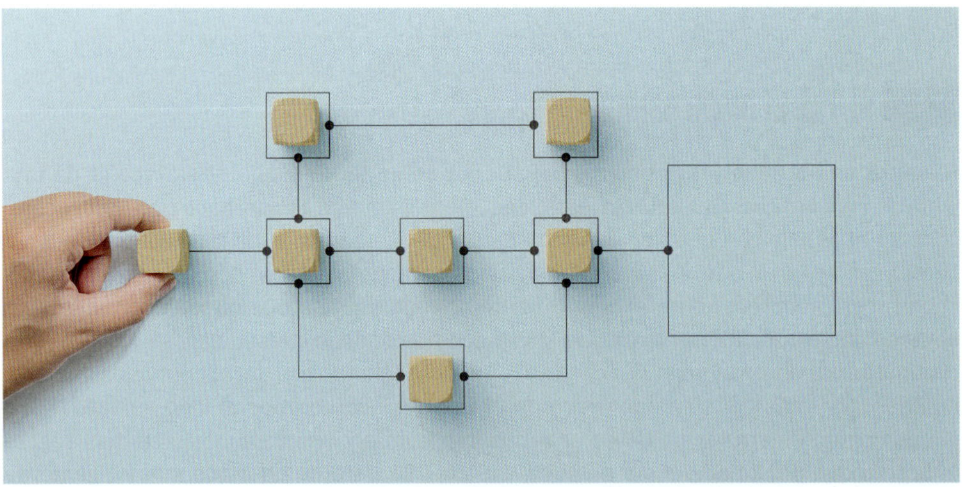

Figura 8.7. *El uso de módulos facilita el desarrollo de aplicaciones combinando componentes.*

La necesidad de utilizar módulos con JavaScript del lado cliente ha sido una reivindicación tradicional entre la comunidad de programadores desde hace mucho tiempo. Pero en la actualidad ha subido de intensidad debido a la fácil gestión que, por ejemplo, realiza Node.js de los módulos, una tarea completamente integrada en su gestor de paquetes npm.

Además, el uso de módulos no solo mejora la reutilización del código, sino que permite tener aplicaciones más rápidas y eficientes. En muchas ocasiones, se necesita incorporar a las aplicaciones librerías de terceros de las que se desean utilizar muchas menos utilidades de las que proporciona. Sin embargo, hay que descargar todo el fichero para poder usar la pequeña parte que se necesita. Y esto es un desperdicio innecesario de recursos.

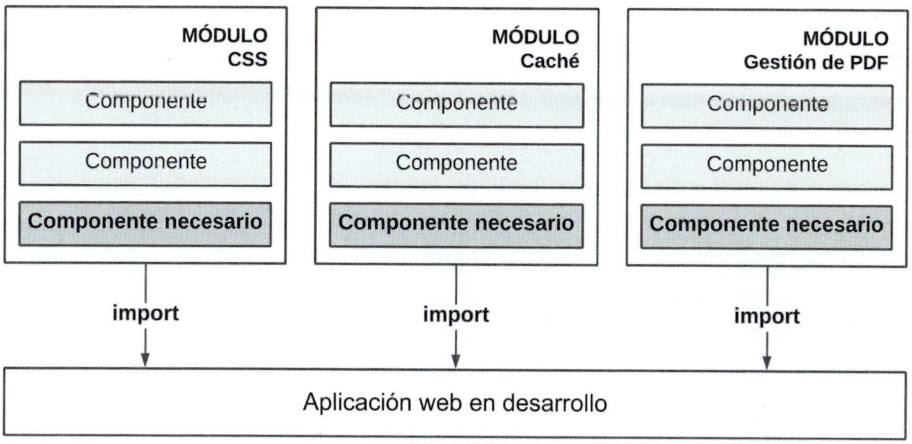

Figura 8.8. *Descarga innecesaria de módulos para usar una pequeña parte de ellos.*

Es verdad que existen algunas herramientas que pueden utilizarse para realizar esa carga selectiva que se necesita, como por ejemplo la archiconocida **Require.js.** Pero vuelve a surgir el problema de que no forma parte del estándar y, por tanto, se siguen desarrollando aplicaciones sin garantías de compatibilidad en la carga de módulos.

Lo que sí puede hacerse, desde la incorporación de **export** e **import** al estándar ES6, es crear y cargar módulos propios.

Para **crear un módulo** se marca cada una de las utilidades que se quieren importar más tarde con la palabra clave **export.** Por ejemplo, si se tiene un módulo llamado **operar_cadenas.js** se podría hacer lo siguiente:

```
function esPalindroma(cadena) {
        // sentencias;
}
export function anagramas(letras) {
        // sentencias
}
export function inversa(cadena) {
        // sentencias
}
```

O también se puede recurrir a la opción de agrupar al final aquello que se desea exportar:

```
function esPalindroma(cadena) {
        // sentencias;
}
function anagramas(letras) {
        // sentencias
}
function inversa(cadena) {
        // sentencias
}
export {
        anagramas,
        inversa
}
```

De esta manera, los elementos que se han exportado pueden ser importados por otro programa. El resto, quedará como privado.

Para **importar** una o varias utilidades de **un módulo** no hay más que indicarlo de esta manera:

```
import { anagramas, inversa } from "./operar_cadenas.js";
let miArray = anagramas("girasoles");
let invertida = inversa("abad");
```

La importación también permite **crear alias de los elementos importados,** de manera que si se escribe **import {anagramas as ana} from "./operar_cadenas.js"** se puede invocar a la función **anagramas** usando el identificador **ana.**

También existe la posibilidad de **utilizar espacios de nombres** al importar todos los elementos de un módulo. Si se hace esto:

```
import * as opca from "operar_cadenas.js";
let miArray = opca.anagramas("girasoles");
```

debe usarse el espacio de nombres cada vez que se invoque a un elemento importado. ¿Qué utilidad tiene esto? Una muy importante: diferenciar con un golpe de vista qué módulo proporciona un elemento que se está usando, cuando se han importado varios módulos. Y otra más importante aún, evitar colisiones de nombres cuando dos o más módulos contienen elementos con el mismo nombre.

Un último detalle muy importante que hay que tener en cuenta es que al importar módulos, si se escribe el código JavaScript en el contenido de la etiqueta **script** de HTML, debe indicarse **type="module"**, en lugar de **type="text/javascript"**.

Actividad propuesta 8.2

Biblioteca matemática

Crea un módulo que contenga dos constantes matemáticas y tres funciones que consideres útiles. Solo debes exportar una constante y dos funciones. Luego escribe un programa que haga uso del módulo, importando solo aquellos elementos que vayas a usar.

8.3. API

API son las siglas de *Application Programming Interfaces* o interfaz de programación de aplicaciones. Se trata de un conjunto de objetos, propiedades, métodos, funciones y otros componentes que se utilizan para desarrollar aplicaciones web permitiendo la comunicación entre dos aplicaciones siguiendo un conjunto de reglas. Pueden entenderse como un módulo externo de *software* que se comunica o interactúa con otro para conseguir ciertos objetivos. Tomando como suposición el desarrollo de una aplicación web que necesita mostrar la información meteorológica de ciertas localizaciones, en vez de programar a mano la lectura de sensores de una estación meteorológica de cada una de las localizaciones, lo que se hace es buscar un servicio *online* que ya tenga implementado este trabajo, y se realizan peticiones a través de su API para que la aplicación se encargue simplemente de mostrar los datos que recibe.

Desde el punto de vista del usuario esta comunicación es completamente transparente, el usuario ve en la aplicación la información meteorológica, pero no sabe cómo ni desde dónde se están consumiendo los datos.

Al registrarse o iniciar sesión en muchos sitios web, se pueden utilizar las credenciales propias de Google, Twitter o Facebook. Lo que está haciendo la aplicación web en la que se quiere iniciar sesión es conectarse en segundo plano con las API de esos servicios para identificar al usuario, sin necesidad de tener que abrir un largo y tedioso proceso de registro que incomoda a muchos.

Figura 8.9. *Consumir componentes internos o externos mediante API abre múltiples posibilidades.*

A lo largo del aprendizaje de JavaScript se ha hecho uso de alguna API; ¿qué es, si no, el propio DOM? Una API que ofrece objetos, como **window** o **document**, y propiedades y métodos que permiten gestionar los elementos del DOM. En la siguiente relación se recopilan algunos otros ejemplos de API que HTML5 proporciona:

- **API Canvas:** ofrece funcionalidad para dibujar en 2D en un lienzo de HTML5.
- **Application Cache:** muy útil para que las aplicaciones web puedan trabajar *offline.*
- **Battery Status:** información detallada de la batería del dispositivo.
- **Drag & Drop:** amplia funcionalidad para trabajar con elementos arrastrables.
- **FileSystem API:** trabajo con archivos locales usando JavaScript.
- **FullScreen:** utilidades para poder gestionar la aplicación cuando se visualiza a pantalla completa.
- **Geolocation:** gestión de las coordenadas de localización del usuario.
- **Media API:** funcionalidad extendida para gestionar contenido de audio y vídeo.
- **Text Track API:** maneja los subtítulos de componentes de audio y vídeo.
- **Web GL:** amplía la funcionalidad del *canvas* para trabajar con 3D incorporando elementos de Open GL.
- **Web Sockets:** gestiona los *sockets* de una red para facilitar la comunicación cliente-servidor.
- **Web Storage:** permite esquivar las *cookies* almacenando datos en el navegador.
- **Web Workers:** ofrece la posibilidad de realizar procesamiento en segundo plano para evitar problemas de rendimiento en el primer plano.

Actividad resuelta 8.2

Dibujo en 2D

Crea un programa, usando la API Canvas, que disponga de un lienzo de 500 x 500 px y solo utilizando código JavaScript consiga pintar la cara de un emoticono sonriendo.

Solución

HTML

```
<canvas id="lienzo" width="500" height="500"></canvas>
<script type="text/javascript" src="errores-modulos-apis.js"></script>
```

JavaScript

```
function dibujarCarita() {
        let lienzo = document.getElementById("lienzo");
        if (lienzo.getContext){
                        let mano = lienzo.getContext("2d");
                        mano.beginPath();
                        mano.arc(75,75,50,0,Math.PI*2,true);
                        mano.moveTo(110,75);
                        mano.arc(75,75,35,0,Math.PI,false);
                        mano.moveTo(65,65);
                        mano.arc(60,65,5,0,Math.PI*2,true);
                        mano.moveTo(95,65);
                        mano.arc(90,65,5,0,Math.PI*2,true)
                        mano.stroke();
        }
}
dibujarCarita();
```

A continuación se repasará brevemente la mecánica de uso de tres de las API más usadas en la actualidad: almacenamiento, geolocalización y notificaciones.

Actividad propuesta 8.3

Más API

Descubre alguna otra API propia de JavaScript que no hayamos citado aquí y escribe un programa donde expliques su funcionamiento básico.

8.3.1. API Web Storage

Web Storage permite almacenar datos en la máquina del usuario. La gestión de datos que ofrece esta API es mucho más interesante que en el caso de las *cookies* (aunque en casos muy concretos las *cookies* son necesarias). Por citar solo algunas ventajas:

- Menos restricciones que las *cookies.*
- Los datos no se envían al servidor.
- No se incluyen en ninguna petición/respuesta HTTP.
- Permiten almacenar varios gigabytes.

Desde el punto de vista del código, el objeto **window** ofrece dos nuevas propiedades: **localStorage,** para almacenar los datos; y **sessionStorage,** que almacena datos con gestión de la sesión. La única diferencia entre las dos es que los datos almacenados con **sessionStorage** se eliminan tan pronto como acaba la sesión.

Nota técnica

Es importante saber que para usar Web Storage con este tipo de datos es necesario que las páginas se carguen desde un servidor web. No funcionará si se abre directamente el fichero en el navegador. Para ello, puede instalarse un servidor web tipo XAMP/LAMP o instalar algún *plugin* en el editor de código del tipo Live Server (Visual Studio).

En los siguientes ejemplos se muestra cómo realizar algunas operaciones sencillas usando esta API.

Para almacenar un dato se procede igual que con las *cookies,* indicando una clave y un valor por medio del método **setItem:**

```
localStorage.setItem("unaClave","Un valor");
```

Para recuperar un dato almacenado se utiliza **getItem** o se usa directamente una clave:

```
localStorage.getItem("unaClave");
localStorage.unaClave;
```

Además, como siempre que se trabaja con JavaScript, se puede recurrir al objeto **JSON** para guardar estructuras de datos más complejas usando los ya conocidos métodos **stringify** y **parse:**

```
localStorage.setItem("unaClave",JSON.stringify(miCadenaJSON));
miObjetoJSON = JSON.parse(localStorage.getItem("unaClave"));
```

Igualmente, para eliminar una clave almacenada y su valor asociado se recurre a **removeItem** o el operador **delete:**

```
localStorage.removeItem("unaClave");
delete localStorage.unaClave;
```

Y si lo que se quiere es liberar toda la memoria ocupada limpiando todo el almacenaje, se acude a **clear:**

```
localStorage.clear();
```

8.3.2. API Geolocation

Como se puede deducir, esta API permite conocer cierta información geográfica del dispositivo del usuario.

Las aplicaciones son tan extensas como alcance la imaginación del programador. Mientras sea necesario ofrecer o consumir información del entorno más cercano a la posición del usuario, más sentido cobrará el uso de esta API. Lógicamente, la posición del dispositivo de un usuario forma parte de su privacidad, por lo que la aplicación solicitará permiso para conocer su ubicación.

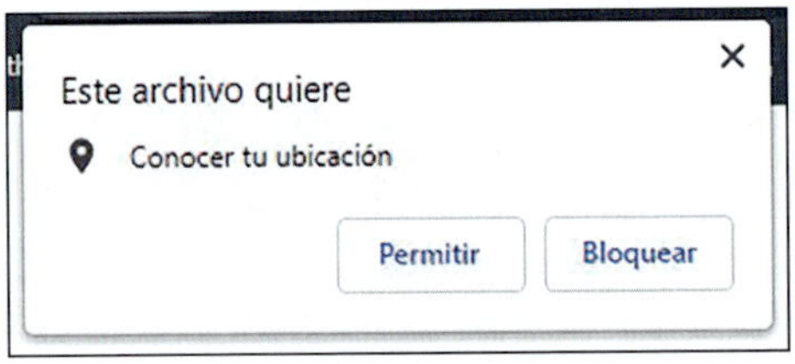

Figura 8.10. *Solicitud de permiso de ubicación al usuario en Chrome.*

En este caso, las utilidades proporcionadas por esta API se encuentran en el objeto **navigator** cuyo estudio se adelantó al ver el DOM en la Unidad 6.

Para conocer la posición del usuario se tiene que invocar a **getCurrentPosition,** cuyo parámetro es un *callback* que recibe un objeto **Position.** Es este último objeto el que da acceso a la longitud y latitud del dispositivo. Se haría lo siguiente:

```
navigator.geolocation.getCurrentPosition(posicion=>{
        console.log(`Lon: ${posicion.coords.longitude}`);
        console.log(`Lat: ${posicion.coords.latitude}`);
});
```

Y si se acepta que el fichero conozca la ubicación, se mostrarían los datos.

Pero estas propiedades no son las únicas que ofrece el objeto **Position**. Dispone de algunas otras también muy interesantes, como las que se muestran en la Tabla 8.2.

Tabla 8.2. Algunas propiedades del objeto Position

Propiedad	Utilidad
accuracy	Precisión del cálculo de la longitud y la latitud (en metros).
altitude	Altura sobre el nivel del mar.
altitudeAccuracy	Precisión del cálculo de la altitud (en metros).
heading	Ángulo de movimiento del dispositivo del usuario.
speed	Velocidad de movimiento del dispositivo del usuario (en m/s).

Otro método enormemente útil es **watchPosition** que funciona de forma muy parecida al anterior, pero se ejecuta constantemente para conocer variaciones de la posición y poder hacer un seguimiento del dispositivo. ¿Cuándo deja de consultar la posición? Cuando se invoca al método **clearWatch.**

Por ejemplo, si solo se quiere rastrear la posición del usuario cuando su posición supera los 1000 metros de altitud, se podría hacer esto:

```
let identificador = navigator.geolocation.watchPosition(posicion=>{
        console.log(`Lon: ${posicion.coords.longitude}`);
        console.log(`Lat: ${posicion.coords.latitude}`);
        if (posicion.coords.altitude < 1000)
                navigator.geolocation.clearWatch(identificador);
});
```

Este programa iría sacando en consola la posición del dispositivo una y otra vez mientras su altitud esté por encima de los 1000 metros. Utilizando el identificador de seguimiento devuelto por **watchPosition** se puede interrumpir el seguimiento y centrarse solo en aquella cota que interesa.

8.3.3. API Notification

La democratización del acceso a los dispositivos móviles ha tenido muchas consecuencias para la mayoría de los lenguajes de programación, y JavaScript no es una excepción. Desde bien pronto las aplicaciones móviles implementaron un completo sistema de notificaciones que con el tiempo han forzado a tecnologías como JavaScript a incorporarlas en su catálogo de API. En este caso el objeto que las gestiona se llama **Notification.**

La notificación es otra funcionalidad intrusiva para el usuario, por lo que también debe solicitarse su permiso. Para ello se utiliza un método estático llamado **requestPermission()** que proporciona una promesa resuelta positivamente cuando el usuario contesta a la petición (la respuesta será **"granted"** si se aceptó o **"denied"** si se rechazó el permiso).

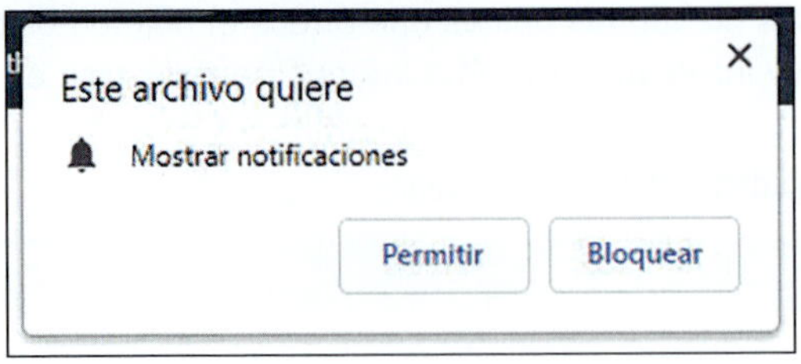

Figura 8.11. *Solicitud de permiso para enviar notificaciones al usuario en Chrome.*

Esta solicitud no hay que hacerla siempre que vaya a enviarse una notificación al usuario. Si el valor de **Notification.permission** al consultarlo es **default**, quiere decir que aún no se le ha solicitado permiso, con lo cual hay que pedirlo. No es recomendable realizar la solicitud de permiso más de una vez por sesión. Además, incluso habiendo recibido el permiso del usuario, no debe abusarse del sistema de notificaciones, ya que suele generar un enorme rechazo entre los usuarios.

Una vez obtenido el permiso, enviar una notificación es tan sencillo como crear un objeto **Notification:**

```
Notification.requestPermission().then(respuesta=>{
        if (respuesta == "granted")
                new Notification("¡Gracias!");
});
```

Este mensaje aparecerá en el área de notificaciones específica de cada sistema operativo.

Las notificaciones se pueden crear tan avanzadas como se quiera: incorporar un icono propio a la notificación, darle formato a la notificación usando el segundo parámetro del constructor, cerrarla manualmente con el método **close()**, asociarle eventos como abrir una URL tras un clic, etcétera.

Cuando se utilizan las notificaciones muy dosificadas y con información útil, son una herramienta excepcional para interaccionar con el usuario. Cuando se abusa o se notifican informaciones no relevantes para el usuario, la aplicación web está condenada al rechazo.

Para saber más

Con este enlace o con el código QR se accede a la lista completa de API que proporciona JavaScript con enlaces a su especificación, lista de propiedades, métodos y ejemplos de uso. El repaso de esta referencia puede cambiar completamente la percepción de hasta dónde llegan las capacidades de JavaScript. Es altamente recomendable revisarla:

https://developer.mozilla.org/en-US/docs/Web/API

Algunas líneas atrás se citó un concepto nuevo llamado **promesa**, y en el código se puede ver un método llamado **then** que tampoco se había citado con anterioridad en esta obra. Se llega casi sin querer al último gran escalón que quedaba por subir: la programación asíncrona con JavaScript.

MAPA CONCEPTUAL

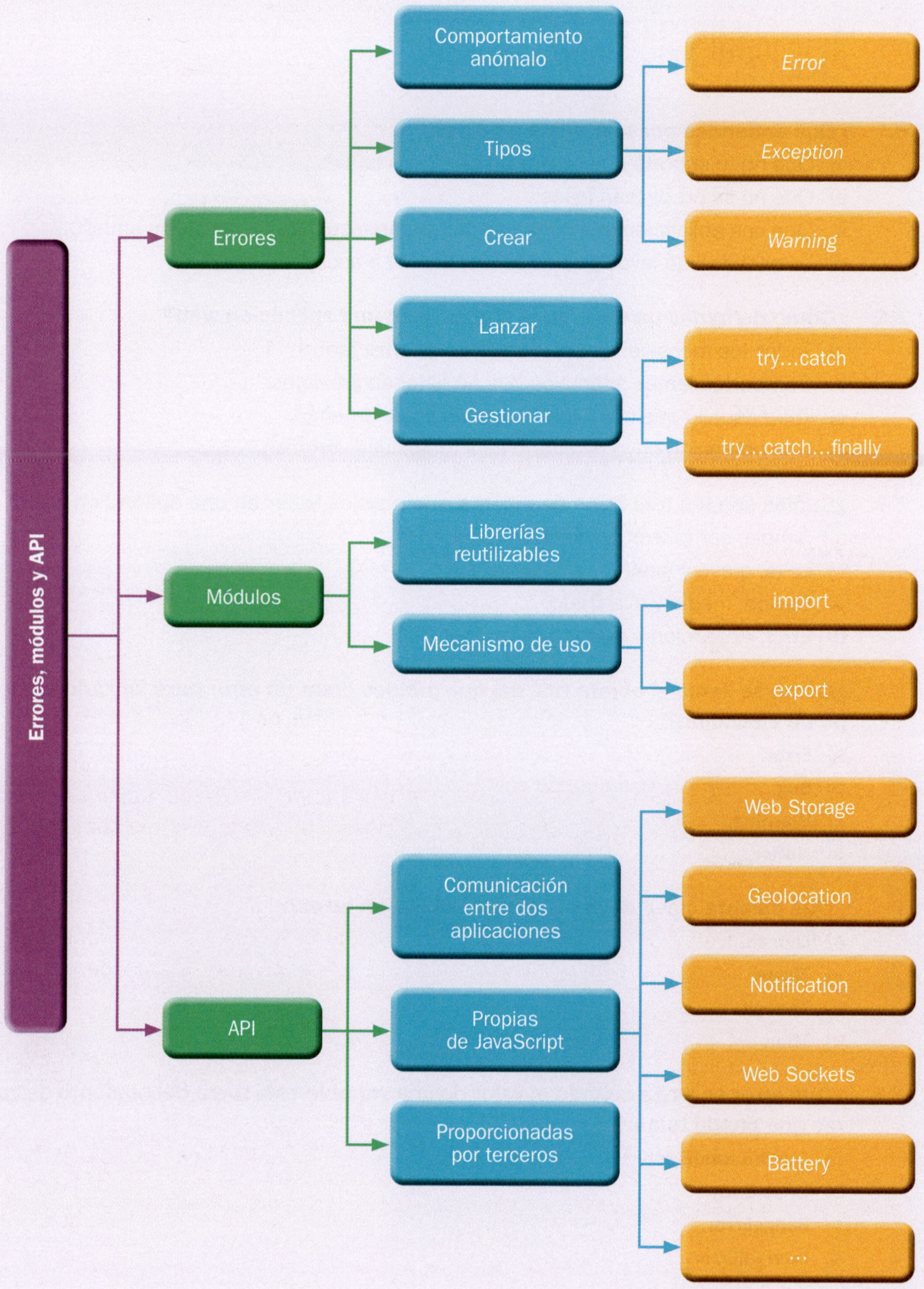

Actividades de comprobación

8.1. ¿Qué entiendes por tolerancia a fallos?

a) Que no te importe que se produzcan fallos fatales.
b) Que no se produzcan fallos.
c) Que una aplicación sea capaz de recuperarse cuando se produzca un fallo.
d) La cantidad de fallos que estás dispuestos a asumir.

8.2. ¿Cómo definirías un error en el contexto de una aplicación web?

a) Todos los mensajes en rojo que lanza el navegador.
b) Comportamientos anómalos que no estaban previstos.
c) Todo aquello que hace que la aplicación se detenga.
d) Una operación cuyo resultado es a todas luces erróneo.

8.3. ¿Cuáles son los tres tipos de errores que puedes tener en una aplicación web?

a) Simple, compuesto y excepcional.
b) Leve, grave y fatal.
c) Básico, medio y avanzado.
d) Error, excepción y aviso.

8.4. ¿Cómo se llama el objeto raíz del que puedes crear un error para lanzarlo en tiempo de ejecución?

a) Error.
b) Bug.
c) Warning.
d) Notice.

8.5. ¿Qué palabra clave debes usar para lanzar un error?

a) Launch.
b) Throw.
c) Though.
d) Then.

8.6. ¿Qué error se lanza cuando el valor de una variable está fuera del conjunto de valores que puede tomar?

a) OutOfBoundError.
b) UnsetError.
c) RangeError.
d) IntervalError.

8.7. ¿Qué propiedad del objeto Error almacena información textual sobre el error?

a) Message.
b) Text.
c) toString().
d) Info.

8.8. ¿Cómo funciona la declaración try...catch?

a) **Catch** declara un bloque de código que puede lanzar errores, mientras que **try** los gestiona.
b) En el bloque **try** pones las sentencias seguras y en el bloque **catch** las peligrosas.
c) En **try** incluyes las sentencias que podrían generar errores, y en **catch** los gestionas.
d) La respuesta a) siempre y cuando se trate de *warnings* leves.

8.9. ¿Qué ocurre con las sentencias incluidas en el bloque try que aparecen después de una sentencia que genera un error?

a) Nada, se ejecutan con normalidad.
b) Se produce un fallo en cadena porque los datos que contienen son inconsistentes.
c) No puedes asegurar nada porque depende del programa.
d) Nunca se ejecutarán.

8.10. ¿En qué escenario el bloque de sentencias incluidas en finally no llegará a ejecutarse?

a) Cuando el error se gestiona en el bloque **catch**.
b) Cuando el error no se gestiona en el bloque **catch**.
c) Ese bloque de sentencias siempre se ejecuta.
d) Ese bloque de sentencias nunca se ejecuta.

8.11. ¿Qué ocurre si try, catch y finally tienen un return en su interior?

a) El bloque completo devuelve el valor que indique el primer **return** que se encuentre, como siempre.
b) El bloque completo devuelve el valor que indique el **return** del bloque **catch**, puesto que es el que gestiona el error.
c) El bloque completo devuelve el valor que indique el **return** del bloque **finally**.
d) Solo se puede incluir un **return** en toda la estructura o el intérprete generará un error.

8.12. El modo estricto de JavaScript endurece las condiciones de programación:

a) En tiempo de desarrollo, ya que el editor marca los errores constantemente.
b) En tiempo de ejecución.
c) No se endurecen las condiciones, simplemente se reciben más recomendaciones de cómo escribir un código más seguro.
d) Porque llegan *warnings* continuamente.

8.13. En relación con los módulos que desarrollas en tus aplicaciones:

a) Estás obligado a importarlos en tu totalidad cuando vayas a usarlos.
b) Deben residir en el mismo directorio de tu aplicación.
c) Te permiten importar solo lo que necesites.
d) Son mucho más pesados que los que ofrecen proveedores externos.

8.14. ¿Para qué utilizarías los espacios de nombres al importar módulos?

a) Para acortar su nomenclatura en tus aplicaciones y ahorrar tiempo de codificación.
b) Para evitar posibles coincidencias en los nombres de componentes de distintos módulos.
c) Para organizar mejor el árbol de directorios de tu aplicación.
d) Para adaptar sus nombres al estilo de tu programa.

8.15. ¿Cómo sabe un usuario de tu aplicación que estás usando una API?

a) No lo sabe.
b) Porque se lo indicas en la interfaz.
c) Por el tiempo que tardan en cargar los datos.
d) Porque la página se recarga constantemente.

8.16. Las API son siempre servicios externos de los que te beneficias para ahorrar código en tus aplicaciones:

a) Completamente cierto.
b) No tiene por qué, JavaScript también maneja API de HTML5 de forma nativa que usas con normalidad sin necesidad de realizar peticiones externas.
c) Solo si tu aplicación está alojada en la nube.
d) Cierto si estás haciendo uso del almacenamiento masivo de datos en el navegador.

8.17. ¿Cuál de las siguientes no es una API que te proporciona HMTL5?

a) FileSystem.
b) Fullscreen.
c) Responsive AI.
d) Web GL.

8.18. La API Web Storage:

a) También necesita comunicarse con el servidor para almacenar los datos.
b) No puedes usarla para almacenar datos en formato JSON.
c) Tiene condiciones más restrictivas que las *cookies*.
d) Permite almacenar mayor cantidad de datos que las *cookies*.

8.19. Usando la API Geolocation no puedes acceder a:

a) La coordenada longitud de la posición del dispositivo.
b) La altitud sobre el nivel del mar del dispositivo.
c) La temperatura ambiente de la posición del dispositivo.
d) La coordenada latitud de la posición del dispositivo.

8.20. Cuando usas la API de notificaciones:

a) Debes solicitar permiso al usuario antes de enviarle cada notificación.
b) Debes notificar al usuario cada proceso que realiza tu aplicación.
c) Debes enviar notificaciones al usuario, aunque los permisos devuelvan **denied.**
d) Debes usarla discrecionalmente para no causar malestar en el usuario.

Actividades de aplicación

8.21. Crea un programa que ejemplifique un error en tiempo de desarrollo y otro en tiempo de ejecución. Aporta capturas que evidencien ambos ejemplos.

8.22. Elabora un algoritmo en el que pueda verse funcionando cada uno de los tres tipos de errores que pueden darse en una aplicación web: error, excepción y aviso.

8.23. Escribe una aplicación que contenga un **switch** con siete opciones y dentro de cada una de ellas crea un objeto con cada uno de los siete constructores que hemos visto para definir cada uno de los siete tipos de errores que hemos citado. Luego utiliza una única estructura **try...catch** que sea capaz de gestionar cualquiera de ellos.

8.24. Crea un programa que haga uso de la estructura **try...catch...finally** incluyendo un **return** en cada uno de los tres bloques. Lanza un error que deba capturar el bloque **catch** y observa los resultados devueltos. ¿A qué conclusiones llegas?

8.25. Elabora un programa en JavaScript que haga uso de algún módulo externo de tu interés. El mismo programa debe importar componentes concretos de otro módulo que hayas desarrollado previamente.

8.26. Escribe un módulo que facilite trabajar con la API de geolocalización, incluyendo funciones como **askPermissions(), getLongitude(), getLatitude()** o **getAltitude().** Luego importa el módulo a tu programa usando el espacio de nombres **geo** e invoca todas las funciones incluidas en el módulo para ejemplificar su uso.

8.27. Repasa las posibilidades de la API FileSystem y elabora un pequeño programa que haga uso de alguna de las funcionalidades que incorpora.

8.28. Usa la API Canvas para dibujar en tu página web, sobre un lienzo de 600 x 600 px, el logotipo de Mitsubishi.

8.29. Crea un programa en el que usando la API Web Storage consigas guardar en el cliente un JSON que contiene información sobre un vehículo (marca, modelo, número de bastidor, cilindrada, número de puertas, color y algunos datos del propietario, como nombre, apellidos, dirección, teléfono y correo electrónico). Tras el almacenamiento, debes leer toda la información guardada y mostrarla en pantalla en formato HTML. Al cerrar el navegador toda la información almacenada debe ser retirada de la memoria.

8.30. Escribe una aplicación que, por medio de la API Notification, notifique al usuario cada 30 segundos que debe visitar el enlace proporcionado por la propia notificación. Cada vez que aparezca una notificación, debe cerrarse automáticamente pasados cinco segundos. Una vez que se visite el enlace, deben cesar las notificaciones.

Actividades de ampliación

8.31. Investiga y elabora una lista de los errores que suele lanzar el intérprete de JavaScript como consecuencia de malos hábitos comunes entre los programadores de este lenguaje.

8.32. La API de Twilio (https://www.twilio.com/) provee un *framework* para incorporar en tus aplicaciones funcionalidad relacionada con llamadas, videollamadas, SMS, etc. Visita su sitio web oficial, repasa la documentación y describe cómo puedes usarla para interactuar con ella en tus aplicaciones.

8.33. Investiga la API de Google Maps y crea un pequeño programa que permita obtener las coordenadas de longitud y latitud de una dirección introducida por el usuario.

8.34. Busca en la documentación de JavaScript qué API permite leer códigos de barras y escribe un pequeño aplicativo con el que el usuario pueda subir la imagen de un código de barras y el programa muestre la información que la API proporciona.

8.35. Escribe un programa que, por medio de una API incluida en JavaScript, sea capaz de acceder a los datos leídos por algún sensor de un dispositivo móvil: giroscopio, acelerómetro, etc. Ejecuta tu aplicación desde un dispositivo móvil para comprobar su funcionamiento.

Enlaces web de interés

- **Mozilla Developers** - https://developer.mozilla.org/es/docs/Web/JavaScript/Reference/Global_Objects/Error (*website* para desarrolladores)
- **Microsoft Docs** - https://docs.microsoft.com/es-es/microsoft-edge/developer/ (documentación para desarrolladores de Edge)
- **JavaScript Info** - https://es.javascript.info/ (aprendizaje de JavaScript a través de tutoriales)
- **Keep Coding** - https://keepcoding.io/ (escuela de programadores)
- **ECMAScript 2022** - https://262.ecma-international.org/13.0/ (última actualización de la especificación del lenguaje)
- **W3C** - https://www.w3.org/standards/webdesign/script (*World Wide Web Consortium*)
- **IBM Docs** - https://www.ibm.com/docs/en/baw/22.x?topic=apis-javascript (documentación sobre el IBM Business Automation Workflow)

UNIDAD 9

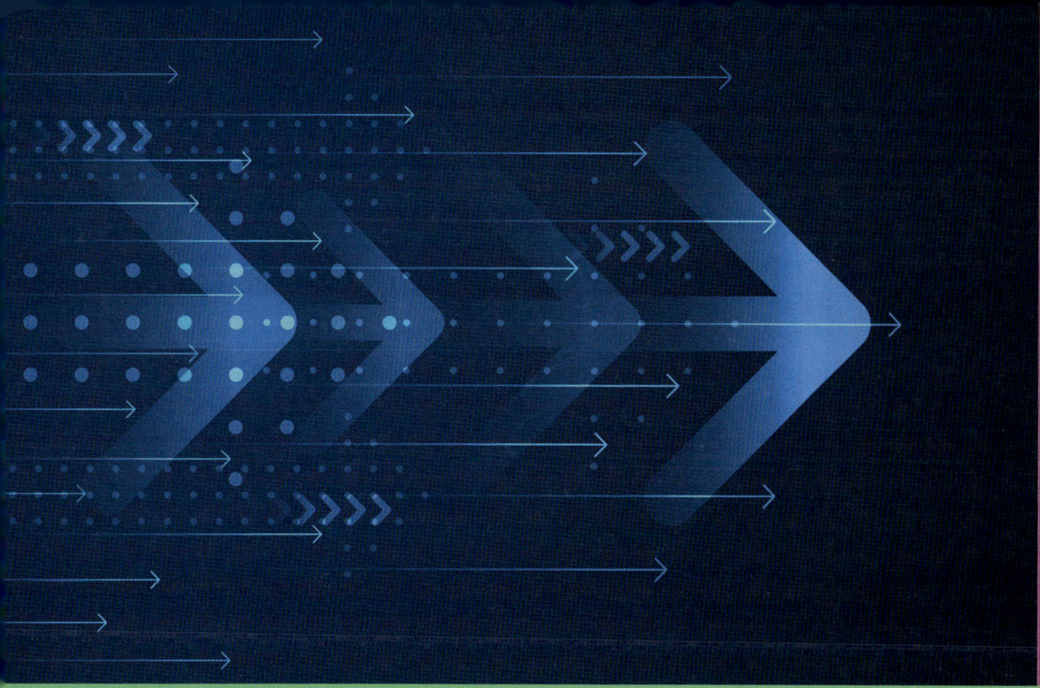

Programación asíncrona

Objetivos

- Entender la diferencia entre sincronía y asincronía.
- Identificar los problemas inherentes a la naturaleza asíncrona de JavaScript.
- Descubrir las desventajas de usar los *callback hell.*
- Analizar las posibilidades que ofrecen las promesas.
- Estudiar las ventajas que ofrecen las funciones **async.**
- Conocer las diferencias entre la asincronía de la ejecución y la asincronía de las peticiones a un servidor.
- Profundizar en la tecnología AJAX.
- Hallar las diferentes formas de realizar peticiones a un servidor.
- Aprender a manejar las respuestas ofrecidas por un servidor a peticiones AJAX.
- Combinar la asincronía de la ejecución con la asincronía de las comunicaciones HTTP.

Contenidos

- 9.1. Sincronía y asincronía
- 9.2. Orquestar la asincronía
- 9.3. AJAX

Introducción

Terminar una obra dedicada al desarrollo web en entorno cliente con una unidad dedicada a la programación asíncrona a algunos lectores les puede resultar algo poco intuitivo, puesto que JavaScript es por naturaleza un lenguaje de programación asíncrono. Sin embargo, es muy importante entender que a ciertos niveles esta asincronía genera ciertos problemas cuya complejidad no puede analizarse si no se tiene una extensa lista de conceptos asimilados.

En esta unidad se abordan esos problemas, cómo pueden solventarse y qué estrategias son las más eficaces para alcanzar un determinado objetivo.

Además, resuelta la primera cuestión, la programación asíncrona con JavaScript abre otra puerta que esconde un auténtico tesoro: el consumo de datos remotos de forma transparente para el usuario. Este procesamiento en segundo plano ha provocado una auténtica revolución en la experiencia del usuario y ha llevado a las aplicaciones web a dar un salto de calidad nunca antes visto en la historia de internet.

Ponte cómodo y enfoca todos tus sentidos en las próximas páginas porque aquí residen los conceptos que te convertirán en un programador JavaScript avanzado.

9.1. Sincronía y asincronía

Si se piensa en la mayoría de los lenguajes de programación y se observa su flujo de ejecución se ve que es completamente síncrono. El programa ejecuta la línea 1, termina, ejecuta la línea 2, termina, ejecuta la línea 3, termina; y así sucesivamente hasta que se ejecutan todas las líneas. Si el usuario solicitó un dato en la línea 1 que debe usar en la línea 21, debe esperar a que se ejecuten las otras 20 líneas intermedias antes de poder usarlo, porque la sincronía provoca que hasta que no termine una tarea no puede empezar la siguiente. Se trata de un modelo síncrono monohilo.

Algunos lenguajes de programación intentan aportar cierta asincronía por medio de la creación de hilos. Cada tarea se lanza de forma independiente y sus caminos solo se tocan cuando tienen que acceder a un recurso compartido.

Tomando JavaScript como referencia, en una línea de código se solicita modificar el tipo y el tamaño de fuente de todos los elementos textuales del DOM, en la siguiente se consulta la temperatura de una localidad y en la siguiente se solicita la tabla de mareas para mañana. Es perfectamente posible que el usuario vea en pantalla primero la tabla de mareas, luego el cambio de estilo del texto y, por último, la temperatura. Esto ocurre porque el usuario no tiene que esperar a que acabe la primera tarea para que se ejecute la segunda; JavaScript deja trabajando cada tarea y gestiona los datos conforme van llegando. Pero, ¿qué ocurre si la primera tarea es la primera en terminar? El resultado será toda la página con un nuevo estilo de letra, excepto la temperatura y la tabla de mareas, cuyos datos al llegar más tarde no han sido formateados con los nuevos estilos aplicados por la primera tarea.

Este problema, aunque parezca una novedad, no lo es, porque así funcionan precisamente los *callback* que se han estudiado en unidades anteriores.

Si se hace esto:

```
tablaMareas.incluidaEnDOM( () => { actualizarFuente(); } );
```

se consigue modificar el tipo y el tamaño de fuente tan pronto como esté disponible en el DOM.

Pero, cuando intervienen muchas acciones distintas, esto no es tan sencillo.

9.2. Orquestar la asincronía

Tener muchas acciones realizando tareas por separado en ocasiones genera ciertos problemas que no pueden resolverse de una manera sencilla usando un *callback* como los vistos hasta ahora. Por eso se necesitan otras estrategias que ayuden a poner cierto orden en la ejecución de las acciones, sobre todo porque en ciertos momentos hay que asegurarse de que una tarea ha terminado para poder abordar de manera segura otras, que a su vez tienen sus restricciones de orden. Es preciso orquestar la asincronía.

9.2.1. La solución infernal

La primera aproximación para resolver estos problemas son los llamados ***callback hell***. Se los llamó así porque se trata de utilizar un *callback* anidado dentro de otro varias veces y, a pesar de que puede ayudar a resolver un problema de cierta complejidad, resulta en un código complejo de leer, interpretar y sobre todo mantener.

Por ejemplo, este código define una caja que contiene tres encabezados a los que se han aplicado ciertos estilos:

```
<div class="contenedor">
        <h2 class="palabra">El</h2>
        <h2 class="palabra">Callback</h2>
        <h2 class="palabra">Hell</h2>
</div>
```

Se pretende que tras la carga de la página se cree una animación donde vayan apareciendo las tres palabras para construir la frase «El Callback Hell». Inicialmente, la página estará en blanco y tras 500 milisegundos de espera aparecerá la primera palabra; luego, tras 300 milisegundos aparecerá la segunda palabra, y lo mismo sucederá con la tercera palabra tras 100 milisegundos, hasta que se muestre la frase completa:

Figura 9.1. *Aspecto en el navegador tras finalizar la animación.*

Para conseguir este efecto, se podría tener un programa JavaScript como el siguiente:

```
let palabras=document.querySelectorAll(".palabra");
let animarPalabras=(animar)=>{
        setTimeout(()=>{
                animar(palabras[0]);
                setTimeout(()=>{
                        animar(palabras[1]);
                        setTimeout(()=>{
                                animar(palabras[2]);
                        }, 500)
                }, 300)
        }, 100)
}
let animar=(palabra)=>{
        palabra.classList.add("animar");
}
animarPalabras(animar);
```

El final de la definición de **animarPalabras** es lo que se denomina la «pirámide del infierno». Esta pieza de código ya es por sí misma poco legible, a pesar de ser un ejemplo muy sencillo por tratarse de una misma tarea repetida tres veces. Pero si fueran muchas más tareas, cada tarea fuera algo más compleja e incluyeran control de errores, esta solución sería eso, un auténtico infierno.

Se necesita alguna otra solución que ofrezca una mejor organización.

9.2.2. Promesas

Las promesas forman parte del estándar desde la ES2015, momento desde el que se utilizan de forma intensiva, puesto que resuelven el problema de los *callback hell.*

Una promesa permite realizar de forma asíncrona una tarea, de manera que puede detectarse si esa tarea finalizó con éxito o no. Así se puede organizar mejor el resto de las tareas. Programáticamente son objetos **Promise** que pueden encontrarse en alguna de estas cuatro situaciones:

- **rejected:** la tarea no ha finalizado con éxito.
- **resolved** o **fulfilled:** la tarea ha finalizado con éxito.
- **pending:** la tarea está en proceso de finalización.
- **settled:** la tarea ha finalizado (con o sin éxito).

Para crear una promesa se debe crear un objeto de tipo **Promise,** asociarle un *callback* y, dentro de él, indicarle cómo actuar en caso de éxito y en caso de fracaso. Por ejemplo:

```
let promesa = new Promise((exito,fracaso)=>{
        let cadena1 = "la casa por el tejado";
        let cadena2 = "casa";
        if (cadena1.includes(cadena2))
                exito("La cadena2 está dentro de la cadena1");
        else
                fracaso(Error("La cadena2 no está dentro de la cadena1"));
});
```

Este programa ha creado una promesa que indica si una cadena de caracteres se encuentra dentro de la otra. Como se había avanzado, se le asocia un *callback* con el nombre de dos funciones: **éxito** y **fracaso.** Cada una de ellas se utiliza para escenificar la situación correspondiente. Si se lanza este código no se verá nada; sin embargo, la mera creación del objeto ya lo está lanzando en segundo plano. ¿Cómo se captura el resultado? Con el método **then.** Si se ejecuta esto:

```
promesa.then((resultado)=>{
	console.log(resultado);
});
```

y se vuelve a cargar el programa, se obtiene lo que se muestra en la Figura 9.2.

```
La cadena2 está dentro de la cadena1
>
```

Figura 9.2. *Resultado en consola de la ejecución.*

Porque según la definición de la promesa, el escenario es de éxito. Si se modifica **cadena2="casssssa";** se puede simular el escenario de fracaso (Figura 9.3).

```
▸Uncaught (in promise) Error: La cadena2 no está dentro de la cadena1
    at programacion-asincrona.js:7:11
    at new Promise (<anonymous>)
    at programacion-asincrona.js:1:15
>
```

Figura 9.3. *Error no capturado tras no encontrarse la* cadena2 *en la* cadena1.

Según la Figura 9.3, se ha lanzado el error que se había previsto, pero aparece **Uncaught Error** (error no capturado). Efectivamente, por eso puede completarse el método **then** para que capture los errores:

```
promesa.then((resultado)=>{
	console.log(resultado);
}).catch(function(resultado){
	console.log("Ahora el error está controlado");
});
```

Haciendo esto, el gestor de errores ya está funcionando para poder actuar en consecuencia dándole el tratamiento que interese en cada momento (Figura 9.4).

```
Ahora el error está controlado
>
```

Figura 9.4. *Error capturado tras no encontrarse la* cadena2 *en la* cadena1.

Aquí no termina la utilidad de las promesas, puesto que pueden encadenarse para construir soluciones sencillas a problemas complejos de asincronía. Pero eso se verá un poco más adelante.

Una última cuestión interesante de las promesas es la combinación de los métodos que ofrecen para conseguir sincronizar tareas asíncronas:

- **Promise.resolve** crea una promesa exitosa:

```
let promesaExitosa = Promise.resolve("Finalizada con éxito");
promesaExitosa.then((resultado)=>{
        console.log(resultado);
});
```

- **Promise.reject** crea una promesa fracasada:

```
let promesaFracasada = Promise.reject("Finalizada sin éxito");
promesaFracasada.then((resultado)=>{
        console.log(resultado);
}).catch((error)=>{
        console.log(`Fallo de tipo: ${error.name}`);
});
```

- **Promise.all** devuelve una promesa cumplida, si todas las promesas que gestiona han finalizado con éxito.

```
let pro1 = new Promise((exito)=>{
        exito("Promesa 1: hecho.");
});
let pro2 = new Promise((exito)=>{
        exito("Promesa 2: hecho.");
});
let pro3 = new Promise((exito)=>{
        exito("Promesa 3: hecho.");
});
let pro4 = new Promise((exito)=>{
        setTimeout(()=>{exito("Promesa 4: hecho.")},5000);
});
let proTodas = Promise.all([pro1,pro2,pro3,pro4]);
proTodas.then((resultados)=>{
        for (let resultado of resultados) {
            console.log(resultado);
        }
        console.log("Sincronizadas");
});
```

En este último ejemplo crean cuatro promesas. La última de ellas no finalizará con éxito hasta que hayan transcurrido cinco segundos. Finalmente se utiliza **Promise.all** para que recoja el resultado de la ejecución de todas ellas. Lo tremendamente importante de este ejemplo es que, por el propio funcionamiento de **Promise.all**, hasta que no terminen todas las promesas con éxito, no devolverá su propia promesa cumplida. Es decir, es un fantástico sistema de sincronización.

Para poder ver las evidencias, no hay más que ejecutar el ejemplo anterior. Lo esperable sería que justo tras comenzar la ejecución se vieran los mensajes de éxito de las tres primeras promesas, y tras cinco segundos el resultado de la cuarta. Pero no, al estar definido **Promise.all** como gestor, no aparecerá ningún mensaje hasta que finalice la última promesa. Cuando pasan los cinco segundos y termina la cuarta promesa, entonces es cuando se muestran al mismo tiempo todos los mensajes de éxito. Se han sincronizado.

Actividad resuelta 9.1

Promesas encadenadas

Crea una promesa encadenada que muestre tres mensajes por consola cuando se resuelva de manera exitosa.

Solución

```
let promesa = new Promise(function (exito, fracaso) {
        exito("Promesa resuelta con éxito");
});
promesa
.then(function mensaje1() {
        console.log("Mensaje de éxito 1.");
})
.then(function mensaje2() {
        console.log("Mensaje de éxito 2.");
})
.then(function mensaje3() {
        console.log("Mensaje de éxito 3.");
});
```

9.2.3. Funciones Async

Las funciones **async** son un tipo especial de función que se comporta como un objeto de tipo **AsyncFunction.** Al usarlas devuelven automáticamente una promesa. Lo interesante de estas funciones, porque ya se conocen las ventajas de las promesas, es que pueden combinarse con el uso del operador **await.** Este operador se aplica a una promesa, y si se cumple, hace que la siguiente línea se ejecute; si no, se mantendrá esperando.

Se retoma el ejemplo anterior para ver la diferencia:

```
let pro1 = new Promise((exito)=>{
        exito("Promesa 1: hecho.");
});
let pro2 = new Promise((exito)=>{
        exito("Promesa 2: hecho.");
});
let pro3 = new Promise((exito)=>{
        exito("Promesa 3: hecho.");
});
let pro4 = new Promise((exito)=>{
        setTimeout(()=>{exito("Promesa 4: hecho.")},5000);
});
async function resultado() {
        let resultado1 = await pro1;
        console.log(resultado1);
        let resultado2 = await pro2;
        console.log(resultado2);
        let resultado3 = await pro3;
        console.log(resultado3);
```

```
        let resultado4 = await pro4;
        console.log(resultado4);
}
resultado();
```

Las promesas siguen definidas igual que antes, pero ahora su gestión se ha incluido dentro de una función **async** y se ha aplicado el operador **await** a cada promesa. Si se observa el resultado que se obtiene tras la ejecución, se ve que ya no se espera a que terminen todas para mostrarse los mensajes, sino que se ejecuta una promesa y cuando finaliza con éxito se ejecuta la siguiente, y cuando finaliza esta con éxito se ejecuta la siguiente, y así con todas. Lo que ha ocurrido es que se han sincronizado las promesas por separado.

Es interesante matizar que, en el ejemplo anterior, las cuatro promesas se han lanzado de forma asíncrona, pero es la recogida del resultado el que se ha sincronizado.

Si lo que se quiere hacer es que una promesa ni siquiera se cree antes de obtener el resultado de la anterior, hay que modificar el código y usar el operador **await** sobre la propia creación de los objetos:

```
async function resultado() {
        let pro1 = await new Promise((exito)=>{
                exito("Promesa 1: hecho.");
        });
        console.log(pro1);
        let pro2 = await new Promise((exito)=>{
                exito("Promesa 2: hecho.");
        });
        console.log(pro2);
        let pro3 = await new Promise((exito)=>{
                exito("Promesa 3: hecho.");
        });
        console.log(pro3);
        let pro4 = await new Promise((exito)=>{
                setTimeout(()=>{exito("Promesa 4: hecho.")},5000);
        });
        console.log(pro4);
}
resultado();
```

Una última cuestión interesante sobre **await** es que no necesita operar con objetos de tipo **Promise**, como se ha visto aquí, sino que puede aplicarse a cualquier expresión. El operador convertirá la expresión en una promesa y seguirá realizando su trabajo. Eso sí, hay que usarlo siempre dentro de una función **async**:

```
function saludar(usuario) {
        return `Buenas tardes, ${usuario}.` ;
}
async function saludoSincronizado(nombre){
        let resultado = await saludar(nombre);
        console.log(resultado);
}
saludoSincronizado("Martín");
```

En este ejemplo se ha aplicado el operador **await** a una función que no es una promesa. Tras haberlo aplicado sobre la función **saludar**, el operador le ha indicado al intérprete que no saque en pantalla el **resultado** hasta que no termine de ejecutarse la función **saludar**. Un procesamiento asíncrono se ha convertido en uno síncrono.

Actividad resuelta 9.2

Asincronía máxima

Escribe un ejemplo en el que se evidencie de forma simple la utilidad de las funciones **async** evitando que un programa se congele mientras espera por el procesamiento de una rutina.

Solución

```
let accionAsincrona = () => {
        return new Promise(exito => {
                setTimeout(() => exito("Promesa cumplida con éxito"), 5000)
        })
};
let muestraMensaje = async () => {
        console.log(await accionAsincrona())
};
console.log("Antes de ejecutar accionAsincrona");
muestraMensaje();
console.log("Después de ejecutar accionAsincrona");
```

El mensaje «Promesa cumplida con éxito» es el último en aparecer cuando ya se han ejecutado todos los demás mensajes. La asincronía de la función ha realizado su trabajo correctamente.

Ahora que ya se dominan los conceptos de la asincronía y se tienen recursos suficientes para sincronizar la ejecución de los elementos que interesen, ha llegado el momento de aplicarlos para descubrir la última joya de este aprendizaje.

9.3. AJAX

AJAX son las siglas de *Asynchronous JavaScript and XML*. A pesar de que el acrónimo incluye a XML, en la actualidad ya no se utiliza XML como lenguaje de intercambio de datos, sino que es JSON el que está jugando este papel. ¿Pero a qué se refiere lo de «intercambio de datos»? A la comunicación asíncrona con el servidor.

Como ejemplo, una aplicación web ofrece información a turistas sobre una lista de ciudades que el usuario puede seleccionar. Si no se utilizara AJAX, cada cambio en los controles de la web, como, por ejemplo, ver qué tiempo hará, cuáles son los vuelos disponibles o los horarios de los autobuses del aeropuerto al centro de la ciudad, generarían una petición al servidor, este devolvería una respuesta y la página se recargaría para construir el nuevo HTML formateado con los nuevos datos solicitados por el usuario. Con AJAX, esta comunicación es transparente para el usuario, es decir, la página no se recargará, sino que cada dato que solicite el usuario generará una petición asíncrona al servidor (**http request**), este responderá (**http response**) y el dato será presentado al usuario tan pronto como llegue de vuelta. Todo ello sin necesidad de que la página se recargue, por lo que la experiencia de usuario mejora considerablemente.

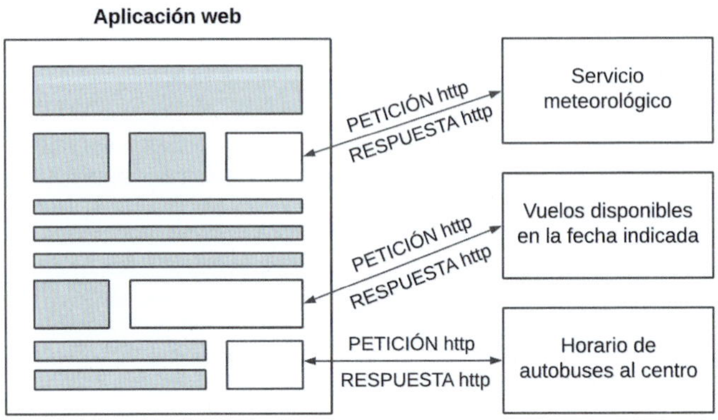

Figura 9.5. *Esquema de comunicación asíncrona entre el cliente y el servidor.*

Esto supuso en su día una tremenda revolución en el mundo del desarrollo de aplicaciones web. Tanto es así que se la considera como la tecnología desencadenante de una nueva etapa en la forma de entender internet, la llamada Web 2.0. Sin esta tecnología no se entienden funcionalidades ya completamente normales, como el *scroll* infinito, las reacciones con emoticonos en las redes sociales (y sus estadísticas) o los sistemas de comentarios y respuestas en tiempo real integrados en todo tipo de servicios web. Todas ellas, funcionalidades que eran imposibles de abordar sin AJAX.

En la Tabla 9.1 se recopilan algunas de las ventajas y desventajas de esta tecnología antes de comenzar a programarla.

Tabla 9.1. Ventajas y desventajas de AJAX

Ventajas	Desventajas
■ Simplicidad para gestionar la comunicación por medio de API de terceros. ■ Eficiencia en el intercambio de datos. ■ Favorece la creación de más servicios independientes de la plataforma. ■ Mejora la compatibilidad de servicios al ser una tecnología que no depende del lenguaje de programación del lado servidor. ■ Mejor rendimiento de las aplicaciones al ejecutar su lógica en segundo plano. ■ Gestión inteligente de formularios y validación más robusta. ■ Resolución de problemas complejos de forma sencilla.	■ Cierta complejidad a nivel de programación, solo recomendada para programadores con bastante experiencia. ■ El intercambio de datos no es más seguro que en escenarios tradicionales. ■ Peor posicionamiento en buscadores de los contenidos que incorporan de forma asíncrona. ■ Incrementa la carga de trabajo de los servidores. ■ Se pierden referencias en el historial de navegación.

9.3.1. Peticiones

Empezar a trabajar con AJAX para realizar peticiones HTTP a otros servicios de interés supone tener claros algunos conceptos.

API para todo

La primera herramienta que puede utilizarse para realizar peticiones son las **API.** De ellas se habló con anterioridad, pero ahora cobran un sentido mucho más especial. Servicios externos de terceros ofrecen una interfaz que incluye una serie de operaciones y una forma concreta de comunicarse con ellos. Las API, a cambio, ofrecen el resultado de las peticiones en formato JSON. Estas peticiones a las API son tan fáciles de implementar que a veces generan problemas de rendimiento en los servidores. Un servicio que se popularice puede recibir millones de peticiones en periodos cortísimos de tiempo, lo cual puede tumbar el servidor.

Nota técnica

Cuando se habla de API, hay que fijarse muy bien en el contexto que nos encontramos, porque podríamos estar simplemente ante una interfaz de programación que proporciona objetos, métodos, propiedades y otros componentes; o podríamos estar ante un servicio externo que proporciona operaciones que podemos solicitar y consumir de forma remota.

Ejemplos de las primeras podrían ser API DOM, API Geolocation, API Notification o API Web Storage; y ejemplos de las segundas podrían ser cualesquiera de los servicios de terceros a los que nos conectamos, como el registro o inicio de sesión de Google, Facebook y Twitter, el servicio de información meteorológica, los datos proporcionados por el Instituto Nacional de Estadística, etcétera.

CORS

Es una estrategia de protección, a la que recurren los servidores que proporcionan una API, resolver peticiones que procedan únicamente de un puñado de dominios que tienen validados. Se trata de la política **CORS** (*Cross-Origin Resource Sharing*), que actualmente ya forma parte del protocolo HTTP. Esta política consiste en incluir en las cabeceras de los paquetes HTTP datos sobre CORS permitiendo la comunicación entre el cliente y el servidor, pero solo de aquellos dominios que cumplen con las normas establecidas; así, el servidor se descarga de un importante procesamiento de peticiones no confiables.

API Fetch

Al inicio de la implantación de AJAX como vehículo para el consumo de datos vía API en JavaScript, se empezó a utilizar ampliamente el objeto **XMLHttpRequest.** Tal fue su éxito que acabó incluido en el estándar HTML5. Sin embargo, y a pesar de que no han pasado tantos años, aquella época representa la prehistoria de las aplicaciones web. Hoy en día existe otro modelo mucho más sencillo, eficiente y manejable que se llama **Fetch.**

Actividad propuesta 9.1

XMLHttpRequest

Investiga por tu cuenta cómo se realiza una petición AJAX usando el objeto **XMLHttpRequest** y escribe un pequeño programa que ejemplifique su uso.

La API Fetch permite trabajar con promesas, por lo que es mucho más potente que su predecesora.

9.3.2. Peticiones con Fetch

La API Fetch pone a disposición del programador un método llamado **fetch** al que hay que indicarle la URL destino de la petición. Su valor devuelto es una promesa que termina con éxito si se reciben resultados del destino sin error. Por ejemplo:

```
fetch("https://servicios.ine.es/wstempus/js/ES/OPERACIONES_DISPONIBLES")
.then(respuesta=>{
        console.log(`Código respuesta: ${respuesta.status} = ${respuesta.statusText}`);
})
.catch(error=>{
        console.log(error);
});
```

En el ejemplo anterior se realiza una petición HTTP a la URL que se incluye, que forma parte de la API del Instituto Nacional de Estadística. Esta solicitud pide la lista de operaciones que se pueden solicitar al servicio. En este caso **then** maneja un resultado que se llama **respuesta** y que almacena un objeto de tipo **Response,** y que además representa el paquete HTTP que contiene la respuesta. La salida permite comprobar cómo la comunicación se ha producido sin errores (Figura 9.6).

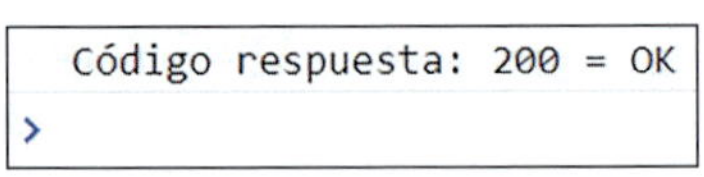

Figura 9.6. *Estado devuelto por el objeto de tipo Response.*

Además, si se añade **console.info(respuesta);** se puede ver el aspecto del objeto de respuesta (Figura 9.7).

Tal y como se había estudiado en las promesas, el bloque **catch** captura el error (si se produjera) y lo gestiona según interese. Por ejemplo:

```
fetch("https://fakeurl")
.then(respuesta=>{
        console.log(respuesta.statusText);
})
```

```
.catch(error=>{
        console.log(error);
});
```

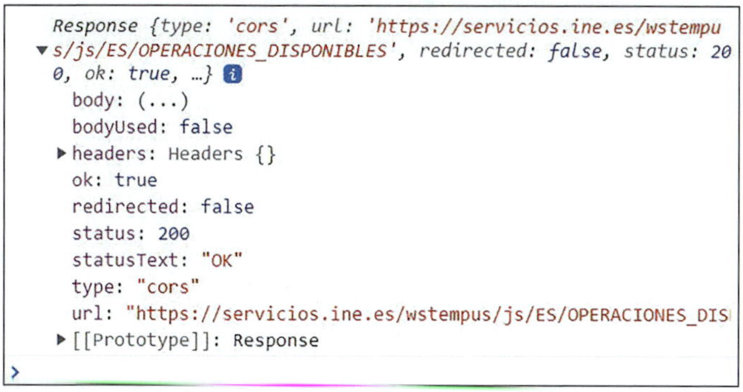

Figura 9.7. *Contenido del objeto* Response.

Se ha indicado una URL que no existe para comprobar cómo procedería el programa (Figura 9.8).

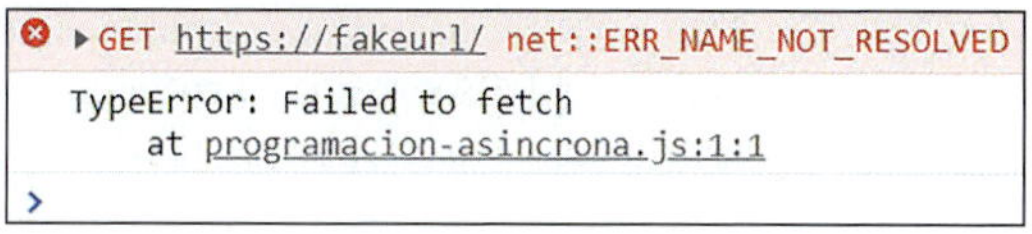

Figura 9.8. *Error producido tras no poder localizar la URL indicada.*

9.3.3. Respuestas

Como se ve, se puede acceder a mucha información gracias al objeto de respuesta (tipo **Response**), pero todavía no se conoce con exactitud cuál es el significado de cada una de esas propiedades y métodos miembros que incluye.

Tabla 9.2. Propiedades y métodos del objeto Response

Miembro	Significado
headers	Objeto que contiene las cabeceras HTTP de la respuesta.
body	Contiene los datos de la respuesta.
status	Código de la respuesta a la petición HTTP (estandarizado en el protocolo HTTP).
statusText	Texto que interpreta el código de estado.
ok	Si vale **true** quiere decir que la petición se produjo sin errores.
redirected	Si vale **true** indica que la respuesta es fruto de una redirección.

Miembro	Significado
url	Dirección de la que parte la respuesta.
type	Contiene el tipo de respuesta recibida.
redirect()	Redirecciona la respuesta a otra dirección.
clone()	Clona la respuesta en otro objeto que interese.
error()	Devuelve un objeto respuesta asociado a un error de red.
text()	Toma un flujo de objeto respuesta y lo lee hasta completarlo. Devuelve una promesa que resuelta con éxito obtiene los datos de la respuesta en modo texto, siempre decodificada con UTF-8.
json()	Misma funcionalidad que **text()**, pero devuelve la respuesta en formato JSON.
blob()	Misma funcionalidad que **text()**, pero devuelve la respuesta como un objeto binario.

Para saber más

Con el siguiente enlace o con el código QR se accede a un listado de códigos de estado del protocolo http:

https://www.iana.org/assignments/http-status-codes

Como se ha visto repasando las propiedades y los métodos del objeto de respuesta, puede obtenerse esta en varios formatos, aunque los más comunes son el formato texto y el formato JSON.

Respuestas en formato texto

A continuación se presenta un ejemplo que ilustra su funcionamiento. En la url:

https://lopegonzalez.es/servicios/vehiculos.php

hay una rutina que acepta peticiones HTTP de tipo **GET.** Si se pasa el parámetro **matrícula** especificando la matrícula de un vehículo, ofrecerá información en formato texto del vehículo en cuestión (si está registrado en la aplicación).

Para ello hay que usar el método **text**() de la API Fetch sobre el objeto de la respuesta y se obtiene una pieza de texto plano como resultado de la solicitud:

```
fetch("https://lopegonzalez.es/servicios/vehiculos.php?matricula=1702TGG")
.then(respuesta=>respuesta.text())
.then(textoDevuelto=>{console.log(textoDevuelto)})
.catch(error=>{
        console.log(error);
});
```

El primer **then** del código devuelve el resultado de invocar al método **text()** y crea otra promesa que si se resuelve con éxito muestra en consola el texto plano resultado de la solicitud (Figura 9.9).

```
Citroën C4, 110CV, Rojo
>
```

Figura 9.9. *Datos de la respuesta en formato de texto plano.*

Respuestas en formato JSON

En este caso, el método **json()** del objeto de la respuesta genera una promesa que de resolverse con éxito entrega los datos como un objeto JSON que puede manipularse fácilmente desde JavaScript.

```
fetch("https://lopegonzalez.es/servicios/vehiculos.php?matricula=1702TGG")
.then(respuesta=>{
        if(respuesta.ok){
                return respuesta.json();
        }
})
.then(datos=>{
        console.log(datos);
})
.catch(error=>{
        console.log(error);
});
```

El resultado devuelto por esta solicitud puede verse en la consola, en formato JSON (Figura 9.10).

```
▼{Marca: 'Citroën', Modelo: 'C4', Cilindrada: '110CV', Color: 'Rojo'}
   Cilindrada: "110CV"
   Color: "Rojo"
   Marca: "Citroën"
   Modelo: "C4"
  ▶[[Prototype]]: Object
>
```

Figura 9.10. *Datos de la respuesta en formato JSON.*

Actividad propuesta 9.2

Formateo de respuestas

Utilizando el código del ejemplo anterior, intégralo en una aplicación web que consiga presentar los datos en formato HTML y aplique *a posteriori* estilos CSS, de manera que la marca y el modelo sean un elemento **h2**, el color sea una caja coloreada y la cilindrada aparezca en negrita dentro de un *span*.

9.3.4. Peticiones personalizadas

Hasta el momento, y con el objetivo de ser lo más pedagógicos posible, se había realizado la petición más simple posible, indicando solo la URL. Sin embargo, cuando se realiza una petición se está indicando implícitamente un objeto **Request.** Este objeto tiene algunas propiedades que permiten personalizar mucho las peticiones (modificando el paquete HTTP que se envía), por lo que es fundamental conocerlas. En la Tabla 9.3 se recogen algunas de las más interesantes.

Tabla 9.3. Propiedades del objeto Request

Propiedad	Utilidad
url	Dirección destino a la que se realiza la petición.
method	Acepta cualquier método HTTP (**GET, POST, PUT, DELETE**...), aunque los más frecuentes son los dos primeros; si no se especifica, el valor predeterminado es **GET.**
headers	Cabeceras de la petición.
mode	Tratamiento de la directiva CORS. Existen estas opciones: ■ **no-cors:** restringe las cabeceras que se pueden usar y solo admite los métodos **GET, POST** y **PUT.** ■ **cors:** valor predeterminado que permite todas las respuestas. ■ **same-origin:** fuerza a que la respuesta sea solo del mismo dominio del que parte la petición. ■ **navigate:** la petición no es para ser usada con AJAX, sino directamente como dirección del navegador.
cache	Los navegadores normalmente cachean las respuestas para ganar en eficiencia. Pero con esta propiedad puede alterarse su funcionamiento. Las opciones permitidas son: ■ **default:** comportamiento predeterminado. Si la respuesta estaba cacheada la recupera. ■ **no-cache:** se comprueba si la respuesta es la misma, y si lo es se recoge de la caché; si no, se construye la nueva respuesta. ■ **force-cache:** se fuerza a usar la caché. Si no está presente se pide al servidor y se cachea para la siguiente ocasión. ■ **only-if-cached:** solo se usan los datos almacenados en la caché. ■ **reload:** fuerza a construir una respuesta nueva, pero aun así se cachea. ■ **no-store:** no cachea nunca la respuesta.
redirect	Permite indicar cómo se debe actuar ante las redirecciones: **follow** (se siguen), **error** (se devuelve un error), **manual** (el usuario debe intervenir).
credentials	Ofrece la posibilidad de indicar si se admiten *cookies.*
integrity	Un algoritmo criptográfico genera un *hash* para comprobar la integridad de la petición.

Todas estas propiedades del objeto **Request** pueden indicarse especificando su presencia y su valor utilizando el segundo parámetro de **fetch.** A continuación se presenta un ejemplo:

```
fetch("https://lopegonzalez.es/servicios/request.php",{
        method:"POST",
        mode:"same-origin",
        cache:"reload",
        redirect:"follow",
        credentials:"include"
});
```

De la propiedad **headers** no se ha indicado nada en la petición anterior porque merece un repaso algo más profundo.

Como se sabe, por tratarse de una comunicación HTTP, tanto las peticiones como las respuestas incluyen en sus paquetes una serie de cabeceras. Estas cabeceras son objetos que se pueden crear y personalizar hasta cumplir con las necesidades.

Crear un objeto de este tipo no tiene más ciencia que usar su constructor e indicar los valores de las propiedades, tal y como se hace con cualquier otro objeto:

```
let miCabecera = new Headers({
        "Content-Type":"multipart/form-data",
        "WWW-Authenticate":"Basic",
        ...
});
```

La lista de cabeceras HTTP que se pueden especificar es extensa, y se pueden revisar accediendo a esta dirección: https://developer.mozilla.org/en-US/docs/Web/HTTP/Headers.

Pero no hay por qué establecer todas estas cabeceras usando el constructor, sino que se pueden ir modificando dinámicamente por medio de los métodos que ofrece la Tabla 9.4.

Tabla 9.4. Métodos del objeto Headers

Método	Utilidad
append	Añade un nuevo valor a una cabecera existente en un objeto **Headers** o añade la cabecera si no existe.
delete	Elimina una cabecera de un objeto **Headers.**
entries	Devuelve un iterador que permite recorrer los pares clave-valor contenidos en el objeto.
get	Devuelve el valor de una cabecera que se especifique.
has	Devuelve **true** si el objeto **Headers** tiene una cabecera en concreto.
keys	Devuelve un iterador que permite recorrer las claves de las cabeceras del objeto.
set	Modifica el valor de una cabecera existente en un objeto **Headers** o añade la cabecera si no existe.
values	Devuelve un iterador que permite recorrer los valores de las cabeceras del objeto.

Lo que se ha hecho, de momento, en relación con las peticiones es establecer quién va a atenderla y formatear el objeto **Request** para personalizarlas. Pero sigue faltando cierta flexibilidad a la hora de enviar datos en la petición.

Por ahora, se asume el comportamiento predeterminado, el método **GET**, para enviar datos en la propia URL de la petición:

https://lopegonzalez.es/servicios/vehiculos.php?matricula=1702TGG

Se envía el dato **matricula** con el valor **1702TGG.** De querer enviar más datos, solo habría que encadenar con el carácter **&** más pares clave-valor, por ejemplo de esta manera:

```
vehiculos.php?matricula=1702TGG&color=azul&cilindrada=110CV
```

Pero **GET** no es el único método que existe para enviar datos. En general, puede usarse cualquier comando HTTP en la petición. De hecho, **GET** suele utilizarse para pedir datos, **POST** para enviar datos a un servidor, **PUT** para modificar datos o **DELETE** para borrarlos.

Importante

Es necesario conocer cómo funciona el servicio al que se accede para poder realizar las peticiones con las operaciones, los datos y el formato correctos.

Envío de datos de un formulario

Enviar con AJAX un par de valores no es de una complejidad abrumadora, pero sí podría plantear algunas dificultades cuando se trata de enviar un conjunto de datos más extenso como los que se obtienen desde un formulario.

Al enviar datos de un formulario sin utilizar AJAX, generalmente se utiliza el método **POST**, puesto que los datos no son visibles en la URL del navegador. Esto no quiere decir que los datos sean confidenciales, ya que por medio de las cabeceras HTTP podrían verse (usando las herramientas para desarrolladores que incorporan los navegadores, por ejemplo).

Cuando se utiliza AJAX, no solo debe indicarse que el método utilizado es **POST**, sino que se debe indicar en las cabeceras de la petición que se trata de datos procedentes de un formulario e incluir los datos en la propiedad **body.** Aunque los datos se envíen por el método **POST**, internamente es posible indicarlos en la forma clave-valor, tal y como se hace con **GET.** Por ejemplo:

```
fetch("https://lopegonzalez.es/servicios/nuevovehiculo.php",{
        method:"POST",
        headers:{'Content-Type':'application/x-www-form-urlencoded'},
        body:"matricula=1402LGM&marca=Peugeout&modelo=206"
});
```

Además, existe otra forma de enviar los datos, y es por medio del tipo de contenido **application/multipart/form-data.** Lo que diferencia este método del anterior, desde el punto de vista práctico, es que se utiliza preferentemente para el envío de datos de gran tamaño. Para formatear los datos que viajan en esta petición está el objeto **FormData** en el que se pueden ir añadiendo los pares clave-valor del formulario. Por ejemplo:

```
let formulario = new FormData();
formulario.append("matricula","1402LGM");
formulario.append("marca","Peugeout");
formulario.append("modelo","206");
formulario.set("modelo","306");
formulario.delete("modelo");
fetch("https://lopegonzalez.es/servicios/nuevovehiculo.php",{
        method:"POST",
        headers:{'Content-Type':'application/mutipart/form-data'},
        body:formulario
});
```

El objeto **formulario** de tipo **FormData**, como se ve en el ejemplo, tiene algunos métodos muy útiles que permiten ir añadiendo pares clave-valor [**append**()], modificar el valor de una clave [**set**()] o eliminar pares [**delete**()]. También están disponibles **get**(), para obtener el valor de una clave, y **has**(), para comprobar si existe una clave.

Además, hacer esto manualmente sería poco eficiente. El objeto se puede construir con todo un formulario de una sola vez, y el constructor se encargará de gestionar los pares clave-valor internamente. Se podría hacer de este modo:

```
let datosFormulario = document.querySelector("form");
datosFormulario.addEventListener("submit",(evento)=>{
        evento.preventDefault();
        let formulario = new FormData(datosFormulario);
        fetch(datosFormulario.getAttribute("action"),{
                method:"POST",
                headers:{'Content-Type':'application/mutipart/form-data'},
                body:formulario
        });
});
```

En este ejemplo se recoge todo el formulario usando **querySelector** con la etiqueta **form**. Luego se captura el clic del usuario para enviar el formulario, se cancela su comportamiento predeterminado y se construye la petición AJAX recogiendo del propio formulario la URL de destino. Finalmente, con el objeto **FormData** se construyen los datos que se proporcionarán al bloque **body** de la petición.

Actividad propuesta 9.3

Formulario de alta

Escribe un programa que envíe a un hipotético servicio remoto los datos de registro de un usuario. Los datos que debes solicitar y rellenar en tu página HTML son: nombre y apellidos, edad, correo electrónico y teléfono. Los datos son todos obligatorios y deben ser validados antes de ser enviados. Una vez enviados, en el texto del botón enviar debe aparecer el mensaje «¡ENVIADO!».

Envío de datos en formato JSON

Aunque lo habitual para trabajar con la mayoría de los servicios ya se ha repasado [peticiones con envío de datos simples (**GET**) y datos más elaborados (**POST**)], existen ciertos servicios que prefieren recibir los datos de las peticiones en formato JSON.

Programáticamente, esto es algo que ya no supone ninguna dificultad, porque se ha abordado muchas veces: se construye un objeto y se convierte en una cadena de texto JSON usando el conocido método **stringify()**. El resto de la tarea en la petición es especificar el tipo de contenido que viaja en la petición **application/json:**

```
let vehiculo = {
        marca:"Peugeot",
        modelo:"206",
        color:"negro"
}
fetch("https://lopegonzalez.es/servicios/nuevovehiculo.php",{
        method:"POST",
        headers:{'Content-Type':'application/json; charset=UTF-8'},
        body:JSON.stringify(vehiculo)
});
```

9.3.5. Funciones asíncronas con Fetch

En este apartado se cierra el círculo, puesto que se relaciona la asincronía vista con respecto a los tiempos de ejecución de las funciones, con la asincronía vista respecto a cómo se realizan peticiones remotas de forma transparente para el usuario.

Se concluye el estudio de la API Fetch sin darnos cuenta de que al trabajar con promesas podemos aplicarle nuestro operador **await** y nuestras funciones **async.** Los únicos cambios que deben tenerse en cuenta son sustituir la lógica **then** por sentencias **await,** y también que si antes se usaba **catch** para capturar errores, ahora debe utilizarse la estructura **try...catch.** Es preciso reescribir el último ejemplo para obtener la foto completa:

```
let vehiculo = {
        marca:"Peugeot",
        modelo:"206",
        color:"negro"
}
async function solicitarAltaVehiculo(){
        try {
                let respuesta = await fetch("https://lopegonzalez.es/servicios/nuevovehiculo.php",{
                        method:"POST",
                        headers:{'Content-Type':'application/json; charset=UTF-8'},
                        body:JSON.stringify(vehiculo)
                });
                // tratar la respuesta
        } catch(error) {
                console.log(error);
        }
}
solicitarAltaVehiculo();
```

De esta manera tan elegante se sincronizan comportamientos asíncronos en los que intervienen peticiones remotas desencadenadas por acciones del usuario.

MAPA CONCEPTUAL

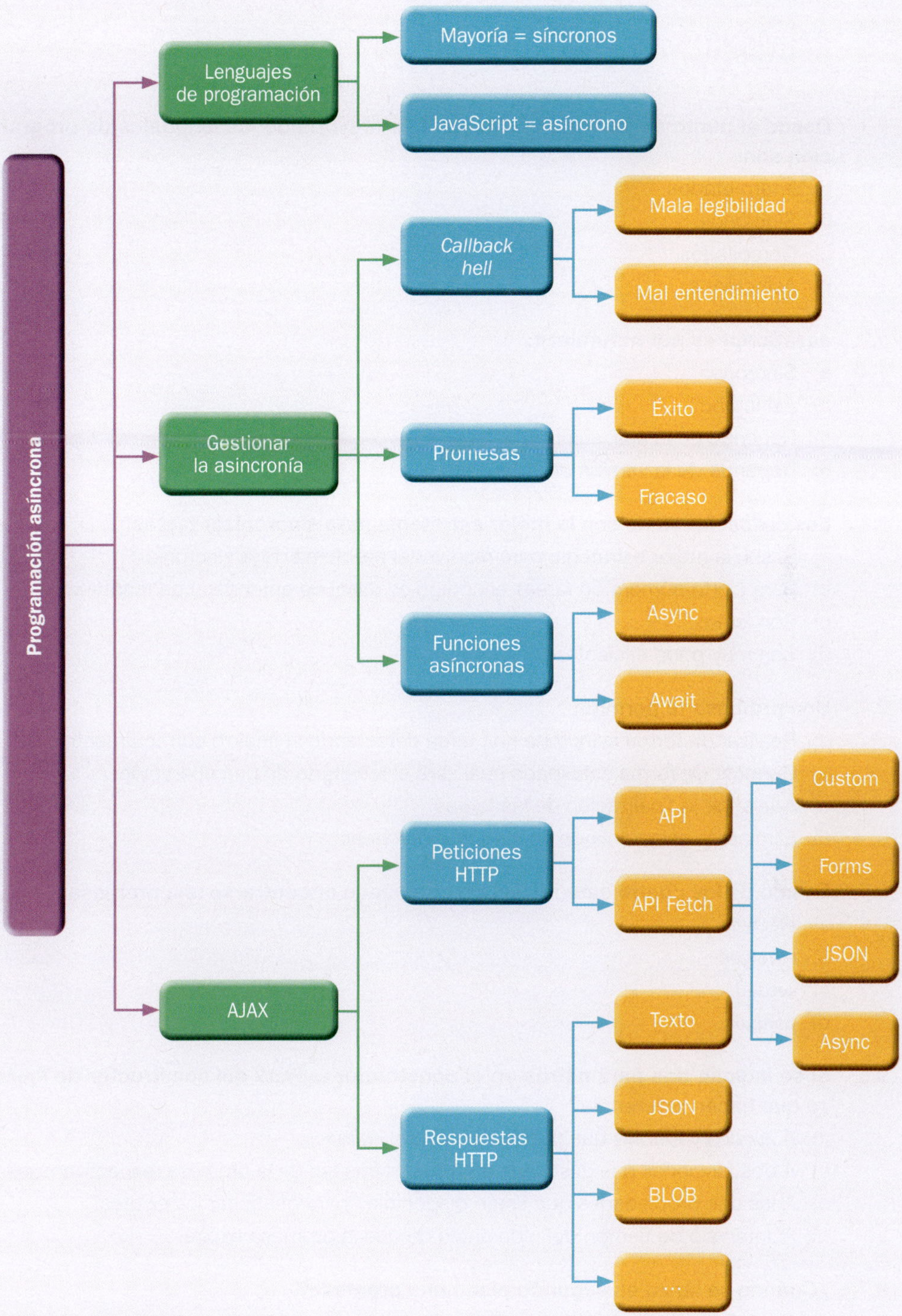

Actividades de comprobación

9.1. Desde el punto de vista de la sincronía, la mayoría de los lenguajes de programación son:

a) Interpretados.
b) Síncronos.
c) Compilados.
d) Asíncronos.

9.2. JavaScript es por naturaleza:

a) Síncrono.
b) Asíncrono.
c) Depende de la aplicación.
d) Depende de la versión del intérprete.

9.3. Los *callback hell* no son la mejor estrategia para sincronizar tareas:

a) Sí son la mejor estrategia para resolver el problema de la sincronía.
b) Para cierto número de tareas el código es difícil de entender y de mantener.
c) Son lentos.
d) Son muy poco eficientes.

9.4. Una promesa te permite:

a) Realizar de forma asíncrona una tarea detectando si finalizó correctamente o no.
b) Conocer de forma anticipada cuál será el resultado de una operación.
c) Adelantar la finalización de las tareas.
d) Eliminar la asincronía de un conjunto de tareas.

9.5. Es uno de los cuatro estados en los que puede encontrarse una promesa:

a) **ejected**.
b) **revolved**.
c) **settled**.
d) **penguin**.

9.6. Si se indican dos parámetros en el constructor callback del constructor de Promise, ¿a qué hacen referencia?

a) A las dos variables que puedes usar en el *callback.*
b) A dos funciones que gestionan el éxito y el fracaso de la promesa respectivamente.
c) A las dos propiedades que están disponibles para gestionar los errores.
d) Al intervalo de tiempo definido antes de que la promesa expire.

9.7. ¿Cuándo se lanza en segundo plano una promesa?

a) Cuando se invoca al método **then**.
b) Cuando la ejecución del programa alcanza el bloque **catch**.
c) Cuando se cumple la promesa.
d) Tan pronto como se crea el objeto **Promise**.

9.8. ¿Cuál es el objetivo del método then en una promesa?

- a) El método **then** no es aplicable a una promesa.
- b) Capturar el error producido por una promesa incumplida.
- c) Capturar el resultado de la promesa cumplida.
- d) Mostrar mensajes en consola sobre lo que ha ocurrido.

9.9. ¿Cuál es el objetivo del método catch en una promesa?

- a) Capturar el error producido por una promesa incumplida.
- b) El método **catch** no es aplicable a una promesa sin el bloque **try** previo.
- c) Mostrar mensajes en consola sobre lo que ha ocurrido.
- d) Capturar el resultado de la promesa cumplida.

9.10. ¿Cuál es la utilidad del método Promise.resolve()?

- a) Crear una promesa cumplida.
- b) Crear una promesa incumplida.
- c) Forzar a que una promesa termine.
- d) Desbloquear los recursos bloqueados por una promesa.

9.11. ¿Qué hace el método all() de un objeto Promise?

- a) Devuelve todas las promesas definidas en el programa.
- b) Envía mensajes a todas las promesas para que se sincronicen.
- c) Devuelve una promesa cumplida si todas las promesas que gestiona han finalizado con éxito.
- d) Cancela todas las promesas del programa.

9.12. ¿Cuántos métodos then() puedes aplicarle a una promesa?

- a) Uno solo.
- b) Dos, uno para el caso de que la promesa se cumpla y otro para el caso de que no.
- c) Ninguno.
- d) Todos los que quieras.

9.13. ¿Cómo funciona el operador await?

- a) Detiene la ejecución de la función sobre la que se aplica.
- b) Si se cumple la promesa sobre la que se aplica, hace que la siguiente línea se ejecute; si no, se mantendrá esperando.
- c) Simplemente detiene la ejecución del programa la cantidad de milisegundos que se le indiquen.
- d) Reanuda la ejecución de una función detenida.

9.14. Uno de los requisitos de await es que siempre opera con objetos de tipo Promise:

- a) Exacto.
- b) Falso, se lo puedes aplicar a cualquier expresión.
- c) Falso, los objetos deben ser de tipo **Promise** y estar detenidos.
- d) Falso, se lo puedes aplicar a cualquier función.

9.15. El operador await solo puede usarse:

- a) Dentro de una función **async**.
- b) Dentro de una promesa.
- c) En el interior de **then**.
- d) En el interior de **catch**.

9.16. ¿Cuál es el principal objeto de la tecnología AJAX?

a) Cambiar dinámicamente el DOM usando XML.
b) Comunicarte de forma asíncrona con el servidor.
c) Usar API de forma segura.
d) Evitar que muchos dominios realicen peticiones que colapsen los servidores.

9.17. Cuando realizas una petición y obtienes una respuesta usando AJAX, ¿qué protocolo estás usando?

a) POP3.
b) SMTP.
c) HTTP.
d) FTP.

9.18. ¿Qué formato de texto predomina en la actualidad para el intercambio de datos con AJAX?

a) XML.
b) YAML.
c) JSON.
d) CSV.

9.19. ¿Cuál de las siguientes no es una ventaja de AJAX?

a) Mejora la seguridad en el intercambio de datos.
b) Es más eficiente en el intercambio de datos.
c) Simplifica la comunicación usando API de terceros.
d) Resuelve problemas complejos de forma sencilla.

9.20. ¿A qué hacen referencia las siglas CORS?

a) A una vulnerabilidad de AJAX relacionada con la inyección de código.
b) A un mecanismo que reduce el tamaño de las cabeceras HTTP.
c) A una estrategia de protección de los servidores ante peticiones excesivas.
d) A un protocolo que abre múltiples conexiones con el servidor para atender el mayor número de peticiones posibles.

9.21. ¿Qué objeto se usaba de forma masiva antes de la adopción de la API Fetch?

a) `XMLHttpRequest`.
b) `JSONWebSolicitude`.
c) `WWWObjectReference`.
d) `W3CResource`.

9.22. ¿De qué tipos son los objetos usados para realizar una petición HTTP y recoger la respuesta HTTP del servidor?

a) `Stack` y `Queue`.
b) `Solicitude` y `Result`.
c) `Ask` y `Answer`.
d) `Request` y `Response`.

9.23. ¿Qué operaciones puedes hacer sobre un objeto `Headers`?

a) Añadir valores a una cabecera existente.
b) Obtener el valor asociado a una cabecera.
c) Modificar el valor asociado a una cabecera.
d) Todas las respuestas anteriores son correctas.

9.24. ¿Cuándo utilizarías el tipo de contenido application/multipart/form-data en la cabecera de una petición?

a) Cuando vayas a enviar los datos de un formulario.
b) Cuando quieras enviar un JSON muy complejo.
c) Cuando envíes datos de gran tamaño.
d) Cuando envíes datos en varios paquetes.

9.25. ¿En qué propiedad del objeto Request almacenas los datos de un formulario construidos con un objeto FormData?

a) **method**.
b) **action**.
c) **headers**.
d) **body**.

9.26. ¿Qué estructura de datos incluyes en una petición cuando quieres enviar datos en formato JSON?

a) Un objeto JSON.
b) Un mapa, porque estructuralmente son idénticos.
c) Una cadena de texto JSON que puedes construir a partir de un objeto y el método **stringify()**.
d) Un *string* que comience con **{** y acabe con **}**.

9.27. Cuando combinas la API Fetch con las funciones async, debes:

a) Sustituir la lógica **then** por sentencias **await**.
b) Incluir las sentencias **await** dentro del primer **then**.
c) Asociar el **await** de cada **catch** a su correspondiente **then**.
d) No olvidar que tienes que sustituir **then** por una declaración **try...catch**.

Actividades de aplicación

9.28. Escribe un programa que resuelva alguna tarea de tu interés y en cuya solución hayas utilizado un *callback hell.*

9.29. Crea una promesa para detectar cuándo el DOM está completamente cargado. Mientras no lo esté debes mostrar el mensaje «CARGANDO», y cuando el DOM esté completamente cargado mostrar el mensaje «LISTO PARA ACTUAR».

9.30. Escribe un programa basado en promesas con el que detectes cuándo el usuario ha realizado dos acciones que te interesan. Cuando se produzca se debe mostrar un mensaje indicando este hecho. Por ejemplo, si el usuario hace clic sobre un enlace y a continuación pulsa la tecla [G], muestra en pantalla «Patrón detectado».

9.31. Elabora un pequeño programa que use una promesa y que encadene tres acciones tras el cumplimiento de la misma.

9.32. En el sitio https://swapi.dev/ puedes encontrar la documentación de la API de Star Wars. Escribe un programa que realice tres peticiones (la persona 1, el planeta 1 y la nave 1) y que muestre en un documento HTML de tres columnas la información devuelta por la API, formateada con las etiquetas HML que consideres.

9.33. Escribe un documento **.json** en el que almacenes toda la información de tu currículo. Luego, por medio de la API Fetch, realiza una petición para acceder a ese documento local, léelo y muéstralo en el navegador formateado en forma de página HTML.

9.34. En el sitio https://api.mercadolibre.com/sites/MLA/search?q=libros#options podrás encontrar información sobre cómo realizar peticiones al gigante del comercio electrónico Mercado Libre usando su API pública. Crea una aplicación que consista en un formulario de búsqueda en el que el usuario pueda introducir sus palabras clave. Cuando pulse en buscar, la aplicación debe conectarse en segundo plano con Mercado Libre y mostrar de forma asíncrona (sin recargar la página) los tres primeros resultados devueltos por la API.

9.35. La Coffee API devuelve una imagen aleatoria relacionada con el mundo del café cada vez que realizamos una petición a la URL https://coffee.alexflipnote.dev/random. Crea una aplicación que muestre en una página HTML una cuadrícula con nueve productos (tres filas y tres columnas) donde cada producto muestre nombre, descripción y precio; todos datos de prueba. Tras la carga del DOM debes realizar peticiones a esta API para ir colocando una imagen a cada producto.

9.36. Escribe un programa en el que hagas un uso combinado de la API Fetch y las funciones **Async.** Explica brevemente qué ventajas aporta esta solución entre todas las posibles.

Actividades de ampliación

9.37. Investiga qué otras estrategias existen en JavaScript para resolver la problemática de los *callback hell* y explica aquella que consideres de mayor utilidad.

9.38. Busca en los sitios de referencia del lenguaje algún ejemplo de promesas anidadas y explica con tus palabras su funcionamiento.

9.39. Profundiza en los matices que rodean la ejecución del método **Promise.all().**

9.40. Revisa la documentación oficial del objeto **AsyncFunction** para tener un conocimiento completo de sus posibilidades.

9.41. Busca algún estudio que detalle el aumento de procesamiento del lado servidor que ha supuesto la adopción masiva de la tecnología AJAX.

9.42. Investiga y escribe un ejemplo de cómo redirigir a otra dirección los datos que vienen como respuesta tras una petición AJAX.

9.43. Busca información sobre aplicaciones reales de hoy en día que combinen la API Fetch con funciones **Async** e indica en qué parte de ellas se utiliza esta estrategia.

Enlaces web de interés

- **Mozilla Developers** - https://developer.mozilla.org/es/docs/Web/JavaScript/Reference/Global_Objects/Promise (*website* para desarrolladores)
- **ECMAScript 2022** - https://262.ecma-international.org/13.0/ (última actualización de la especificación del lenguaje)
- **StackOverflow** - https://es.stackoverflow.com/ (sitio web de preguntas y respuestas para programadores)
- **GitHub** - https://github.com/topics/javascript (plataforma de almacenamiento de proyectos *software)*
- **W3Schools** - https://www.w3schools.com/js/js_ajax_intro.asp (*website* dedicado al aprendizaje de la programación)
- **W3C** - https://www.w3.org/standards/webdesign/script (*World Wide Web Consortium*)
- **DEV Docs** - https://devdocs.io/javascript/ (referencia sobre documentación de JavaScript)